Die Hottentottenwerft

Druck: Theiss GmbH, St. Stefan im Lavanttal
ISBN 978-3-99027-062-2

LUDWIG FELS

Die Hottentottenwerft

Roman

JUNG
UND
JUNG

Werft (niederdeutsch *Wurthe, Worthe, Warp, Wurp*), Bezeichnung der zum Schutz vor den Fluten an der deutschen Nordseeküste in der Marsch von Menschenhand aufgeworfenen Wohnhügel für einzelne Gebäude und Gehöfte, auch wohl für ganze Dörfer (s. Deich). In Südafrika heißen so die Siedelungen der Eingebornen, besonders der Hottentotten, Herero und Ovambo. Bei jenen beiden Völkern sind die Werften bloße, oft in der Form des Krals (s. Kral) auftretende, offene Anhäufungen der bienenkorbförmigen Hütten; bei den Ovambo hingegen bildet die W. ein förmliches Labyrinth. Um die ganze W. läuft eine hohe, in sich geschlossene Palisadenwand; vom Eingang aus ziehen sich dann vielverschlungene, ebenfalls mit Palisaden eingezäunte Wege, die oft in Sackgassen enden, zwischen den Hütten und zu ihnen hin.

Meyers Großes Konversations-Lexikon, Band 20. Leipzig 1909, S. 536

Die bösen Masken mischen sich unter die guten Masken. Und Masken tragen in diesem Land alle.

Dany Laferrière

Die Welt gehört nicht dir. Vielleicht gehörst du der Welt, aber das ist etwas anderes.

Peter Behrens, Das Gesetz der Träume

Also spricht der Herr: Aus deinem eigenen Hause lasse ich Unheil über dich herabkommen! Wegraffen werde ich deine Frauen vor deinen Augen! Ich werde sie andern geben, die mit deinen Weibern bei hellem Sonnenschein schlafen werden.

2. Samuel 12,11

I. NEBELTRINKER

Auf, auf! ihr Brüder und seid stark,
der Abschiedstag ist da!
Schwer liegt er auf der Seele, schwer,
Wir sollen über Land und Meer
ins heiße Afrika.

Daniel Schubart

Im Traum, als das Schiff himmelwärts gehoben wurde, um wieder zurückzufallen in die Täler zwischen den Wogen, sah er sich zum ersten Mal in Uniform. Sie stand ihm gut; ihm gefiel ihre verwaschene Farbe. Er stolzierte in ihr vor dem Spiegel herum, und Seffie, die im Bett lag, klatschte Beifall. Als er sich verbeugte, rutschte ihm die Feldmütze, die ihm eine Nummer zu klein war, vom Kopf. Er bekam sie gerade noch an ihrem kornblumenblauen Schirm zu fassen. Seffies Hände lagen gefaltet auf der Bettdecke, und ihre Augen baten ihn darum, jetzt bitte nichts zu sagen.

Zu Befehl!

Sie rückte etwas zur Seite, als er sich neben sie auf die Bettkante setzte. Er nahm ihre Hände und legte sie um sein Geschlecht, war atemlos. Endlich küßte er sie, und trotz ihrer Nacktheit glich sie keiner der Frauen auf den kolorierten Fotografien, die sein Vater im Haus versteckt gehalten hatte.

Gnädiges Fräulein!

Sag nichts, dachte er, als sie etwas sagen wollte. So verging die Zeit. Die Zeit war eine schwarze Woge, die Fenster und Türen zuschlug und sie im Traum in tiefe Kälte hüllte.

In der neununddreißigsten Nacht hielt die *SS Friederick Walbaum* auf die Küste zu. Die Sintflut hatte länger gedauert.

Nach Anbruch der Dämmerung wurden sie geweckt, und als er sich aufsetzte, spürte er, wie das Schiff in der Dünung schaukelte. Er packte seinen Tornister und ging nach oben an Deck.

Kalt, dachte er. »Kalt«, sagte jemand.

An der Reling standen ein paar Kameraden, rückten eng zusammen, stemmten sich gegen den Wind.

Sie standen da und froren. Sie hatten sich vorgestellt, von der Sonne empfangen zu werden, ein hitziges Willkommen. Sie schwiegen jetzt alle.

Hinter den Gebilden des Nebels waren die Schläge einer gewaltigen Brandung zu hören, schwerer, nasser Wind zerrte an ihren Gesichtern. Der Atem des Wassers, der Wüste. Die Tiere unten in den Laderäumen witterten das Land; ihre flehenden Stimmen machten es ihnen leicht, zu schweigen.

Als der Nebel sich etwas gelichtet hatte, sah er eine Reihe Palmen, die im Wind tanzten. Dann wurde es wärmer, und der Himmel klarte auf, ein viel zu hoher Himmel mit einer viel zu großen Sonne, die an ihren Strahlen herabzuhängen schien. Er sah Menschen am Ufer. Es sah alles so aus wie auf den graubraunen Ansichtskarten, auf denen die Erde und der Himmel unabänderlich wirkten; manchmal, erinnerte er sich, hatte er an den Gesichtern der Personen gekratzt, hatte ihre Köpfe zwischen Daumen und Zeigefinger zerrieben, bis das Papier zu Flocken zerfiel.

»Gibt sogar eine Kirche«, sagte der Kamerad neben ihm.

Er hielt sich längst nur noch mit einer Hand an der Reling fest, den Tornister zwischen den Knien, stolz, daß er diese Reise gemacht hatte, und froh, daß sie nun zu Ende war. Das, was er sah, war Deutschlands fernste Ferne, Deutsch-Südwest, Afrika.

Und ich bin hier!

Ja, du!

Er war hier. Bald würde er das Land betreten, war sicher, daß die Erde ihn trug. Er bedauerte, daß niemand da war, um ihn zu fotografieren, wenn er den ersten Schritt an Land tat.

Am Strand sprangen jetzt die Kruboys aus den Brandungsbooten, beugten ihre Rücken und trugen die Passagiere huckepack durch die schäumenden Brecher den Strand hinauf. Als alle Zivilpassagiere ausgeschifft worden waren, kam die Reihe an das Kontingent.

Zuerst wurden die Pferde in ihren Transportboxen aus den Laderäumen gehievt und auf ein Pontonfloß hinuntergelassen, das an einer Stahltrosse festgemacht war und von einer Dampfwinde an Land gezogen wurde. Dort sprangen sie zurück in die Brandung, ein panisches Ballett, und es dauerte, bis man sie aneinandergeleint hatte.

Nach den Pferden wurden Rinder aus dem Pinzgau ausgeladen, die zur Auffrischung der hiesigen Herden bestimmt waren. Ihre massigen Leiber klatschten hart ins Wasser, und sie muhten verloren, als sie von der Kälte gepackt wurden; einige, die nicht schnell genug waren, gingen in der Brandung unter, die sie von hinten überrollte, die Zungen mit Sand bedeckt, als sie wieder auftauchten.

Als letztes wurden zwei kanarische Kamele von Bord gebracht. Als sie an Land gewatet waren und die Dünen sahen, liefen sie los, und die Kruboys hatten zu tun, sie wieder einzufangen.

Das Kommando: Reiter Mohr!

Vom Kapitän, der zur Verabschiedung auf die Brücke gekommen war, wurden in alphabetischer Reihenfolge ihre Namen aufgerufen, und einer nach dem andern bestieg den Korb mit dem brusthohen Gitter, hockte sich auf den festgenieteten Eisenschemel, wurde vom Kran hochgezogen und über die Reling hinausgeschwenkt, um in die Pinassen hinuntergelassen zu werden, die in der Dünung wippten. Vögel stürzten sich schreiend ins Meer.

»Hier! Reiter Mohr, Pappenheim!« Ich komme, komme, dachte er, fiel fast auf die rutschigen Planken.

Der Horizont kippte hin und her, als die Kruboys losruderten. Hinter der Stadt begannen die Dünen der Wüste, die den ganzen Horizont einnahmen und auf deren Kämmen Heerscharen von Geistern den Sand aufzuwirbeln schienen.

Entlang der Promenade stand eine Reihe von Gebäuden, das Hafenamt, weißgetüncht, zweistöckig, der palastähnliche Bau der Zollbehörde, seitlich zurückversetzt, das Bezirksamt, das die deutsche Flagge gehißt hatte, dann das im schönsten Ocker gehaltene Postgebäude, daneben ein Hotel, umgeben von grünem Rasen und weißen Bänken vorm Portal, schaukelnd auf einem Teppich aus Farnen und Blumen, weiter entfernt ein unverputzter Leuchtturm und eine Halde riesiger Steinblöcke, an der im Bau befindlichen Mole.

Sie sammelten sich hinter der Linie der Brandung. Plötzlich lagen sie einander in den Armen, und niemand wußte etwas zu sagen.

Ein Hund kam zum Strand heruntergelaufen, biß ins Wasser.

Und wenn Soldat und Offzier
Gesund ans Ufer springt,
Dann jubeln wir, ihr Brüder, ha!
Nun sind wir ja in Afrika.
Und alles dankt und singt.

SS Friederick Walbaum
Kapitän Gerd Gerhardt
Bordbuch, 24. Nov. 1903

Die Ladung ist gelöscht, Vogelkot und Straußenfedern; eine Fracht Diamanten wäre mir lieber gewesen. Mit an Bord waren 43 Mann Nachschub zur Aufstockung der Deutschen Schutztruppe in Südwest, junge Männer aus allen Gegenden Deutschlands. Mindestens die Hälfte der neuen Soldaten war während der Überfahrt seekrank und lag darnieder. Unter den Tieren war es noch schlimmer. Die zwei Kamele zeigten sich besonders anfällig für Seekrankheit. Das Schiff stinkt wie ein Stall, in dem Männer wohnten. Die Mannschaft hat ihren dreitägigen Landurlaub angetreten, den sie sich wohlverdient hat. Einige Rückkehrer haben für die Rückfahrt gebucht, ca. 10 Personen. Mußte einen der Kruneger den hiesigen Polizeiorganen übergeben, weil er dabei ertappt wurde, als er Passagiergepäck stehlen wollte. Ich denke an Hilde in der Heimat, ich weiß nicht, woher sie ihre vielgeprüfte Treue nimmt und jedesmal so viel davon, mir meine lange Abwesenheit zu verzeihen. Die weiblichen Passagiere sind wie auf jeder Fahrt in der Minderheit, Frauen und Mädchen, denen auf Kosten des Deutschen Frauenbundes die Einreise als Dienstmädchen ins deutsche Schutzgebiet kostenlos ermöglicht wird; während der Passage bleiben die Damen von den mitreisenden männlichen Passagieren isoliert. Ich bin schon beim dritten Glas Wein. Wenn ich weitertrinke, wird es Krieg geben. Prosit, Afrika! Ich gehe heute etwas früher schlafen.

Mohr versuchte etwas Besonderes zu spüren.

Aber es gelang ihm nicht.

Er war da.

Und das war alles.

Genug für den Moment.

»Und?« sagte Katzenschlager, der neben ihm stand und die Feldmütze abgenommen hatte.

»Was und?«

»Wo sind sie jetzt, die Wilden?«

Glatzel sagte: »Müßten längst um uns rumtanzen.«

»In Pelzmänteln«, sagte Rubyniak, und Mohr spürte seinen Atem im Nacken. »Du sagst ja gar nichts?«

»Redet nicht mit jedem«, sagte Katzenschlager. »Ist sich zu fein dazu?«

»Komischer Kamerad!« sagte Glatzel. Er machte eine Verbeugung vor Mohr, stieß ihn leicht mit dem Kopf in den Bauch.

»Nicht anfassen!« sagte Mohr.

»Habt ihr gehört?« sagte Rubyniak.

Mutter, dachte er, Frau Mutter. Aber das war alles zu groß, zu riesig für ihren Namen. *Denk dir den Sand und das Meer weg, dann ist es wie daheim. Es gibt Bierhäuser, Weinhäuser, was willst du mehr?*

Sie warteten, bis sie ihre Tornister und Schlafrollen ausgehändigt bekamen, und als sie schon schwer genug trugen, wurden ihnen auch noch Sättel und Zaumzeug aufgepackt. Sie machten sich fertig zum Abmarsch. Hinter ihnen zerschellten die Wogen, und dann zerschellte der ganze Himmel unter ihren Tritten, als sie im gleißenden Licht zur Garnison marschierten. Kruboys liefen neben ihnen her und lachten über jene, die ihren Sattel auf dem Kopf trugen. Nachdem sie eine Reihe von Lagerschuppen und Blechhütten passiert hatten, machte die Hauptstraße eine scharfe Krümmung und führte durch die Vorstadt zur Feste hin, die auf einer künstlichen Erhebung errichtet worden war.

Das von Rost marmorierte Eisentor war weit geöffnet, die Mannschaft der Garnison zu ihrem Empfang auf dem Exerzierplatz angetreten. Sie nahmen Aufstellung, und Rubyniak kam neben ihm zu stehen. Ab und zu orgelte eine Bö in den Zinnen und fuhr auf sie nieder wie eine Lawine aus Luft. Neben der Kommandantenvilla befand sich ein Zwinger, in dem ein bulliger Hund im Maschendraht hing.

Garnisonskommandant Hauptmann Suck hielt eine Begrüßungsansprache, er hatte einen rheinländischen Dialekt. »Das«, sagte er und zeigte in die Runde, »ist also Afrika! Aber« – und hier machte er eine oft geübte Pause – »das deutsche Afrika! Unser Afrika! Und wir, meine Herren, werden mit Ihrer Hilfe und Tatkraft dieses deutsche Afrika zu etwas machen, wie es die Welt so noch nicht gesehen hat. Die Eisenbahnlinie zur Hauptstadt ist fast fertiggestellt, und es wird nicht mehr allzulange dauern, bis die letzten Streckenabschnitte in Betrieb genommen werden können. Ich sage es frank und frei: Die Probleme, die wir mit den hiesigen Eingeborenen haben, sind trotz unserer militärischen Präsenz nicht als behoben zu betrachten, und der engere Kontakt zu ihnen unterliegt der Kontrolle der deutschen Kolonialverwaltung in Berlin. Viele dieser Menschen, Untertanen des Kaisers wie wir alle, sprechen zwar inzwischen mehr oder weniger leidlich unsere Sprache, aber am besten verstehen sie immer noch den Griff zur Waffe.«

Er rieb sich die Hitze von den Lippen und legte dar, wie wichtig die Aufstockung der Schutztruppe auf diesem deutschen Vorposten für die Kolonie sei, als ein heißer Windstoß die Flagge am Mast blähte; er schwieg ergriffen, als hätte Gott oder der Kaiser höchstselbst ein Zeichen gesandt.

»Dieses Land, dieses unser Deutsch-Südwest, in Besitz zu nehmen, hat Blut, Schweiß und Tränen gekostet, doch jeder Tropfen, der vergossen wurde, hat sich gelohnt, ist ein Geschenk ans Vaterland! Denkt an die Heimat! Denkt an die Heimat an dieser, ihrer fernsten Front! Diese Front, Männer, ist das Band, das uns mit der Heimat verbindet. Unzertrennlich und für immerdar! Also willkommen!«

Sie standen in Reih und Glied, schwitzten erbarmungslos, denn die Sonne war durch die Wolken gekommen, und ihr lähmendes Licht legte sich über alles.

Als der Kommandant seine Rede beendet hatte, trat ein Komitee festtäglich gekleideter Frauen und Mädchen vor, an denen die heimischen Putzmacherinnen ihre Phantasie vergeudet hatten. Sie schwenkten Büschel grüner Ähren, und sie, denen das alles galt, schwenkten ihre Feldmützen und brüllten Hurra.

Jeder. Ein paarmal.

Und der Hund starrte sie an.

Dann ließ Hauptmann Suck abrücken, und nachdem sie ihr Quartier bezogen und sich um die besten Plätze in den Stockbetten gerauft hatten, verstauten sie ihre Habe in den Spinden und suchten den Waschraum auf, um sich zu säubern.

Hinterher wurden sie von Feldwebel Weibel mit dem Garnisonskomplex vertraut gemacht. Er führte sie einmal um den Exerzierplatz, zeigte ihnen die Mannschaftskantine, die neben dem Offizierskasino lag, dann die Kommandantur, das Lazarett, den Arrestblock und als letztes die Stallungen.

In den Stallungen empfing sie Dr. Patarga, Rittmeister und Roßarzt, der sie launig im Namen der Gäule begrüßte, die Zunge etwas schwer vom Sprechen mit den Tieren. Es roch nach Klauenfett und Hafer. Als er ihnen alles gezeigt hatte, trat ein Schwarzer aus dem Schatten des Futterschobers, er trug zerschlissenes Zeug am Leib und wurde ihnen von Dr. Patarga als »Waddie« vorgestellt, »unser berühmter Bastardkundschafter«. Waddie, sagte er, sei ein Khoisan aus Angola, der auf seiten der Briten gegen die Buren gekämpft hatte, desertiert war und seither als Kundschafter in der Schutztruppe diente. Waddies Gesicht war fast dunkelblau, mit einem Stich ins Gelbliche, und als er lächelte, zeigte er tadellose Zähne. Er trug seine drahtigen Haare etwas zu lang und hatte sich winzige Perlen in die Strähnen geflochten, die von seinen Schläfen herabhingen und funkelten, wenn er den Kopf bewegte. Waddie hatte, da niemand mit einem Eingeborenen zusammen in einem Raum schlafen wollte, seine Kammer im Stall, gleich neben der Veterinärstation des Arztes. Mohr gefiel der Geruch im Stall, die Pferde in den Boxen schienen in grauem Licht zu baden; sein Atem klang trocken und alles erinnerte ihn ein wenig an die herrschaftlichen Stallungen des Grafen von Pappenheim.

Missionar Pater Germano Trötsch
Ehemals Missionsstation Hopadessa
Bahr's Hotel Zum Fürsten Bismarck, Zimmer Nr. 27
An Hauptmann Suck, Swakopmund

Mein sehr verehrter Herr Hauptmann, es ist zu heiß heute, um Ihnen ausufernd zu schreiben, aber ich habe Erfreuliches zu berichten, nämlich, daß unser Kaptein Ximenz nun endlich seine Zustimmung gegeben hat, seine Enkelin nach Swakopmund zu expeditieren. Eingedenk dessen, daß sie, wie zwischen Ihnen und Kaptein Ximenz vereinbart, gewissermaßen als Faustpfand des Friedens dienen soll, bin ich mehr als erleichtert. Das Mädchen ist auf den Namen Hulette getauft, leicht zu merken. Hulette spricht schon leidlich unsere Sprache und singt schön. Es hat mir viel Zeit und Mühe und noch mehr Geduld gekostet, unserm Kaptein die Zustimmung abzuringen, das Mädchen Ihrer Obhut anzuvertrauen, zumalen es da in Hopadessa einen jungen Mann gibt, dem sie als künftige Ehefrau versprochen ist und der mich tätlich bedrohte, als er davon erfuhr, daß Hulette Hopadessa verlassen müsse. Natürlich mag Herr Feldkaplan von Wilhelmi recht damit haben, daß er den Gottesdiensten, die er in der Garnison abhält, regeren Zulauf verschaffen kann, wenn sich bei den Mannsleuten herumgesprochen hat, daß ein Hottentottenkind dort die heiligen Lieder singt, so Gott der Herr will! Nichtsdestotrotz lag mir Kaptein Ximenz noch bis zuletzt in den Ohren, besorgt um ihre Unschuld, obwohl ich ihm eingehend versicherte, daß Sie, verehrter Hauptmann, das Mädchen kraft Ihres Ranges vor Nachstellungen bewahren würden, selbst an Orten, die der wahre Christenmensch sonst tunlichst meidet. Sobald das Mädchen sich in Herrn Jauchs Obhut befindet, der sich anerbötig machte, ihr eine Anstellung in seinem Restaurationsbetrieb zu gewähren, reise ich ab, hoffend, daß mich die Heimat noch kurieren kann. Ich hinterlasse ein paar Heiden weniger und etliche bekehrte Landstriche. Auch die Seele ist nur ein Fleckchen im Wildwuchs des Leibes.

Ich erlaube mir, Sie ergebenst zu grüßen
als Ihr Germano Trötsch

Hauptmann Konrad Suck
Garnison Swakopmund
An Missionar Bruder Pater Germano Trötsch
Bahr's Hotel Zum Fürsten Bismarck, Zimmer Nr. 27

Mein hochverehrter Freund und Bruder Germano Trötsch,

Ihren Ruf aus der Einöde Ihres komfortablen Hotelzimmers habe ich vernommen, ich verstehe Ihre Beweggründe vollkommen, und trotzdem tut es mir leid, daß dieses Land durch Ihre Abreise einen aufrechten, gerechten Mann verliert; es ist sicher nicht Ihre letzte gute Tat, daß Sie das Mädchen nach Swakopmund geleitet haben, und mein Freund, der Kaptein, mag ganz und gar unbesorgt sein: das Mädchen steht unter meiner Obhut und meinem persönlichen Schutz, und wer ihm auch nur ein Haar krümmt, den bringe ich zur Räson. So eine Kaserne ist zwar eine Männerwelt, in der die Damen an allen Ecken und Enden fehlen, aber auch hier gelten Anstand und Kavalierstum. Wir sind, weil wir den vaterländischen Rock tragen, weder Menschenfresser noch Kinderschänder, und die Garnison Swakopmund ist keine Strafkolonie, wenn Sie die Güte haben, mich zu verstehen. Ihrem Schützling wird es an seinem neuen Platz unter den Fittichen des Kneipiers Jauch an nichts fehlen, und mein hochverehrter Freund, der Kaptein, ist jederzeit höchst willkommen, sich vom untadeligen Verhalten meiner Männer, auch außerhalb des Kasernengeländes, zu überzeugen. Es sind junge Leute, die hier dienen, und erstrebenswert für die meisten von ihnen ist, sich nach Ende der Dienstzeit hier niederzulassen, also ganz im Geiste des kolonialen Gedankens, der schon in der Bibel von Gott formuliert wurde und in dem Befehl gipfelt, sich die Erde untertan zu machen.

Unserm verehrten Artingkofer auf Farm Gunsbewys gelang dies vortrefflich, und er findet hoffentlich viele Nachahmer. Sie haben dort gewiß eine erbauliche Rast abgehalten. Wissen Sie, wenn ich bei meinen Ausritten die Möwen in der Wüste sehe, weiß ich, daß die Wunder nicht enden.

Gute Reise, Bruder Pater Germano Trötsch!

Gez. Hauptmann Konrad Suck

Bruder Pater Germano Trötsch
Postamt Swakopmund
An Hauptmann Konrad Suck
Garnison Swakopmund

Hochverehrter Herr Hauptmann Suck,

ach, haben Sie herzlichen Dank für Ihre Zeilen, die mich auf dem Weg in die Heimat begleiten werden. Wissen Sie, dieser junge Mann, dieser Josephat, so sein Name, so heißt er, ist uns bis zu Artingkofers Farm Gunsbewys gefolgt. Herr Artingkofer hat den lästigen Kerl schließlich mit der Peitsche verjagt. Nebenbei: Hulette und Artingkofers Jüngste, Cilly, haben sich sofort in die Haare gekriegt, und so mußten wir schleunigst unseren Ritt fortsetzen. Wir schlossen uns dem Wagen eines Faßmachers an, was diesen Kerl Josephat auf Abstand gehalten hat.

P.S.: Ich schreibe Ihnen diese Zeilen im hiesigen Postamt. Auf der Promenade sind überall Ihre Soldaten zu sehen. Dies ist alles in allem ein tröstlicher Anblick zum Abschied, denn im nächsten Moment werde ich die Gangway der *Melita Bohlen* besteigen. Fast, daß es eine Flaschenpost geworden wäre! Muß nun schließen! Was für ein Genuß! Ich habe vollbracht, was ich konnte. Seien Sie gegrüßt und grüßen Sie Herrn Feldkaplan von Wilhelmi auf das herzlichste von mir!

Ihr Pater Bruder Germano Trötsch

Um Land und Leute kennenzulernen, hatten die Neuankömmlinge an ihrem ersten Abend in Afrika Ausgang bis zum Wecken bekommen, und obwohl sie alle sehr euphorisch waren, legten sie in größter Sorgfalt ihre Ausgehuniformen an und machten sich stadtfein.

Mohr schloß sich ein paar seiner Kameraden an und ging mit ihnen hinunter nach Swakopmund, tauchte ein in den Abend der Stadt; sogar ein Auto mit tellergroßen Scheinwerfern fuhr auf der Hauptstraße. Sie genossen die Blicke der Passanten und flanierten herausfordernd an *Bahr's Hotel Zum Fürsten Bismarck* vorbei, wechselten die Straßenseite und gingen zwischen dem *Voigt'schen Store* und *Jauch's Bierhaus* zurück Richtung Ozean. Die Sanddünen vorm Horizont waren bereits in rosa Licht getaucht, und auf der Veranda von *Jauch's Bierhaus* saßen Männer an blankgeschrubbten Holztischen und tranken das dunkle Gold der Sonne aus dickwandigen Steinkrügen.

»Später«, sagte Rubyniak.

»Warum später, warum nicht jetzt?« fragte Glatzel.

»Weil wir noch nicht wissen, wo wir sind«, sagte Mohr.

»Jedenfalls sind wir nicht in Pappenheim«, sagte Katzenschlager.

Sehnsüchtig sahen sie hinüber, dann gingen sie wortlos weiter.

Rubyniak fragte Mohr, ob er schon ein Wort Afrikanisch beherrsche.

»Du?«

»Olewampe.«

»Klingt italienisch«, sagte Glatzel.

»Spanisch«, sagte Katzenschlager.

Sie blieben stehen, und Mohr roch ihren Atem, als sie lachten. Dann gingen sie weiter, gingen so lange, bis die Hauptstraße aufhörte und die Vorstadt anfing, die nichts weiter war als ein Viertel aus Blechhütten und Holzverschlägen, das sich tief in die beginnende Nacht fortsetzte. Hier wohnten die Eingeborenen, die es zu etwas Wohlstand gebracht hatten. Ein Trampelpfad führte hinab zum Ufer des Swakop Rivier, das Gerippe eines Tiers lag im Schlamm, der Schädel grell gebleicht.

»So wie Deutschland ist das noch lange nicht«, sagte Mohr.

Er sprang die Böschung hinunter zum Fluß. Geröll brach unter seinen Schritten weg, eine schüttere Schilfnarbe war alles, was am Ufer wuchs. In der Mitte des Flusses ein paar morastige Inseln, mit Gestrüpp und Schilf bewachsen. Das Wasser, seicht und brackig, roch warm. Drüben am jenseitigen Ufer gab es keine menschlichen Behausungen mehr; ein paar von Unwettern geschundene Akazien verloren sich vor den kupferfarbenen Dünen, die jetzt, am Ende der Dämmerung, wie versteinert wirkten. Er stellte sich vor, wie es wäre, hinüberzugehen und drüben dann einfach weiter, mit jedem Schritt hinaus aus den Kammern der Erinnerung, endlich davonschwebend, hinein ins vollkommen Unbekannte für die nächsten hundert Jahre oder mehr. Näher war er der Wildnis nie gewesen als jetzt. Das Schweigen und die Stille da draußen waren gewaltiger als alle seine Gedanken. Denn alles, was du bist, bist immer du, dachte er. Seine Mutter watete durchs Wasser. Sie trug einen Koffer voll junger Störche. Als er ihr rief, legte sie den Koffer auf das Wasser, er schaukelte und die Vögel darin zappelten und stießen ihre Köpfe ins Wasser.

Ein Steinchen traf Mohr im Genick, und Rubyniak rief: »Komm endlich!«

Mit ein paar Sätzen sprang Mohr die Böschung hinauf, nasser Sand klebte an seinen Stiefeln, und er stampfte ein paarmal heftig auf. Die Sichel des Mondes war wie aus Glas.

»Was war los da unten?« wollte Glatzel wissen.

»Nackte Weiber beim Bade!« sagte Katzenschlager.

»Hat mich an die Altmühl erinnert«, sagte Mohr.

»An die Altmühl?« fragte Rubyniak.

»Bei Regen ist es bestimmt grün hier«, sagte Mohr.

»Wenn's hier regnet, sind wir längst in der Wüste«, sagte Rubyniak.

»Trotzdem«, sagte Mohr.

Dort, wo die Altmühl eine nach links gekrümmte Schleife durch waldige Hügel zog und flußabwärts die grauen Dächer des nächsten Dorfes zu erkennen waren, lag auf einer weich fließenden Anhöhe das Anwesen der Zentners inmitten von Wiesen und Weiden. Das Haupthaus, ein

Stück höher im Hang liegend als die Wirtschaftsgebäude, war ein stattlicher Bau mit einer Eckveranda voller Blumenkübel. Als er sich näherte, hetzten Zentners Hunde knurrend auf ihn zu, sprangen ihn an und brachten ihn zu Fall. Er spürte ihren feuchten Atem im Genick, versuchte sich totzustellen. Laß meine Hunde in Ruhe, sagte Zentner. – Hab ihnen nichts getan. – Ich kenn dich. – Kenn Sie auch. – Du kannst zu mir kommen, wenn du Arbeit suchst, aber ins Büro im Steinbruch, nicht hierher! – Ich brauch Ihre Arbeit nicht, sagte er, stand auf und zog den Musterungsbescheid aus seiner Jackentasche. Ich brauch Ihre Arbeit nicht, sagte er, ich geh nach Afrika. – Wo wohnst du? – Am Niederländersteig, sagte er. – Kenn ich deinen Vater? – Heißt Mohr. – Mohr? – Hat bei Ihnen gearbeitet. – Mohr? – Hat ein Bein verloren. Und ein paar Finger an einer Hand. – Tragisch, sagte Zentner, kann man nichts machen. – Tun Sie die Hunde weg! – Aus! rief Zentner. Wie heißt meine Tochter? Mohr machte ein paar Schritte. Nur weg. – Seffie, rief er. Blieb nicht stehen. – Seffie wie? brüllte der Mann. Zentner, rief er. Hau ab! Hau endlich ab! Und laß dich hier nie wieder blicken!

Auf dem Rückweg vom Fluß alberten sie wie Kinder herum. Wo die ersten Häuser anfingen, begegneten sie einer Eingeborenenfrau, und Glatzel und Katzenschlager begannen eng umschlungen zu tanzen, während Rubyniak einen tiefen Diener vor ihr machte. Sie lachten, als die Frau die Straßenseite wechselte, und sahen ihr nach, bis sie in einer dunklen Gasse verschwand. Und dort in der Dunkelheit wurde sie umarmt und geküßt, stundenlang … Und während sie weitergingen, dachte Mohr gerührt, daß jedem, der in dieser Nacht geboren oder erweckt wurde, das Glück der Liebe ins Gesicht geschrieben stehen müßte. Wer hat Durst? Wer hat Geld? Jeder gab, was er hatte. Mohr sogar ein bißchen mehr. Weil sie auf ihn gewartet hatten. Sie tollten übern Bahnhofsvorplatz, schlugen sich ausgelassen die Feldmützen vom Kopf. Als sie dann langsamer gingen, sagte Rubyniak, nie zuvor habe er weißere Augen gesehen als die der Frau von gerade …

Auf der Veranda von *Jauch's Bierhaus* war kein Platz mehr zu kriegen, obwohl ein ziemlich frischer Wind aufgekommen war. Sie gingen in die Gaststube und setzten sich an einen Tisch neben der Tür zur Küche. Die Augen tränten ihnen vom Rauch, und es dauerte, bis ein Kellner an ihren Tisch kam, um ihre Bestellung aufzunehmen; er kassierte sofort, als er das Bier brachte. Mohr zahlte die erste Runde. Ihre Krüge klackten, als sie anstießen, und sie seufzten, als sie getrunken hatten, und warteten, daß der Geschmack des Fremdseins vergehen würde. Dann hoben sie wieder ihre Krüge und prosteten dem Löwenkopf zu, der über der Tür zur Küche an der Wand hing; der Löwe gähnte, und eines seiner Augen hatte einen Sprung. DAS POUSSIEREN MIT DEM PERSONAL IST STRENGSTENS VERBOTEN! war auf einem Schild über der Schank zu lesen. Die Kellner, die die Tabletts stemmten, hatten Muskeln wie Gewichtheber. In der Küche arbeiteten ein paar dunkelhäutige Frauen. Unter den Gästen befanden sich Matrosen der *SS Friederick Walbaum*, die in einem bewundernswerten Zustand der Trunkenheit waren. Mohr zwinkerte dem Löwen zu und zählte, die Hände unterm Tisch, sein Geld, bestellte in einem Anfall menschlicher Größe wieder eine Runde. Sein Vater schleppte die Krüge an den Tisch, sagte: Die Mutter heiratet dich!

Er stand auf, fragte einen der Kellner nach dem Abort.

»Im Hof!«

Er kam an der Durchreiche zur Küche vorbei, weiter hinten stand die Tür zur Feststube offen, die fast so groß wie ein Tanzsaal war. Der Abort befand sich hinter einer Brettertür und bestand aus nicht viel mehr als einer ausgeschachteten Grube, die mit rohen Bohlen abgedeckt war, in die man ein kreisrundes Loch gesägt hatte. Im Pissoir lief ringsum eine geteerte Rinne, in der aufgequollene Zigarrenreste und ein paar ziemlich große Fliegenkadaver lagen, die im Schwall ein Stückchen mitrutschten. Als er fertig war und seine Stiefelkappen mit einem Fetzen Zeitungspapier gereinigt hatte, hörte er draußen den Gesang einer Frau. Durch eine vergitterte Luke sah er weit hinten im Niemandsland der Nacht die Rückfront eines Gebäudes, die durchbrochen war von einer Reihe schmaler, kleiner Fenster, die innen mit Wachspapier beklebt waren, durch das rötliches Licht schimmerte, fernen Tieraugen ähnlich; irgendwo ein paar schnelle Schläge auf einer Trommel, die noch schneller erstarben. Einer der Kellner stellte sich neben ihn an die Rinne und sagte: »Also, ich würde da nicht hingehn! Jedenfalls nicht allein!«

»Und was ist das?«

»Das *Tingeltangel.*« Dann fragte er: »Neu hier?«

»Seit heute«, sagte Mohr.

»Neu und jung«, sagte der Mann. »Bleib auf deiner Seite!« Dann ging er hinaus.

Auf dem Weg zurück schaute Mohr in die Spülküche, wo ein paar schwarze Frauen mit Geschirr hantierten; sie trugen nasse Schürzen, und Schweiß glitzerte in ihren Haaren. Sie machten einander auf ihn aufmerksam, er grinste, als sie kicherten, machte einen Diener vor ihnen, so wie es Rubyniak getan hatte, und als er wieder aufsah, drohte ihm eine der Frauen mit einer gußeisernen Pfanne, und die Jüngste unter ihnen spitzte ihre Lippen und tat, als würde sie ihn küssen. Ihr Kuß flog zu ihm, und das Geräusch, das sie dazu machte, ging ihm durch und durch.

»Danke«, sagte er.

Als er immer noch nicht wegging, spritzte sie ihn mit Spülwasser naß, und er machte einen Schritt zurück, um seine Uniform zu schützen.

»Ich heiße Crispin«, sagte er.

Sie sagte nichts.

»Und du?«

Eine der Frauen packte sie im Genick und zog sie fort in den Dampf, sagte: »Laß das, Hulette!«

Und dann, als er rücklings über die Schwelle trat, lachten sie und klapperten mit Tiegeln und Töpfen, eine Musik, durch die die Stimme des Mädchens drang, das noch lauter als die andern lachte. Ihre Zunge war von einem Rosa, wie er es nie zuvor gesehen hatte.

»Da hinten waren Weiber«, sagte er.

Setzte sich und versuchte zu lächeln.

»Die müssen arbeiten«, sagte Rubyniak.

»Eine hat mir ganz gut gefallen«, sagte er.

»Leg dich bloß nicht mit den Kellnern an«, sagte Rubyniak. Er saß jetzt vor einem Glas Schnaps, fixierte Glatzel und Katzenschlager, die ihre Gläser schon geleert hatten. Dann stürzte er mit einem wilden Schrei den Schnaps hinunter.

Ein Kellner kam an den Tisch und sagte: »Noch einmal und du fliegst raus!«

Rubyniak flatterte mit den Armen wie mit Flügelstummeln und sang:

Heiß ist die Liebe,
kalt ist der Schnee, ja Schnee;
Scheiden und Meiden,
ja das tut weh.

Dann stierte er wieder Glatzel und Katzenschlager an.

»Na schön«, sagte Katzenschlager und bestellte drei Bier, als säße Mohr nicht mit am Tisch, aber Glatzel bezahlte die Runde, und er und Katzenschlager tranken zusammen aus einem Glas.

Die Matrosen fingen an, Heimatlieder zu singen. Mohr ließ für sich und Rubyniak einen Schnaps kommen, und als er Glatzels und Katzenschlagers gierige Augen sah, gab er trotz allem auch für sie einen aus. *Gebenedeit seist Du!*

»Auf die Kameradschaft!« rief Rubyniak, rief es so laut, daß ihm der Kellner von ferne drohte.

»Auf die leeren Gläser!«

Und als keiner von ihnen sein Glas erhob, rief er: »Auf die Kellner, meine Herren!«

Mohr hielt den Kellner fest, der Rubyniak am Kragen packte, zeigte auf den Löwenkopf: »Was ist mit seinem Aug passiert?«

»Geburtsfehler.«

»Sag die Wahrheit!«

»Gibt keine!«

»Danke, Kamerad!« sagte Mohr. »Habt ihr gehört, was er gesagt hat? Er hat gesagt, es gibt keine Wahrheit!«

Rubyniak stellte sein Schnapsglas auf den Kopf. »Das ist die Wahrheit!«

»Interessant«, sagte Mohr.

Dann sagten sie nicht mehr viel, belauerten einander, ob einer vielleicht noch eine Runde spendieren würde, aber niemand war betrunken genug, und so brachen sie auf. Im Hinausgehen winkte Mohr dem Löwenkopf zu und dachte an seine Mutter und daran, was sie sagen würde, wenn sie ihn jetzt gesehen hätte.

Trink nicht soviel, Bub!

An diesem seinem ersten Abend hier in Afrika war er länger draußen geblieben, um sich die Nacht anzusehen. Die Sterne füllten den ganzen Himmel aus, und Gottes Größe und Gewalt waren widergespiegelt in jedem einzelnen von ihnen. Sie hatten einen wilden Glanz, und der ganze Himmel lohte von ihrem Licht und ließ die Bajonette der Wachtposten erglänzen, die auf der Galerie zwischen den Bastionen patrouillierten, als stünde der Feind tief schlafend am Horizont. Zuckerweißes Licht auf dem Blechdach des Munitionsdepots. Der Exerzierplatz verlassen, menschenleere Ödnis. Die Tür des Offizierskasinos klappte im Nachtwind auf und zu, bis sie von jemandem zugezogen wurde. In sich hörte er noch die Matrosen in *Jauch's Bierhaus* Lieder aus der Heimat singen, und es machte die Nacht noch fremder. Als er sich müde genug fühlte, ging er zurück in die Schlafbaracke, wo Rubyniak, Glatzel und Katzenschlager auf seinem Bett hockten und Karten spielten.

»Runter von meinem Bett!« sagte Mohr.

Sie griffen sich ihre Karten, und Katzenschlager machte ein angestrengtes Gesicht und furzte, bevor er aufstand.

»Sau«, sagte Mohr.

»Zu mir?« fragte Katzenschlager.

Rubyniak zog Katzenschlager weg.

»Ich hatt' einen Kameraden«, stimmte Glatzel an.

Mohr schüttelte seine Wolldecke aus, ein Wunder, daß keine Sterne herausfielen.

An den Längswänden der Baracke standen Stockbetten im Abstand von einem Meter, am Kopfende die Spinde mit den Habseligkeiten der Männer. Der Fußboden bestand aus geölten Bohlen, die im Mittelgang durchgesackt waren. Die Fensterluken waren mit Fliegendraht bespannt, es roch nach Petroleum und Unterzeug.

Die Matratze war klumpig, die Wolldecke kratzig. Mohr lag da, dachte an Schlaf und wehrte die Angriffe der Roßbremsen ab, die aus der Badestube hereinflogen, die sich im Anbau befand. Irgendwo im Quartier onanierte jemand, mechanisch keuchend. Im ersten Traum ging seine Mutter mit ihm zum Bahnhof.

Frau Mutter, sagte er, ich lasse Sie nachkommen, sobald es geht.

Ach, sagte sie, ich glaube es ja!

Paar Jahre, sagte er, dann krieg ich ein Stück Land!

Er nahm sie in den Arm. Und sie blickte über die Schulter, ob jemand Zeuge davon geworden war, zog ihn in die Kirche und nahm ihn an der Hand, als wäre er wieder ihr kleiner Junge, ging mit ihm vor bis zum Kreuz, an dem Jesus hing. Sie sahen ihn an, und er richtete seine Augen gen Himmel, als gäbe es weder Sonnenschein noch Wolkenschatten, nur das unendlich ferne Gesicht seines Vaters vor den Schatten des Todes.

Wenn du nicht mehr da bist, mag ich gar nicht mehr heim, sagte sie.

Mama, sagte er.

Draußen ging sie auf einmal sehr schnell, und er trug

seinen Ranzen aus Rohhaut und hätte am liebsten nach ihrer Hand gefaßt.

In jedem Garten sangen Vögel, ihre Stimmen blau wie der Himmel. Nach den letzten Häusern kam der Bahnhof, hinter den Gleisen der Fluß.

Er zeigte ihr sein Billett, dann sagte sie: Da kommt der Zug.

Ja.

Hast alles?

Ja.

Jetzt gehst du!

Ich muß.

Kommst wieder?

Ich komm immer wieder.

Hast wirklich alles?

Ja.

Schreibst du mir?

Ja.

Alles!

Ja.

Sie kramte hastig in ihrer Tasche, drückte ihm eine Schneekugel in die Hand.

Da, sagte sie. Fügte hinzu: Nimms! Ist bloß für dann, wenn du Heimweh hast. Sie senkte verlegen den Kopf.

Was ist?

Hab dich gern!

Nicht weinen, hatte er gesagt und: Schau, die Leute schauen schon! Und schwarzer Rauch aus der Lokomotive hatte um sie getanzt, als sie einander in den Armen lagen, und in seinen Armen hätte er auch noch Platz für Seffie gehabt. Dann hatten sie sich voneinander gelöst, und er hatte seinen Ranzen genommen und war in den Waggon gestiegen.

Er setzte sich in die Holzklasse, und als der Zug anrollte, riß er das Abteilfenster auf, winkte seiner winkenden Mutter, die, kleiner werdend, am Ende der Gleise verschwand. Eine Weile fuhr der Zug an der Altmühl entlang, und an der nächsten Station schüttelte er die Schneekugel, die schon etwas zerkratzt war, und es fing an, rings um das Brautpaar zu schneien. Schnee stob der Braut unter den Schleier, und Schnee bedeckte den Zylinder des Bräutigams. Sie standen bis zu den Waden im Weiß.

Um fünf Uhr morgens kam Feldwebel Weibel, die Trillerpfeife blasend, durch den Mittelgang zwischen den Betten marschiert, und Rubyniak ließ seinen Kopf von der oberen Bettstatt herunterhängen und sagte: »Seffie.«

Seine Matratze staubte bei der geringsten Bewegung.

»Sie heißt also Seffie!« sagte er.

Mohr sagte nichts.

»Du redest im Schlaf.«

»Und was sag ich?«

»Seffie. Schöner Name. Gefällt mir«, sagte Rubyniak.

»Dann träum du doch von ihr!«

Im Waschraum kamen Rinnsale trüben Wassers aus den Hähnen, und ihnen war abgeraten worden, davon zu trinken. Das Wasser wurde täglich aus der Stadt mit Tankwagen angeliefert und in die Garnisonszisterne eingespeist, es roch nach Lebewesen.

Vor der Latrine hatte sich eine Schlange gebildet, und niemandem ging es schnell genug voran.

Die morgendliche Körperertüchtigung, die Feldwebel Weibel anordnete, fand auf dem Exerzierplatz statt und diente dazu, den letzten Rest Müdigkeit zu vertreiben. Nach Liegestützen und Kniebeugen ging es im Gleichschritt zum Reitplatz, wo eine Herde Pferde auf der Suche nach Grashalmen herumtrottete. Rittmeister Dr. Patarga, der sich der Fliegen kaum zu erwehren vermochte, oblag die Zuteilung der Reittiere. Als erstes ließ er Männer und Pferde Blickkontakt aufnehmen, und dann, als er das Zeichen gab, kletterten die Männer über die Koppel und hetzten lockend und schwitzend ihrem auserwählten Pferd hinterher. Mohr hatte sich einen Rappschimmel mit weißem Abzeichen auf der Stirn ausgesucht, das Fell mauvefarben und an manchen Stellen ins Beige spielend, ein kräftig gebautes Tier mit wachen Augen und einer Art, den Kopf zurückzuwerfen, die Mohr so noch nie gesehen hatte, selbst nicht bei den edelsten Pferden im Stall des Grafen von Pappenheim. Nach ein paar Bocksprüngen ließ es sich Zügel und Zaumzeug anlegen. Dr. Patarga sagte ihm den Namen: Perilo.

Die Kinnketten der Kandaren klirrten leise, als sich die Kolonne Richtung Stallung in Marsch setzte. Dort tränkten und fütterten sie ihre Tiere, und die Offiziere, die im Offizierskasino frühstückten, schauten durch die weit geöffneten Fenster zu, wie sie Mist aus den Boxen karrten.

Nachdem die Pferde versorgt waren, gab es Malzkaffee und Graubrot mit Marmelade für die Männer.

Dann begann der Drill.

Sprung auf und nieder!

Die Sonne stieg empor wie ein Geschoß, explodierte über ihren Köpfen.

Anfangs empfanden sie es geradezu als Auszeichnung,

derart gedrillt zu werden, dann aber, als es nicht endete und die Kommandos und Qualen ineinander übergingen, vermengten sich Wehrlosigkeit und Erschöpfung.

»Fängt ja nett an«, sagte Rubyniak.

Am Rand des Platzes stand Hauptmann Suck im Schatten eines Sonnensegels, und von weitem wirkte er wie ein Dompteur, der nach jeder gelungenen Nummer seine Daumen zu küssen schien, wenn er sich den Schweiß abwischte.

»Vier Jahre«, sagte Mohr, »vier Jahre!«

Schnappte wie ein Fisch an Land.

Sie lagen im Dreck, bewegten sich nicht, und Mohr dachte an Gras und Schnee. Dann kam Feldwebel Weibel im Laufschritt heran und fragte, warum ihn die Herren nicht zum Picknick einladen würden? Scheuchte sie ein paarmal im Laufschritt um den Platz und rannte vorneweg, um Suck und den Offizieren zu imponieren. Mohr legte an Tempo zu, tat, als wäre er drauf und dran, den Feldwebel hinter sich zu lassen, als ihm jemand auf die Hacken trat und ihn aus dem Tritt brachte. Er fing sich, lief weiter, ein Stück mit Waddie neben sich, der mißbilligend den Kopf schüttelte. Mohr verstand, fiel zurück.

Und so ließen sie sich schinden, ließen sich schinden und schleifen, bis sie sich selber Feind waren und das Gewicht ihres Blutes sie niedersinken ließ. Waddie war in die Hocke gegangen und hatte ihnen die ganze Zeit reglos zugeschaut. Manchmal dauert die Geburt länger als das Sterben.

Dies nun als Dank für meinen Fall…

Nach dem mittäglichen Essenfassen wurde der Befehl ausgegeben, die Neuen hätten sich in Dienstuniform mit den

Pferden zur Parade zu sammeln. Und so traten sie alle an, in vollem Wichs traten sie an, ihre Pferde, akkurat gestriegelt, glänzten wie eingeölt und waren mit Schabracken geschmückt, auf denen klauenbewehrte Adler flatterten. Die Militärkapelle nahm zuvorderst Aufstellung, ihre Trompeten und Posaunen schienen wie aus Gold gemacht. Hinter ihr ritten die Offiziere hoch zu Roß, allen voran Kommandant Hauptmann Suck, dessen schneeweiße Uniform nur schlecht verbarg, daß er zur Korpulenz neigte. Ihm folgten Feldkaplan von Wilhelmi, Rittmeister Dr. Patarga und andere Chargen des Stabs, und Feldwebel Weibel ritt in den Fahnen ihres Staubs dahin.

Vor den ersten Häusern bog der Trupp zur Promenade ab, und an der halbfertigen Mole blies der Hornist Salut und die Schiffe draußen auf Reede hißten ihre Flaggen, um sie zu grüßen, neue Männer, die Hurra riefen, als versuchten sie den Ozean zu überbrüllen. Dann machten sie kehrt und ritten zum Amtssitz des Distriktchefs des Kolonialkorps, wo der Amtsinhaber ihnen zu Ehren auf die Balustrade trat und sie alle willkommen hieß und sich glücklich schätzte wegen des Schutzes, den sie durch ihre gebieterische Anwesenheit diesem Lande Deutsch-Südwest angedeihen ließen. Und sie schwangen ihre Hüte und Feldmützen mit den schwarz-weiß-roten Kokarden und hörten erst auf damit, als der Distriktchef in seine Amtsräume zurückging.

Wohin sie auch kamen, standen die Bürger Swakopmunds Spalier, schwenkten Fähnchen und hielten ihre Kinder hoch, damit sie einen Blick auf die Reiter erhaschen konnten, und sie ritten ganz langsam an ihnen vorbei, um den Staub niedrig zu halten.

Vorm *Voigt'schen Store* hatte sich eine Horde betrunkener Kiphkhas zusammengerottet. Als sie vorbeidefilierten, sprang ein junger Kiphkha aus ihrer Mitte und warf einen Stein in den Pulk der Reiter. Kamerad Elchlepp wurde am Kopf getroffen. Elchlepp hielt sich die Hände vors Gesicht und war viel zu erschrocken, um einen Laut von sich zu geben. Ohne auf das Kommando zu warten, zügelten sie ihre Pferde und saßen ab. Der junge Kiphkha, der den Stein geworfen hatte, ging ihnen sogar entgegen, als sie vorrückten, so, als wäre er erfreut, ihre Bekanntschaft zu machen. Er sang mit schriller Stimme ein Lied und klatschte rhythmisch in die Hände, hörte erst auf, als Waddie den Stein aufhob, ein faustgroßer Brocken, und ihm damit mit solcher Wucht auf den Kopf schlug, daß er das Weiße in den Augen zeigte und in die Knie ging. Während sie noch darauf warteten, daß der junge Kiphkha bluten oder schreien würde, kamen zwei Polizeidiener gerannt und droschen mit Knüppeln auf ihn ein.

»Au«, sagte Rubyniak jedesmal, wenn die Knüppel aufklatschten; er sagte es sehr oft, und Elchlepp sagte undeutlich, er solle endlich den Mund halten, weil er davon Kopfweh kriege. Er setzte sich einfach auf den Boden, lange bevor der junge Kiphkha in einer Wolke von Staub niedersank.

Sie schauten zu, wie der Kiphkha von den Polizeidienern links und rechts untergefaßt und zur Polizeistation geschleift wurde, die unten am Ende der Straße zwischen dem Prinzessin-Rupprecht-Heim und dem Rohbau des Hohenzollernhauses lag, und sie kamen sich fast so vor wie im Krieg. Mittlerweile waren die Bürger mehr an der Züchtigung interessiert als an der Parade.

Der Feldscher kümmerte sich um Elchlepp, der noch immer auf der Straße hockte wie einer der betrunkenen Hottentotten. Waddie sagte zu Suck, er kenne den Kerl, er sei aus Hopadessa, einer von Ximenz' Leuten, sagte, der Kerl habe heißes Blut, Kriegerblut, und sei einem Mädchen hinterher, das der Kaptein nach Swakopmund gegeben habe.

Suck ließ sich den Stein reichen, wog ihn in der Hand. »Es geht los, Männer! Wollen wir uns glücklich schätzen, daß unserm Kameraden nichts Ernsteres zugefügt wurde!« Mit diesen Worten ließ er den Stein fallen. Er sah aus wie ein halb begrabener Kinderkopf, als er da unten im Straßenstaub lag, und Waddie hob ihn auf und roch daran.

Der Feldscher und Elchlepp blieben vorm *Voigt'schen Store* zurück, als der Trupp sich wieder in Bewegung setzte. Sie ritten Richtung Bahnhof, dessen Portal mit einer Girlande geschmückt worden war. Herr Livonius, der Stationsvorsteher, beehrte sie mit einer kleinen Ansprache, die darin gipfelte, daß er sie als Garanten der Pünktlichkeit betrachte, damit diese deutsche Tugend endlich auch hierzulande verbreitet werde. Sie ließen ihn hochleben, und seine Gattin, eine bläßliche Person, die ihm zur Seite stand, erschrak bei ihrem heiseren Gebrüll.

Dann querten sie wie bei einer Ehrenrunde den Schienenstrang, der ins Land hinausführte, in ein Land, von dem sie nicht viel mehr wußten, als daß es unwegsam war und, wie es hieß, schwerlich zu befrieden; sie hätten viel darum gegeben, wenn just in diesem Moment ein Zug angekommen wäre, blumenbekränzt die Lokomotive und die Waggons voll winkender, leichtbekleideter Damen. Sie folgten ein Stück der Trasse, bis die Dünen der Wüste vor ihnen lagen, gestrählt vom Meerwind. Alles blieb still und einsam da draußen, in dieser Zukunft, die ihnen bevorstand, dann machten sie kehrt und ritten in leichtem Trab zurück.

Auf dem baumbestandenen Vorplatz der Dreifaltigkeitskirche hatten sie eine Art Feldmesse hinter sich zu bringen, die Feldkaplan von Wilhelmi für die Soldaten ausrichtete; er stellte sie unter Gottes Schutz und segnete sie. Am Ende wurden die Glocken geläutet, und ihr Klang rollte hinaus in die Täler der Wüste, und in der Kirche, deren Tor weit offen stand, spielte jemand einen Choral auf einem Harmonium, erhaben und süß, so daß einige von ihnen niederknieten; sogar Waddie hielt die Hände gefaltet und schaute zu Boden, wo der Schatten mit Blättern spielte.

Nach der Messe ging es in loser Formation zu *Jauch's Bierhaus*, das zur Feier des Tages mit Fähnchen und Girlanden geschmückt war. Gäste und Kellner drängten sich auf der Veranda und empfingen sie mit erhobenen Krügen. Der Kneipier trat heraus und verkündete, daß alle Neuankömmlinge hier und heute auf einen Schluck seine Gäste seien, sie zu bewirten sei ihm freudige Pflicht dem Vaterland gegenüber. Und begeistert riefen sie »Bravo!« und »Hurra!«, ihre Stimmen wie verdorrt. Das Kommando zum Absitzen kam von Hauptmann Suck höchstpersönlich. Als sie abgesessen hatten, banden sie ihre Pferde am Querbalken an. Waddie blieb bei den Tieren und bewachte sie.

Denn der Abend kam. Und dahinter die Nacht.

Der Friedhof der Sterne.

In der Feststube, wo die Offiziere Platz genommen hatten, waren die Tische zu einer langen Tafel zusammengerückt worden. Mohr und seine Kameraden bekamen Plätze vorne in der Gaststube zugewiesen, wo es bald so eng wurde, daß für die Kellner mit ihren Tabletts kaum noch ein Durchkommen war. Als dann Hauptmann Suck mit einem Krug

Bier in der Hand auf ihr Wohl anstieß und in seinem Trinkspruch die »langersehnte Auffrischung der militärischen Ressourcen im kolonialen Lebenskampf« hervorhob, taten sie ihm Bescheid, tranken stehend, und nach dem Absingen der Nationalhymne ließen sie Deutschland hochleben und tranken weiter.

Der Kneipier trat an den Hauptmann heran und übergab ihm mit wichtiger Miene ein Kuvert, das schon etwas zerdrückt war.

»Vom Häuptling«, sagte er.

Suck riß das Kuvert auf, las.

Er las lange.

Dann dankte er Jauch und ging zurück in die Feststube.

Auf Kosten des Hauses wurde jedem Mann eine Eierspeise mit aufgeschnittener Siedewurst serviert, die etwas wäßrig und fettlos schmeckte. Eng hockten sie zusammen, wie in Reih und Glied, aßen und tranken, während das Gerücht die Runde machte, daß die Honoratioren und Offiziere in der Feststube Sachen verspeisten, die entschieden fleischiger rochen als das, was sie auf ihre Teller geladen bekommen hatten. Das Freibier, stellte sich heraus, war pro Person auf einen halben Liter bemessen, und alles, was sie danach tranken, hatten sie selbst zu berappen – im Gegensatz zu den Offizieren, die vermutlich den ganzen Abend umsonst zechten.

Elchlepp kam an ihren Tisch. Sein Gesicht war verfärbt, und um die Stirn trug er einen Verband. Sie umarmten ihn.

Rubyniak sagte: »Du schaust aus wie ein Held!«

Jeder ließ ihn aus seinem Krug trinken.

»Ihr seid so gut zu mir«, sagte Elchlepp.

»Ich würde das Schwein in Stücke haun«, sagte Glatzel.

»Das machen die schon«, sagte Katzenschlager.

»Der«, sagte Mohr, »hat ja noch Flaum am Arsch gehabt.«

»Hört euch den Herrn Negeraff an«, sagte Katzenschlager.

Glatzel hielt ihm den Mund zu.

Zu spät, denn Mohr hatte ihm schon sein Bier ins Gesicht geschüttet, war aufgesprungen und hatte sich über den Tisch geworfen. Katzenschlager krachte vom Stuhl und trat von unten gegen den Tisch, daß sie alle ihre Krüge festhalten mußten. Feldwebel Weibel kam aus der Feststube herbeigeeilt und befahl Benimm. Hinter seinem Rücken machte sich Rubyniak einen Spaß daraus, dem Zähne bleckenden Löwenkopf zuzuprosten.

Bald wurde ihnen langweilig.

Sosehr sie sich auch umblickten, keine hübsche Dame schwebte zwischen den Tischen und setzte sich ihnen auf den Schoß. Manchmal erschien eine der Bambusen oder Bimbettas aus der Spülküche in der Gaststube, um verschüttetes Bier aufzuwischen; ihre Schürzen waren farblos und so lang, daß sie fast auf dem Boden schleiften. Und niemals, wie Mohr feststellen mußte, niemals war das Mädchen, das ihn naßgespritzt hatte, unter ihnen.

Sie tranken viel und immer schneller.

Zählten ihr Geld unterm Tisch.

»Wer zahlt die nächste Runde?«

Wer stirbt zuletzt?

»Prost, Löwe!«

Schauten den Kellnern bei der Arbeit zu.

Mohr ging nach hinten zu den Aborten, ließ sich alle Zeit der Welt, rieb sich das Gesicht sauber für den Fall, daß das

Mädchen ihn sehen sollte, so von Kopf bis Fuß herausgeputzt.

Als er herauskam, lehnte der Hauptmann im Türrahmen zur Spülküche und versuchte sich in leutseligen Gebärden.

»Pardon, Herr Hauptmann«, sagte Mohr.

»Gestattet«, sagte Suck, machte Platz.

Mohr dankte, wagte einen Blick. Die Frauen standen unbewegt da, während der Hauptmann mit ihnen schäkerte; das Mädchen hatte sich halb hinter ihnen versteckt. Suck machte einen Schritt, ließ sich nicht davon abbringen, ihm unters Kinn zu fassen. Dann lachte er und tat so, als wollte er ihr einen Kuß geben; ihre Lippen hatten die Farbe von Heidelbeeren.

Am Tisch erzählte Mohr, was der Hauptmann sich herausgenommen hatte, aber seine Kameraden kümmerten sich nicht darum. Auf einmal fühlte er sich feige und schämte sich, daß er nicht dazwischengetreten war.

»Ich liebe dich«, sagte Rubyniak zu Mohr, als Mohr die nächste Runde bestellte.

Das Geld seiner Mutter.

Oh, er kannte ein reiches Mädchen.

Er trank, und es war, als würde er vom Trinken Durst bekommen.

Wo liegt Pappenheim, Mohr?

Nicht in Afrika, Herr Lehrer!

Brav! Setzen!

»Wißt ihr was?« sagte Katzenschlager. »Ich frag Waddie, wo es Huren gibt.«

Er kämpfte sich durch die schweren, verschwitzten Leiber nach draußen. Mohr dachte an die Huren und wie sie wohl aussahen und ob sie blauschwarze Lippen hatten. Die

Märchen des Alltags hatten alle etwas mit Lügen zu tun – und der Lust, nicht die Wahrheit zu sagen. Katzenschlager kam zurück und sagte, Waddie habe gesagt, hinten im Hof gebe es ein Kabuff mit roten Fenstern. Weil jetzt überall gesungen wurde, verstanden sie ihr eigenes Wort nicht mehr. Der Lärm hörte sich gut an, schickte die Träume auf Reisen, und für einen Moment gab es zwischen Vorwärts und Zurück keinen Unterschied. Mohr dachte an Seffie, so oft hatte er schon versucht sich vorzustellen, wie es gewesen wäre, wenn er sie wenigstens ein einziges Mal geküßt hätte; er konnte nicht einmal Bilder für ihren Körper erfinden. Haut und Haar, hin oder her. Er schlief am Tisch ein. Seine Mutter arbeitete im Garten, goß Salatköpfe.

Mutter! rief er.

Er zeigte ihr seinen Gestellungsbefehl, sie sah gar nicht auf.

Da steht, daß ich tauglich bin für die Kolonien.

Tauglich, mich zu verlassen!

Mama, sagte er, schämte sich, Mutter!

Sie sagte: Warum so weit weg? Warum gleich so weit? Aber geh nur! Geh mit Gott! Ich komm, sobald ich kann! Morgen! Vielleicht schon morgen!

Er hielt es am Tisch nicht mehr aus; irgend etwas trieb ihn hinaus. Er schluckte, als ihm ein Schwall Bier zurück in den Mund floß, vermischt mit saurem Schaum, aber er mußte sich nicht übergeben, mußte nur heulen wegen etwas, das mächtiger war als Wut, Haß oder Zorn. Er ging an den Aborten vorbei und durch die Hintertür.

Und weiter übern Hof, der mit Fässern und Kisten vollgestellt war. Aus dem Küchentrakt fiel eine matte Lichtbahn, und dahinter, tiefer in der Finsternis, war in Umrissen die Rückfront des *Voigt'schen Store* zu erkennen; davor erstreckte sich eine Brache, die jetzt, in der Nacht, undurchdringlich schien. Er bemerkte einen Trampelpfad, der sich wie eine schmale Schneise durch Gestrüpp und Gerümpel zog und sich in der Finsternis verlor. Die Nacht ein kaltes nasses Tuch, in der Luft ein Geruch wie von verfaultem Fisch und Flieder. Eine Gestalt tauchte auf, verschwand wieder, ein Hauch von Stimmen und Schatten, die Wärme von Körpern, die Hitze der Gewalt, die sie verströmten. Mohr blieb stehen, spürte, daß jetzt jemand hinter ihn getreten war, drehte sich um, wollte zurück.

»Freund oder Feind?«

»Ich weiß nicht!«

»Er weiß nicht! Schwarz oder Weiß? Mann oder Frau?«

Bekam einen Stoß vor die Brust, stolperte rückwärts, sah zwei Reihen Zähne, groß wie die des Löwen.

»Hier ist nichts für dich, Kamerad!«

»Bin nicht dein Kamerad!«

Der Mann schlug die Hacken zusammen, sagte etwas wie Jawoll. Zu spät sah Mohr, daß er ausgeholt hatte. Es fühlte sich an wie der Schlag einer Keule, die ihn zwischen Kinn und Hals traf, und sein Herz begann wie eine Trommel zu schlagen; er spürte klebrige Nässe von seiner Schläfe rinnen, fühlte sich wie die Schnecke, die den Igel überholen wollte, wenn er sich richtig an das Märchen erinnerte.

»Weißt du, warum?«

»Nein«, sagte er.

»Ihr schlagt uns, wir schlagen euch. Gut?«

Er rannte weg, als Rubyniak in den Hof kam und Mohrs Namen rief.

Rubyniak holte Dr. Patarga aus der Feststube. »Unser Herr Feldscher ist leider unpäßlich«, sagte er. Mohr mußte den

Oberkörper freimachen, und die Kameraden hörten zu singen auf, als der Doktor mit heißem Wasser, das er sich aus der Spülküche hatte kommen lassen, die Wunden betupfte.

»Erst Elchlepp, jetzt Sie«, sagte Dr. Patarga, verlangte ein sauberes Handtuch, wickelte es Mohr um den Kopf. »Wie fühlen Sie sich?«

»Irgendwie«, sagte Mohr.

»Wenn Sie auf keine dummen Gedanken kommen, werden Sie ganz gesund«, sagte Dr. Patarga.

Dann kam Weibel, fragte, was vorgefallen sei.

»Erste Feindberührung«, sagte Dr. Patarga.

Rubyniak sah zu, wie Mohr Hemd und Uniformrock anzog. Elchlepp, Katzenschlager und Glatzel waren schon gegangen. Mohr bekam von Jauch zur schnelleren Genesung einen Schnaps spendiert, trank die Hälfte, gab das Glas Rubyniak, der es austrank.

In der Spülküche war das Licht gelöscht. Die Kellner hatten sich am Stammtisch versammelt, machten Kassensturz und tranken ihr Feierabendbier. Rubyniak stand auf, schleifte seinen Stuhl hinter sich her bis untern Löwenkopf. Er stieg auf den Stuhl, steckte seinen Kopf in den Rachen des Löwen und brüllte, bis die Kellner aufsprangen, ihn herunterzogen und hinausbeförderten.

Mohr folgte ihm. Draußen riß er sich das Handtuch herunter.

Waddie kam mit ihren Pferden.

»Ich geh lieber«, sagte Rubyniak.

Hob die Hand zum Gruß.

»Tut's weh?« fragte Waddie.

»Ja«, sagte Mohr, »aber ich weiß nicht, wo.«

Er saß auf, tauchte in den Wind. Sand wehte durch die

Luft, lag weiß auf den Dächern der Häuser. *Du bist ein Neuer? Was heißt das?* Drunten am Strand donnerten die Wogen, schwarz, wie aus flüssigem Glas. Wo der Ozean endete, war der Himmel eine Spur heller. Von dort war er gekommen. Plötzlich spürte er, wie betrunken er war. Er wandte sich im Sattel um, blickte auf die Häuserzeile auf der Promenade, vor der Palmen im Nachtwind tanzten, und versuchte sich vorzustellen, wie es wäre, in einem dieser Häuser zu leben. Mit Seffie. Und Kindern und grauen Haaren. Es ging nicht. Der Wind blies ihm durch den Kopf. Er saß ab, hockte sich unter eine Palme, sah hinauf in die umherirrenden Sterne. Es war wunderschön.

Manchmal zerschlug eine Woge das Mondlicht, das sich auf dem Meer spiegelte, zerschlug es wie Glas oder Eis.

Perilo biß in den Schirm seiner Feldmütze.

»Arschloch«, sagte er.

Rubyniak kam nicht. Er ritt allein zur Feste.

Die Torposten ließen ihn passieren, und nachdem er Perilo im Stall untergestellt hatte, ging er zur Schlafbaracke; er legte sich auf sein Bett, fand keine Ruhe, als er bemerkte, daß Glatzel und Katzenschlager ihn beobachteten. Er stand wieder auf, ging hinaus, lief herum. Der Hund knurrte in seinem Zwinger, als er in seine Nähe kam. Mohr pfiff leise, und der Hund drehte sich einmal um die eigene Achse. Er machte weiter, bis ein paar späte Reiter durchs Tor kamen, erkannte unter ihnen Rubyniak und Waddie; sie hielten auf die Stallungen zu, und er holte sie ein, als sie beim Absitzen waren. Rubyniak konnte kaum noch auf den Beinen stehen. Er warf Mohr beinahe um, als er ihm in die Arme fiel, sagte zu den Kamelen im Pferch: »Was glotzt ihr so?« Dann kletterte er leise singend über die Holme und tat, als wollte er eines der Tiere umhalsen, sah die Kamelfessel an ihren Vorderbeinen und sagte: »Habt ihr Heimweh?«

Waddie versorgte Rubyniaks Pferd, weil Rubyniak nicht mehr in der Lage dazu war. Mohr hockte ihn auf einen Strohballen und hielt ihn fest.

»War noch im *Voigt'schen Store*«, sagte Rubyniak, und Mohr wischte sich seinen Atem aus dem Gesicht, rückte etwas von ihm ab, weil er schlecht roch.

»Ich weiß jetzt, mit was man dir eine verpaßt hat«, sagte Rubyniak. »Das Ding heißt Kirri! So sagt man hier dazu! Stimmt's, Waddie?«

»Waddie«, sagte Mohr.

»Es stimmt«, sagte Waddie.

»Waddie hat mir noch einen Schnaps spendiert«, sagte Rubyniak.

»Drei«, sagte Waddie in der Box, in der er Rubyniaks Pferd abrieb.

»Du schläfst heute unten«, sagte Mohr.

»Und du redest nicht im Schlaf«, sagte Rubyniak.

»Mach ich«, sagte Mohr.

Rubyniak kniff ihn in die Backe. »Mensch, du hast gefehlt«, sagte er.

»Wo?«

»Waddie hat mir das *Tingeltangel* gezeigt. Und weißt du, wo es ist? Nein? Ist genau hinterm *Voigt'schen Store* und grenzt an die Rückfront von *Jauch's Bierhaus*, dort, wo man dir auf den Schädel geklopft hat. Man kann Mädchen haben, wenn man Geld hat. In manchen Nächten, sagen die Leute, tanzen dort Hottentottenweiber. Naja, getanzt haben sie nicht gerade, weil, als wir dort waren, ist ein Verrückter gekommen und hat dem Kerl am Kreuz mit einer Flasche den Kopf abgeschlagen. Und dann hat er geplärrt, wir alle würden bald tot sein. Omemee, das ist die Chefin dort, hat sich nicht anders zu helfen gewußt und nach den Polizeidienern geschickt, und wir haben ihn festgehalten, bis sie gekommen sind, und er hat sie umarmt, bis sie ihn mitgenommen haben. Sie haben ihm eine Tracht Prügel verpaßt. Man hat ihn durch die ganze Stadt schreien hören. Kaum daß sie fertig sind mit ihm, lacht er schon wieder und kriecht in seinen Pontok.«

»In was?«

»In seinen Pontok«, sagte Rubyniak. »So heißt das, wo die Wilden wohnen.«

»Und woher weißt du das?«

»Von Elchlepp«, sagte Rubyniak. »Elchlepp weiß alles.«

Er erzählte, es seien vier, fünf Frauen dort gewesen, und an eine erinnere er sich ganz besonders, weil er sich einbilde, sie schon einmal irgendwo gesehen zu haben. Blutjung, die Kleine. »Hat auf das Geld gespuckt, um es vornehm zu sagen. Macht nichts, sie wird trotzdem genagelt. Schau mich nicht so an, Mohr! Ich mag's nicht, wenn man mich so anschaut!«

»Wie schau ich denn?«

»Weiß nicht, irgendwie zu persönlich«, sagte Rubyniak. »Mensch, ich bin auch nur ein Mensch, oder?«

Er war zu laut geworden. Waddie griff sich einen leeren Tränkeimer und stülpte ihn Rubyniak übern Kopf, trommelte einen kurzen, harten Wirbel und sagte: »Vorsicht, Kamerad!«

Als Rubyniak den Eimer herunten hatte, fragte er, ob einer was zu trinken habe.

Waddies Schatten wuchs die Wände hinauf, als er in der

Dunkelheit des Stalls verschwand. Mohr, den Rubyniaks Betrunkenheit nervös machte, folgte ihm ein Stück weit; von allen Seiten der Atem der Pferde, warm vom Schlaf und von tiefer Ruhe.

Waddie hauste in einer ehemaligen Box, deren Wände gekalkt waren. Er tauchte mit einer braunen, bauchigen Flasche auf, die er wie ein Kind im Arm hielt.

»Aber nicht alles«, sagte er, als sie wieder bei Rubyniak waren, gab ihm die Flasche.

»Au«, sagte Rubyniak, als er einen Schluck genommen hatte.

Mohr nippte nur, und schon verschwand der Geruch der Pferde hinter einer Wolke Alkohol. »Die Mädchen«, sagte er, »wie waren sie?«

»Teuer«, sagte Rubyniak.

Er bekam einen Hustenanfall.

»Komm, laß dich küssen!«

Und als Waddie wegsprang, küßte Rubyniak Mohr. Einfach auf den Mund.

Als sie das Stalltor auf- und zugehen hörten, schwiegen sie. Eine Gestalt schlurfte durch den Mittelgang auf sie zu: Rittmeister Dr. Patarga, der im Licht der Stallaterne sichtbar gezeichnet wirkte. »Schluß, meine Herren!« murmelte er, bevor er in sein Kabuff entschwand.

Sterne fielen herab. Der Himmel blauschwarz, mit Ewigkeit lockend. Seine Kameraden schliefen; im Schlaf hatten sich ihre Gesichter in etwas Ergebenes verwandelt. Ein Mann braucht Liebe und Feinde, dachte er, als er auf seiner Matratze lag. Aber was zuerst? Er dachte an das Mädchen in der Spülküche und fragte sich, ob sie hübsch gewesen war oder einfach nur ein Mädchen wie alle Mädchen, außer Seffie vielleicht. Er stellte sich vor, ein Foto von sich anfertigen zu lassen und es Seffie zu schicken: er in Uniform auf einem Pferd und mit Kamelen im Hintergrund. Fremd und woanders. Ach nein. Bevor er einschlief, kam Rubyniak von der Latrine, kletterte ins Stockbett über ihm, rülpste kurz und begann gleich darauf zu schnarchen.

Kaptein Abramus Ximenz
Werft Hopadessa
An Hauptmann Konrad Suck
Garnison Swakopmund

Mein ferner Freund,

ich habe Dir diese Zeilen geschrieben und sie meiner Enkelin Hulette anvertraut, wünschend, daß sie Fuß fassen kann in der Stadt und ihrem Dienst zum Wohlgefallen ihres Dienstgebers nachkommt. Der Missionar ist gegangen, aber Gott geht nicht mit ihm, er bleibt hier, und wir werden sehen, ob es ihm so ganz allein bei uns gefällt. Die alten Zeiten gehören jetzt endgültig der Vergangenheit an, und es wird keinen Krieg mehr zwischen unsern Völkern geben; wir haben unsern Frieden geschlossen, der mir hoch und heilig ist. Wir werden unsern Rindern ein paar Worte in deutscher Sprache beibringen, damit sie sagen können, wem sie gehören und auf wessen Weideland sie grasen – sei mir nicht böse, aber es ist alles zuviel gewesen, was ihr uns genommen habt. Das Mädchen ist unser Garant für den Frieden, den wir so lange entbehrt haben. Durch das Mädchen sprechen unsre vergessenen Götter, und die Zeiten, da unser Blut die Erde rot färbte, sollen für immer Geschichte sein. Das Mädchen ist, vergiß das nicht, die Hälfte meines Herzens: Nimm es als Geschenk eines Freundes. Du denkst: Große Worte! Du denkst: Ein alter Mann spricht große Worte! Diese Worte sind wahr! Nimm sie an um unsrer Freundschaft willen. Mehr verlange ich nicht von Dir!

Dein Freund Abramus

Es war noch dunkel draußen, als das Wecksignal ertönte: Feldwebel Weibel, der seine Trillerpfeife blies. Wie bei einem Sturmangriff preschte er durch die Baracke.

»Genug gefeiert!«

»Heute ist Sonntag«, sagte jemand.

»Hier ist Sonntag, wenn ich sage, daß Sonntag ist!«

Im Anschluß an seine Morgenansprache wurden sie von ihm zur Eskaladierwand geführt, und den ganzen Weg dorthin schwadronierte er vom Durchhalten, sagte, ihr Dienst sei ein Dienst, den sie der Heimat schuldeten – und da jeder von ihnen Teil der Heimat sei, sei es letztendlich auch hinwiederum ein Dienst, den sie sich selber erwiesen. Auch so könne man es nämlich betrachten. Der Drill, sagte Weibel, grau im Gesicht, diene dem Aufbau ihrer Moral und ihrer Disziplin, und erst dann würden ihnen die höheren Weihen zuteil, Kampftechnik, verbunden mit dem Erlernen des Gebrauchs der Waffe. Die berittene Infanterie, der sie angehörten, sei die Elite, das Beste an Männern, das die deutschen Lande hervorbrachten, und schon deswegen dürfe man der Heimat keine Schande machen … Zum Schluß sagte er: »Unsre beiden Invaliden erfahren Schonung! Wegtreten!«

Dann fing es an.

Mohr und Elchlepp schauten zu, wie sich ihre Kameraden über die Eskaladierwand quälten. Sie war wie das Ende der Welt, ein Hindernis aus Brettern und Balken, gegen das sie anrannten in stetiger Umkehr und neuerlicher Bezwingung. Behängt mit Tornister und Karabiner, erklommen sie immer wieder die mannshohe Barriere, hätten das Paradies gestürmt, die Engel geschlachtet.

Bis Weibel rief: »Guten Morgen! Frühstück!«

An seinem ersten Sonntag in Afrika, nachdem er am Gottesdienst im Offizierskasino teilgenommen hatte, schrieb er seiner Mutter einen Brief, saß auf seinem Bett, während er ihn schrieb; sein Kopf fühlte sich leer an, leer und verwüstet. Rubyniak war, einer edlen Regung folgend, nach draußen gegangen und hatte ihn allein gelassen.

Erster Sonntag
Swakopmund, Afrika

Liebe Frau Mutter,

ich bin hier angekommen, heil und guter Dinge. Sie können sich gar nicht vorstellen, wie weit weg Sie von hier sind. Das Meer schaut schön aus, ist aber eiskalt, obwohl gleich daneben die Wüste liegt. Ich freue mich schon darauf, wenn es endlich einmal ins Landesinnere geht, ich hoffe, es wird mir gefallen, was mich dort erwartet. Ich habe die Hoffnung, den schönsten Platz der Welt für meine Zukunft zu entdecken, und wenn ich ihn finde, werde ich alles tun, ihn zu bekommen, zu behalten. Vier Wochen hat die Fahrt mit der *SS Friederick Walbaum* von Wilhelmshaven nach Swakopmund gedauert, und an Bord sind wir alle Freunde geworden. Also machen Sie sich bitte keine Sorgen um mich, ich habe meine Kameraden, und wir passen jeder auf den andern auf. Die Eingeborenen hier sind gar nicht so schwarz, wie Sie vielleicht glauben möchten. Ich hätte Ihnen gerne ein Photo von mir in Uniform geschickt, damit Sie sich selbst ein Bild von mir hätten machen können, aber der Feldphotograph, Herr Krippner, weilt zur Zeit in Khan, und er verlangt, heißt es, nicht gerade wenig für private Photos. Wer dem Kaiser dient, kann sich glücklich schätzen, aber der reichste Mann, mit Verlaub, wird er deswegen nicht. Meine Wäsche ist leidlich sauber, und auch die Kost schmeckt ganz erträglich. Ich weiß nicht recht, was ich sonst noch mitteilen könnte. Liebe Frau Mutter, hier hat es eine Zukunft, hier kann man es zu etwas bringen. Ich war noch nie so weit fort von zuhaus, weiter kommt man nicht. Das war also der erste Brief, den ich Ihnen aus Afrika geschrieben habe, und, liebe Frau Mutter, es wird nicht der letzte sein. Wenn möglich, werde ich Ihnen jeden Sonntag ein paar Zeilen schreiben.

Es grüßt Sie
Ihr Sohn Crispin

Dann war es an der Zeit, in der Kantine Essen zu fassen. Er legte den Brief unters Kissen. Später würde er sich ein Kuvert besorgen.

Als er gegessen hatte und in den Schlafsaal zurückkam, lag der Brief nicht mehr dort, wo er ihn hingelegt hatte. Er wußte, es wäre ein Zeichen von Schwäche gewesen, nach ihm zu suchen.

Er machte sich ausgehfertig, wenn auch nur halbherzig, hatte kaum genug Geld, um sich hinter einem Krug Bier verschanzen zu können und die Traurigkeit mit einem Lied zu verwöhnen.

Auf dem Weg zum Tor traf er Elchlepp, und gemeinsam gingen sie hinunter in die Stadt. Unterwegs redeten sie von ihren Blessuren, und dann kam die Sprache auf die Liebsten in der Heimat.

»Hast du jemand, der auf dich wartet?«

»Eltern«, sagte Mohr. »Und du?«

»Hab meinem Liebchen geschrieben«, sagte Elchlepp.

»Du hast ein Liebchen?«

»Hab ihm ein Gedicht geschrieben«, sagte Elchlepp. »Es reimt sich leider nicht.«

»Macht nichts«, sagte Mohr.

»Es geht so«, sagte Elchlepp:

Du bist mein Liebchen,
ich bin ein Diebchen,
stehl Dir Dein Herzchen,
so hast Du süße Schmerzchen.«

Mohr sagte nichts.

»Macht nichts, wenn's dir nicht gefällt.«

»Wird schon verstehn, was du meinst«, sagte Mohr.

Dann sprachen sie über ihre Kameraden, über Rubyniaks viel zu große Hände und Füße, über Katzenschlagers Narbe auf der Stirn, über Glatzels Geheimratsecken, über Weibels Bauchansatz. Sie gingen im Schatten der Häuser, alles lag in sonntäglicher Ruhe. Nach dem Nachmittagskaffee machten die Familien ihren Sonntagsspaziergang auf der Promenade. Jedesmal, wenn Mohr unter den Palmen entlangging, die in gerader Linie auf der Promenade gepflanzt waren, fühlte er sich wie im Park eines Sanatoriums: Rekonvaleszent seiner Hoffnungen und Träume. Am schönsten flanierte es sich, wenn der Wind vom Meer hereinkam und den Sand aus der Wüste ins Landesinnere trieb. Die Altgedienten bezeichneten den Sand als afrikanischen Dreck. Bald hatten sie genug davon, in ihren sauberen Uniformen im Sand herumzuwaten. Die Gäste auf der Veranda von *Jauch's Bierhaus* prosteten ihnen nicht einmal zu, obwohl sie lange stehenblieben. Vorm *Voigt'schen Store* trafen sie auf ein paar ihrer Kameraden, die ebenso ziellos durch die Gegend zogen: Rubyniak, Glatzel, Katzenschlager …

»Öd«, sagte Rubyniak, legte einen Arm um Elchlepp und drückte ihn an sich. »Er liest«, sagte er. »Er liest Bücher. Auf dem Schiff hat er dauernd gelesen.«

»Ich hab die ganze Bibel gelesen«, sagte Elchlepp. »Von hint bis vorn.«

»Er weiß Bescheid«, sagte Rubyniak.

»Wißt ihr schon, daß Suck den Hund nachts aus dem Zwinger holt und mit zu sich ins Bett nimmt?« sagte Katzenschlager.

»Wau! Armer Hund!« sagte Glatzel.

»Hab gehört, seine Frau kommt mit einem der nächsten Dampfer«, sagte Elchlepp.

»Armer Hauptmann!« sagte Katzenschlager.

Sie gingen zum Bahnhof, weil sie schließlich irgendwohin gehen mußten auf diesem winzigen, sonntäglich dahinrollenden Planeten, auf dem zwischen jedem Tag und jeder Nacht eine Ewigkeit lag, lachten, als Rubyniak mitten auf der Straße einen Handstand machte und die Mütze verlor, lachten umso lauter, als Katzenschlager sie einem alten Kiphkha aufsetzte, der stehengeblieben war und brav grüßte. Im Vorbeilaufen fegte ihm Glatzel die Mütze vom Kopf, und Rubyniak hob sie auf. Und weil sie immer noch wie unter Zwang lachten, hörten sie nicht gleich die erregten Stimmen und das Schreien, das durch das Portal des Bahnhofsgebäudes herausdrang. Als das Geschrei nicht aufhörte, querten sie den Vorplatz.

In der dämmrigen, stuckverzierten Halle lag der junge Kiphkha, der tags zuvor den Stein auf Elchlepp geworfen hatte, lag auf dem Boden, während der Stationsvorsteher breitbeinig über ihm stand und mit dem Stiel einer Signalfahne auf ihn eindrosch; bei jedem Hieb vibrierte der Holzstiel dumpf, federnd. Der junge Kiphkha hatte die Hände vors Gesicht geschlagen, sein Bart schaute durch seine Finger wie spleißender Draht. Er hatte lange Haare, die Furchen in die Blutlache ritzten, die sich unter seinem Kopf auszubreiten begann.

»Ich schau mir das nicht mit an«, sagte Elchlepp.

»Kann man helfen?« fragte Rubyniak.

Mohr salutierte, weil der Stationsvorsteher eine Uniform trug.

Der Stationsvorsteher hörte auf zu schlagen.

»Kenn den Mann«, sagte Elchlepp.

»Ich auch«, sagte der Stationsvorsteher. »Ein verfluchter Verrückter!«

Er zog ein angegrautes Schneuztuch aus der Hosentasche und warf es dem jungen Kiphkha hin: »Putz das weg da!«

Sah zu, wie der junge Kiphkha mit dem Schneuztuch den Boden aufwischte. »Kommt reinspaziert und reißt den Fahrplan ab!« sagte er. Und dann: »Man darf den Kerl ja nicht totschlagen, weil er irgendwie mit Kaptein Ximenz verbandelt ist. Wenn die Schwarzen so wären wie wir, wären wir gar nicht hier.«

»Ich schaff ihn da raus, wenn Sie erlauben«, sagte Mohr.

Der Stationsvorsteher schmiß die Signalfahne quer durch die Halle und stapfte hinaus auf den Perron, wo fernes, heißes Licht waberte und Züge, die erst in hundert Jahren fahren würden, in die Wüste spiegelte.

»Komm«, sagte Mohr zu dem jungen Kiphkha.

»Deutsches Schwein«, sagte er.

Rührte sich nicht, schaute ihn nicht einmal an.

»Wie heißt du?«

Keine Antwort.

»Ich heiße Crispin. Du?«

Keine Antwort.

»Ich tu dir nichts«, sagte Mohr.

Der junge Kiphkha schaute an ihm hinauf, suchte sein Gesicht.

»Ich heiße Crispin«, wiederholte Mohr.

»Josephat«, sagte er.

»Josephat«, sagte Mohr.

Er half ihm auf, führte ihn durch die Halle. Altes Licht hing unter der Decke. Am Portal wurden sie von Mohrs Kameraden abgefangen. Mohr hatte den Arm um Josephat gelegt, eine schwache Gebärde der Annäherung.

Glatzel sagte: »Liebet eure Feinde!« Aber er schaute dabei nur Mohr an.

Dann sagte Katzenschlager, daß er bestimmt nicht mit einem besoffenen Kaffer durch die Stadt ziehen würde. »Schau ihn dir bloß an!« Stieß den jungen Kiphkha vor die Brust, daß Mohr zu tun hatte, ihn zu halten.

»Laß das«, sagte Rubyniak, »er hat genug.«

Draußen machte sich Josephat los. Er ging neben Mohr, bis Mohr langsamer wurde. Auf der Höhe von *Bahr's Hotel Zum Fürsten Bismarck* blieben sie stehen.

»Na los, hau ab!«

»Bist du guter Mensch?«

»Frag mich nicht so Zeug.«

»Hast du Mädchen?«

»Meine Sache«, sagte Mohr.

»Hast du, ja, nein?«

»Hast du Vater und Mutter?«

Josephat nickte.

»Ich auch«, sagte Mohr, »soll so bleiben.«

»Gibt gute Mädchen«, sagte Josephat.

»Überall«, sagte Mohr, »überall!«

»Heißt Hulette«, sagte Josephat. »Ist in Arbeit hier.«

»Dein Liebchen?«

»Kennst du?« fragte Josephat.

»Nein«, sagte Mohr.

»Und Liebe, kennst du?« sagte Josephat.

Ein schweres Wort, in jeder Sprache.

Er hatte bläuliche Narben im Gesicht, und die Strähnen Blut in seinem Bart waren schwarz geworden.

»Du«, sagte er, »kommst in mein Land, bringst keine Erde mit, bringst keine Frau mit, bringst dein Gewehr mit und dein langes Messer. Sagst Hurra, sagst, das Land ist schön, gut, will ich haben. Ich bleibe hier. Auch Gott geht nicht weg.«

»Hau ab«, sagte Mohr, »hau endlich ab!«

Warf ihm seine letzten Groschen vor die Füße, vielleicht genug für einen Schluck Suppi in irgendeinem Drankwinkel, aber Josephat machte keine Anstalten, sich danach zu bücken. Beschämt klaubte Mohr das Geld auf.

»Warte, ich helfe dir«, sagte Waddie, kniete neben ihm und steckte ein paar Münzen ein.

Josephat ging weiter, die Straße hinunter, begafft von den heimkehrenden Spaziergängern, als er mit den Armen Geister und Gespenster beiseite schaufelte.

Es sind gute Kameraden, liebe Mutter, auch wenn sie meine Briefe an Sie an sich nehmen. Es ist kein friedliches

Land hier, wie ich schon am eigenen Leib erfahren mußte. Vor uns liegt noch ein großes Stück Arbeit, bis wir uns wie zuhause fühlen werden können. Ängstigen Sie sich bitte nicht, selbst der Vogel in seinem Käfig flattert noch nach Jahren der Gefangenschaft und stößt sich den Kopf an der Fremde. Die ersten Tage waren eintönig, und ich warte nur noch sehnsüchtig auf den Tag, an dem wir ins Gelände reiten. Mein Pferd heißt Perilo, es würde sogar dem Grafen gefallen. Für heute ende ich mit lieben Grüßen –

Ihr Sohn Crispin

Er legte den Brief unter sein Kissen, eine Brücke in den Traum.

Sie weckten ihn, einer griff ihm zwischen die Beine, ein anderer bellte wie Sucks Hund.

»Du hast was verpaßt«, sagte Glatzel.

»Einen Krug Bier für vier Mann?« sagte Mohr.

»Wir waren bei den Weibern«, sagte Katzenschlager.

Und dann erzählten sie ihm, daß ihre Brustwarzen so groß seien wie ein Elefantennabel und nachts wie Glühwürmchen leuchteten, und beim Bezahlen müsse man ihnen den Mund zuhalten, weil sie so laut Danke schrien. Er wollte es gar nicht hören.

»Und was hast du gemacht?« fragte Elchlepp.

»Hab meiner Mutter geschrieben«, sagte Mohr.

»Liebe Frau Mutter«, sagte Elchlepp. »Was schreibst du, wenn du ihr schreibst?«

»Daß alles gut ist«, sagte Mohr.

»Grüß sie von mir«, sagte Rubyniak.

Mohr griff unters Kissen, zerknüllte den Brief und warf ihn ihm an den Kopf. Schloß die Augen, schrieb weiter.

Liebe Frau Mutter, keine Angst, ich werde Sie abholen kommen, ich werde schon drei Tage vorher da sein. Ich werde Hals über Kopf ins Meer waten.

Das strich er durch, ein schwarzer Faden des Schlafs.

Bis Sie kommen, werde ich mir Perilo gekauft haben, er trägt uns beide. Bald feiert unser Kaiser seinen Geburtstag, und die Kompanie wird an der Parade zu seinen Ehren teilnehmen. Andere Abwechslung gibt es hier nicht. Ich weiß, Sie beten für mich! Und ich danke Ihnen –

Ihr Sohn Crispin

Mitten in der Nacht flüsterte Rubyniak seinen Namen.

»Crispin?«

»Ja?«

»Es war alles ganz anders.«

Der Lärm der Eisenräder, er ging ihm durch und durch, und er verlor allen Trost und Halt; draußen ruckten die Bäume vorbei, wie Tänzer in bizarren Posen, und als der Zug nach einem kurzen Halt Treuchtlingen passiert hatte, sah er durchs verrußte Zugfenster hinaus in ein Land, das er nicht kannte, schlief ein und erwachte, als es draußen flacher wurde und die Gegend eine nördliche Färbung annahm, blickte auf endlose Ebenen mit Gehölzen von Birken und Kiefern, die Wege gesprenkelt mit silbrigem Sand. Später würde er die Küste erreichen, das Ende seiner Welt. So fuhr er dahin und davon, in der Hoffnung, seine graue Haut zu verlieren.

II. ENGEL UND FREMDE

Am Heiligabend holte Mohr die Schneekugel aus seinem Spind, ließ es schneien. Sie feierten das Weihnachtsfest ohne Adventskranz und Christbaum, und keiner von ihnen konnte sich vorstellen, wie kalt es damals in Bethlehem gewesen war; sie zündeten in der Kantine kleine Kerzen an, die sich in der Wärme bogen, sangen Weihnachtslieder im Offizierskasino und im Lazarett und gingen während der Feiertage den Offizieren aus dem Weg, wo es nur ging. Es war schön zu wissen, daß es bald ins Gelände gehen würde. Nach ihrer Rückkehr würde ihnen der Sold ausbezahlt werden, und sie würden sich wie gemachte Leute vorkommen, vom Vaterland beschenkt, wertvoll, willkommen.

Ein paar Tage später erging endlich Befehl, sich für eine Geländeübung fertig zu machen.

Und so kam es, daß sie Richtung Angra Pequena marschierten, immer am Saum des Ozeans entlang, dann durch die ersten Dünentäler der Namib, wie um dem Kamelpaar eine Freude zu machen, das an der Queue der Kolonne ging. Waddie, der die Truppe durch die Wildnis lotste, legte ein hohes Tempo vor, und Mohr und seine Kameraden schleppten ihre Tornister durch ein Land, dessen Unwirtlichkeit ihnen das Letzte abverlangte. Alle litten sie Durst, und immer, wenn ihnen nach Fluchen zumute war, sangen sie ein Lied, die Kehlen eng vor Inbrunst. Leutnant Houilliez hielt sich an der Spitze des Zuges, und sein Pferd hatte zu tun, um mit Waddie Schritt zu halten; immer wenn sie zu singen aufhörten, wandte sich der Leutnant im Sattel um und rief: »Marschmarsch!« Sein Lieblingsbefehl.

Wegen seines preußischen Gehabes war er bei den Leuten allseits unbeliebt. Wenn sie rasteten, spazierte er herum und sagte bei jeder Gelegenheit: »Meine Herren, das ist Ihre Lektion in kolonialer Geographie!«

Nachts biwakierten sie im Gelände und lagen wie verpuppt unter ihren Decken. Sie waren so erschöpft, daß sie kaum Schlaf fanden. Die Blasen, die sie sich gelaufen hatten, brannten jetzt besonders heftig.

Reiter Mohr, dachte er, wie verwundert.

Fühlte sich, als würde er durch sein Schicksal wandern. Es schien endlos zu sein.

Mitten in der Nacht wurden sie geweckt und zu einer Nachtübung getrieben, bewegten sich wie blind durch die Gegend. Das Terrain war mit dickem Mondlicht bedeckt, die Erde wie von den Fäusten eines irrsinnigen Schöpfers zertrümmert. Sie erstürmten die Förderrutschen einer stillgelegten Diamantmine und lagerten hinterher zwei, drei Stunden in den verfallenen Hütten der Mineure, die ohne Fenster und Türen waren. Säulen aus Staub und Asche wanderten draußen durch die Nacht, und während er auf den Schlaf wartete, fiel ihm ein, daß er nicht ein einziges Mal an das Mädchen in Swakopmund gedacht hatte.

»Es geht zurück«, sagte Leutnant Houilliez am nächsten Morgen.

Er trieb sie in einem Gewaltmarsch den Baiweg entlang, immer in Sichtweite der in Bau befindlichen Bahnlinie, ein Damm aus Schotter und stachligem Gras, der sich in endloser Einsamkeit verlor.

An der Station Kranzberg wurden sie von den Einwohnern des Ortes empfangen, als seien sie Helden, bekamen

Kaffee und Kuchen von den Damen und hinter der Kirche Branntwein und Tabak von den Herren.

Der Gottesacker war ein winziges Geviert im Steinfeld.

Der Schritt.
Und der nächste.
Ein Fuß ohne den andern.
Auf Händen gehn können.
Von Kontinent zu Kontinent.
Kraft der Gedanken.
Vorne das Ziel, der Sieg.
Die Zukunft ein Schlachtplan im Stabsquartier.
Karten voller Wachs und Asche.
Die aufgeworfenen Ränder der Welt.
Ein Bild zwischen den Sternen.
Was hat Sehnsucht mit Erbarmen zu tun?

Pappenheim, 27. November 1903

Lieber Crispin,

ich schreibe Dir, so oft ich kann, jetzt bin ich daheim und schreibe Dir schon und bilde mir ein, Du kommst zurück und sagst, tut mir leid, ich hab's mir anders überlegt, ich bleibe, wo ich bin. Keine Angst, davon träume ich nur! Dein Vater schilt Dich zwar einen Narren, aber er ist selber einer, weil er nicht und nicht das Trinken aufhört. Ich habe auch schon ein bißchen über Afrika nachgedacht. Dein Vater wäre dort verloren, er verirrt sich schon im eigenen Gemüsegarten, den ich jetzt nicht mehr pachten kann, weil Du Dein Geld für Dich brauchst. Dort, wo Du bist! Das verstehe ich schon. Das verstehe ich sogar gut. Es gibt dort nichts und alles ist teuer. Plötzlich war der Zug weg, es war nicht zu fassen, ich bin nach Hause gegangen, krumm wie ein Schatten, und hab die ganze Zeit gedacht, das darf nicht wahr sein. Halt Abstand zu den Leuten, die in Afrika wohnen, dann wird Dir schon nichts passieren. Ich sitze da am Tisch und schreibe ganz schnell, damit ich damit fertig bin, bis Vater heimkommt … Mein lieber Junge, ich vergesse Dich keinen einzigen Tag und denke jede Nacht an Dich! Bitte, glaube mir! Mögest Du Deinen Weg finden und der Engel des Herrn Dich geleiten!

Deine auf Nachricht wartende Mutter

Am Monatsletzten bekamen sie ihren Sold ausbezahlt. Es war kein großer Augenblick. Stempel, Unterschrift. Aus der Traum. Leben Sie auf kleinem Fuß. Morgen sind schon wieder vier Wochen vorbei. Schweren Herzens blieb Mohr zurück, als seine Kameraden hinunter in die Stadt zogen, um zu feiern, daß sie Geld hatten und den wilden Traum, daß es vielleicht mehr gab als den Rausch. Bevor sie aufgebrochen waren, hatte er Elchlepp gefragt, ob er ein Buch zu lesen für ihn habe.

»Die Bibel«, sagte Elchlepp.

»Was anderes«, sagte Mohr.

»Die Offiziere haben eine Bibliothek«, sagte Elchlepp.

»Aber ich will doch nur ein Buch«, sagte Mohr.

Dann gingen sie, und er versteckte das Geld im Spind und legte sich im leeren Quartier auf sein Bett, aber die Stille irritierte ihn derart, daß er nicht schlafen konnte. Bald würde ein neues Jahr beginnen und irgendwo in der Zukunft würde sich alles wiederholen. Er hatte nicht einmal an Weihnachten geweint.

Gegen Morgen kamen sie zurück, waren betrunken und sagten, die Weiber hätten nichts getaugt. Bis das alle gesagt hatten, war die Sonne aufgegangen. In der Heimat hatte jeder hundert Geliebte, und hinter jeder ihrer Lügen wartete die Leere vorm nächsten kläglichen Traum.

»Und dein Mädchen, Mohr?« fragte Katzenschlager.

»Was geht dich mein Mädchen an?«

»Wie heißt sie?«

»Was geht dich das an?«

»Blond?«

»Leck mich!«

»Kein Foto von ihr?«

»Hab sie im Kopf.«

»Armes Ding!« rief Glatzel und warf einen Stiefel nach ihm. Mohr boxte ihn im Flug weg.

Dann stand er auf, ging zu ihnen. Es war ihm egal, daß sie zu zweit waren. Wenn er sich nicht zur Wehr setzte, würde es mit diesen Kränkungen ewig so weitergehen, und es würde schlimmer werden, mit jedem Tag schlimmer. Es war, als wäre er ein Säugling, der zum ersten Mal den Kopf hebt, um über den Rand seiner Wiege zu blicken, und sieht, daß er umringt ist von Leuten, deren Augen leer sind bis auf den Grund. Katzenschlager war der Gefährlichere der beiden, und so griff er ihn als erstes an, trat ihm gegen das Knie, schlug Glatzel mit der Faust an den Kopf. Aber dann trieben sie ihn zurück zu seinem Bett. Als sie ihn auf dem Rücken hatten, legten sie sich halb auf ihn; es sah fast spielerisch aus, als ihm Glatzel ein paarmal mit der Faust in den Bauch schlug; schon beim ersten Schlag bekam er keine Luft mehr, und sein Geschlecht war wie betäubt. Dann, als er dachte, es sei endlich vorbei, zog Katzenschlager seine Unterhose aus und zwängte sie ihm wie einen Sack übern Kopf.

Sein Vater lachte und sagte: Männer sind Schweine! War nur Spaß! Rubyniak ging dazwischen, sagte, jetzt sei es genug.

Morgen war Sonntag.

Er wälzte sich auf seiner Matratze von einem Traum in den andern, und keiner war schön oder ein Trost. Der Atem der Schläfer störte ihn, und im Morgengrauen stand er auf, nahm Briefpapier aus dem Spind und ging hinaus. Unirdisch grünes Morgenlicht floß über die Zinnen, und Vögel jagten hinauf in den Himmel. Er ging in den Stall, stand lange an Perilos Box, ohne etwas zu sagen, blickte zur Tür von Waddies Kammer, hinter der manchmal kaum merklich Gepolter zu vernehmen war. Zwischen den Dachsparren hingen Spinnennetze groß wie Zelte. Dann ging er wieder nach draußen, blieb bei den Kamelen stehen, die Witterung aufnahmen. Er setzte sich auf einen Strohballen, legte das Briefpapier auf die Knie, dachte nach.

Liebe Mutter,

heute ist Sonntag und später werde ich den Gottesdienst besuchen. Ich spare, wo ich kann, aber es ist immer zu wenig, was ich beiseite legen kann. Unter der Woche fällt es einem leicht, bedürfnislos zu leben, aber am Sonntag ist es wie eine Strafe, die niemand verdient. Natürlich bete ich und bin dankbar für alles, wie Sie mir in Ihrer Güte beigebracht haben zu sein. Mein Dienst an der Heimat ist auch ein Dienst an Ihnen, deshalb will ich nicht klagen, sondern sagen, es geht mir gut!

Sucks Hund bellte plötzlich, und als er aufschaute, sah er einen Mann mit einem Mädchen durchs Tor kommen. Er führte das Mädchen an der Hand wie ein Kind, und an ihrem gebückten Gang war zu erkennen, wie fest und zwingend sein Griff sein mußte. Sie steckte in hochgeschlossener, abgetragener Promenadentoilette, ein Kapotthütchen mit Schleierborte zierte ihre Haarkrause. Unterm Arm hatte sie ein Bündel mit ihren Habseligkeiten. Mohr konnte ihr Gesicht nicht erkennen.

Sie fürchtete sich vor dem Hund und wollte nicht weitergehen, bis ihr der Mann einen Stoß gab, da ließ sie sich auf die Knie fallen, und ihr Bündel kollerte durch den Dreck. Von weitem hörte es sich an, als würde sie schluchzen, aber vielleicht täuschte er sich und es war ein ganz und gar anderes Geräusch, ein lachendes Tier. Irgend etwas hinter der Leere der Zeit. Dann wurde der Mann wütend, packte das Mädchen im Genick und schrie den Hund an. In diesem Moment kam Suck mit herabhängenden Hosenträgern auf die Veranda und sagte: »Nicht so laut, und schnell herein mit euch!« Er kam die Stufen herunter, bückte sich nach dem Bündel, dann hakten sie das Mädchen unter und führten es ins Haus.

Mohr zerriß den Brief an seine Mutter. Die Kamele mahlten mit den Zähnen, sonst geschah nichts.

Hinterher hatte er sich sonntäglich zurecht gemacht und den Gottesdienst im Offizierskasino besucht, wo es vom Vorabend noch nach Zigarrenrauch und Herrendüften roch. Wenn ein Choral zu singen war, sang ihn Feldkaplan von Wilhelmi alleine, und wenn er gen Himmel blickte, kippte er jedesmal leicht nach hinten, so schwindlig war ihm noch von der Nacht. Dafür machte er es kurz.

Elchlepp kam mit der Neuigkeit, daß Jauch Hauptmann Suck eine seiner Küchenhilfen als Dienstmädchen ins Haus gebracht habe.

Die Kameraden, die dienstfrei hatten, spazierten vor der Kommandantenvilla auf und ab, um Sucks neues Mädchen zu sehen. Der Hund im Zwinger konnte längst nicht mehr bellen, lag erschöpft in einer Ecke und hechelte nur noch.

Später steckte Mohr sich mit schlechtem Gewissen ein wenig Geld ein und machte sich auf den Weg hinunter nach Swakopmund.

Nachdem er das Seifenviertel hinter sich gelassen hatte, folgte er dem Baiweg, bis die Stadt ganz klein und fern hinter ihm lag, fühlte sich wie bei einem langen Spaziergang und war froh, allein zu sein. Er ging, bis von der Stadt fast nichts mehr zu sehen war. Zu beiden Seiten des Baiwegs die Hinterlassenschaften der Fuhrwerke: Eisenreifen, Radnaben, Schnapsflaschen, eine Spur, die einer gleißenden Narbe glich. Die Wüste reichte bis ins Paradies. Ein weiter Weg, den seine Träume gingen. Am Ende des Pfads mußte der Himmel liegen, Erlösung statt Empörung, die einfache Schönheit des Ziels. Er kehrte um.

Stand eine Weile vorm *Voigt'schen Store* herum und schaute zu, wie die Betrunkenen ein und aus gingen. Dann nahm er sich ein Herz.

Nach dem dritten Bier bestellte er Schnaps, dann war sein Geld fast verbraucht, und er ging wieder.

Auf der Promenade legte er sich auf eine Bank; der Wind zerrte an ihm. Er kam erst wieder zu sich, als ihm Feldwebel Weibel mit einem Stück Treibholz mit voller Wucht auf die Stiefelsohlen schlug. Passanten waren stehengeblieben und schauten zu, wie er vom Feldwebel heruntergemacht wurde. Und während er unbeweglich dastand, fühlte er sich wie von sich selbst betrogen.

Er machte sich auf den Weg zurück zur Feste, sein Mund war trocken; der Staub, der in den Kehren lag, puderte seine Stiefelschäfte. Die rostroten Wälle warfen ihre Schatten wie fließenden Rauch den Hügel hinab, und er wanderte in diesem Schatten, kam sich vor wie besiegt und verstand zum ersten Mal, was es heißt, sich ohne Würde zu fühlen.

Der Platz vor der Kommandantenvilla war jetzt leer, die Zwingertür stand offen; der Hauptmann schien den Hund ins Haus genommen zu haben. Das Mädchen steigt zu Suck ins Bett, er dreht seinen Ehering wie das Aufziehrädchen einer Uhr. Nach jedem Beischlaf einmal um Gott und die Welt. Er blieb lange stehen, als hätte er sich selbst vergessen, sah ihren Schatten hinter den Fenstern der Villa, sah, wie sie von Zimmer zu Zimmer ging und die Lampen anzündete, und einmal kam sie heraus auf die Veranda, wie um zu atmen.

Hauptmann Konrad Suck
Garnison Swakopmund
An Kaptein Abramus Ximenz
Werft Hopadessa

Mein lieber Freund Abramus,

ich komme erst jetzt dazu, Deinen Brief zu beantworten. Am besten, ich fange nicht ganz von vorne an! Deine Enkelin Hulette ist heil und wohlauf angekommen! Ich habe vollauf mit einem Kontingent frisch eingetroffener Rekruten zu tun, die hierher entsandt wurden, um das Gleichgewicht der Kräfte zu wahren. Unser Bruder Missionar Germano Trötsch hat mir vor seiner Abreise Betrübliches berichtet: Als er Deine Enkelin von Hopadessa nach Gunsbewys brachte, wurde er von einem jungen Mann Deines Volkes angegriffen. Derselbige warf vor einigen Tagen während einer Parade in Swakopmund einem meiner Reiter einen Stein an den Kopf. Er mußte von den hiesigen Polizeidienern in Gewahrsam genommen werden. Endlich leben unsere Völker in Frieden! Bei unserem nächsten Wiedersehen, das ich kaum erwarten kann, werde ich es mir nicht nehmen lassen, die eine oder andere Flasche Suppi zu spendieren! Gehabe Dich wohl einstweilen!

Dein Konrad Suck

Herr Livonius, der Stationsvorsteher, war außer sich, als er im Morgengrauen Hauptmann Suck von dessen Ordonnanzoffizier wecken ließ und ihm die Nachricht überbrachte, daß zwischen den Stationen Kranzberg und Vrunsje ein Zug zum Entgleisen gebracht worden war. Soviel er wisse, sei der Lokführer dabei ums Leben gekommen, und der Heizer gelte nach wie vor als vermißt. Die Fracht, Schlachtvieh von Farm Gunsbewys, sei von einer Handvoll Eingeborener davongetrieben worden, ganz zu schweigen von 68 Hühnern, die beim Rutsch von der Trasse aus ihren Transportkäfigen entlaufen seien. Ein Glas Melonenmus aus Gunsbewys, das von Frau Artingkofer persönlich an Hauptmann Suck adressiert gewesen war, sei ebenfalls erbeutet worden.

Im Beisein des Stationsvorstehers erließ der Hauptmann den Befehl, unter dem Kommando von Leutnant Houilliez umgehend eine Strafexpedition zusammenzustellen, die sich bei Sonnenaufgang zum Abmarsch bereitzuhalten habe.

Mohr meldete sich freiwillig. Er wartete mit Perilo vorm

Stall, während seine Kameraden über all die schönen Eier jammerten, die dort draußen in der Wildnis verdarben.

Fahle, verschwindende Sterne am Firmament, kreidiges Licht.

Hauptmann Suck stand in der Pose eines gebieterischen Feldherrn auf seiner Veranda und beobachtete die angetretene Truppe durch seinen Krimstecher, kraulte Lottchen, die an langer Leine hing, hinter den Ohren, bis sie vor Vergnügen ein Schweinsgesicht machte, dabei ihre krummen Fänge entblößte und erst wieder hechelte, als der abrückende Trupp vor ihrem Herrchen salutierte.

Um nicht unnötig Staub aufzuwirbeln, führten sie ihre Pferde am Zügel, bis sie das Tor passiert hatten, wo die Wachtposten in Habachtstellung verharrten.

Dann hieß es: »Aufgesessen!«

Leutnant Houilliez und Waddie ritten an der Spitze der Kolonne. In loser Formation ging es durch Mamejani in westliche Richtung, wo sie dem Lauf des Swakop Rivier folgten. Obwohl es nur Zufall war, daß in diesem Moment eine Kirchenglocke einige blecherne Schläge ins Land schickte, kamen sie sich irgendwie geehrt vor. Mohr schloß sogar für eine Sekunde die Augen. An den Bewegungen seines Pferdes spürte er, daß es sich tadellos ans Gelände gewöhnte.

Hinter ihm ritt Katzenschlager, rief: »Die Altmühl! Mohr, die Altmühl!«

Mohr drehte sich nicht um. Er kannte das jenseitige Ufer.

Dann ritt Katzenschlager seitwärts heran und sagte, etwas zu laut: »Tut mir leid, ich war besoffen.«

Und als Mohr nichts sagte, sagte er: »Und Glatzel auch.«

Und als Mohr noch immer nichts sagte, sagte er: »Bist ein harter Hund, hm?«

Mohr sah ihn nur an.

»Ich komm schon noch drauf, warum ich dich nicht mag«, sagte Katzenschlager.

»Hoffentlich nicht zu spät.«

Waddie drängte sich zwischen sie, sagte kopfschüttelnd: »Wollt ihr wohl, Kerle! Ruhe im Glied!«

Sie sprengten aus den muddigen Gestaden des Rivier, bald wurde das Gras gelblich fahl und von sengendem Wind gerüttelt; es war dieser Wind, der in den Senken geriffelten Sand zurückließ. An manchen Stellen war er weiß und glitzernd wie Schnee, seit Äonen zermalmt und zermahlen. Die Böen ließen ihn wandern, fegten ihn hoch unters Himmelszelt, als wollten sie die Wolken unter ihm begraben. Ab und zu schnitt eine Linie verkümmerter Sukkulenten im Zickzack durch die Landschaft, dem Dunst einer unterirdischen Wasserader folgend. Der Horizont sah aus wie der Rand des Monds, die Landschaft glich einem vorzeitlichen Gemälde. Mohr versuchte sich vorzustellen, wie es wäre, ohne seine Kameraden hier draußen zu sein, aber es gelang ihm nicht. Er ahnte, daß er die Bibel falsch gelesen hatte, wenn er glaubte, die Hölle sei irgendein Ort hinterm Tod. Dieses Land fraß seine Menschen mit feurigen Zähnen und verwehte die Asche ihrer Träume mit jedem Atemzug. Das Gefühl, die Augen trockneten aus. Der Wind zeichnete Spuren auf den Pfad, Abdrücke von Tänzern und Wahnsinnigen und den Geistern unsichtbarer Tiere. An den Hügelhängen lagen die Wurzeln der Bäume bloß, weiß und gekrümmt in der Hitze, die Knochen einer gepeinigten Kreatur. Ihre Pferde trugen sie durch einen Taumel brutalster Offenbarungen.

Bevor die Abenddämmerung anbrach, biwakierten sie in Sichtweite des Bahndamms, der verwaist dalag, ein Strang wabernder, flirrender Stille, der sich von Horizont zu Horizont spannte. Dann gab es nur noch Schatten, Schatten und den Beginn der Nacht; sie schnappten nach Luft, wie Fische. Krieg ist etwas anderes, trotz allem ist Krieg etwas anderes. Etwas viel Endgültigeres und erfüllt von der Gewißheit, daß es neben Angst auch noch Rache gibt.

Nachdem die Fourage ausgeteilt worden war und die Männer fertig gegessen hatten, erklärte ihnen Leutnant Houilliez die Lage.

»Soldaten«, fing er an, »seit an der Eisenbahnlinie Walvis Bay – Swakopmund – Windhuk gebaut wird, wird die Gleistrasse immer wieder von burischen Saboteuren oder marodierenden Hottentotten zerstört. Wir haben die Pflicht und die Schuldigkeit, mit harter Hand durchzugreifen und die Sicherheit der Gleisbaubrigade und vor allen Dingen der Reisenden zu gewährleisten. Es ist kein Zuckerlecken, sich die Nacht hier draußen um die Ohren zu schlagen, aber morgen früh erwarte ich jedermann tatendurstig vorzufinden. Ich wünsche, daß wir uns mit Gottes und eurer Hilfe die Kerle schnappen und sie einer Strafe zuführen, die gar nicht so gerecht sein muß.«

Der Leutnant nickte ihnen zu und ging zu seinem Zelt, das weiß in der Dunkelheit stand. Dann regnete es Sterne, blaue Tropfen Feuer und Licht, die am Anfang der Ewigkeit verglühten und nicht mehr gesehen waren von ihren sterblichen Augen.

»Wenn wir wollen, reiten wir bis zum Mond«, sagte Leutnant Houilliez, der ihre Blicke in seinem Rücken gespürt hatte.

Als das Kochfeuer heruntergebrannt war, wuchsen die Schatten der Wachtposten ins Unendliche. Es wurde kalt, der Atem der Pferde sichtbar. Der Mond war klar wie Eis. Waddie ging zwischen den lagernden Männern umher und rauchte stolz eine abblätternde Zigarre, vom getrockneten Schweiß hatte er elfenbeinerne Splitter in den Haaren.

Mohr schaute hinaus in das bläuliche Flimmern der Nacht, trank ein paar Tropfen Wasser, das wie verschimmelte Schokolade schmeckte. Katzenschlager kam herangeschlendert.

»Weiß auch nicht, was ich gegen dich habe«, sagte er zu Mohr.

»Denk drüber nach«, sagte Mohr.

»Du bist so komisch«, sagte Katzenschlager. »Nicht zum Aushalten.«

»Quäl dich nicht, verschwinde«, sagte Rubyniak. Er schlug seine Stiefel gegeneinander, als hätte sich eine ganze Familie von Skorpionen darin festgekrallt.

Mohr ging ins Zelt. Er teilte es sich mit Rubyniak, Elchlepp und dem Feldscher. Elchlepp und der Feldscher hatten sich schon in ihre Decken gerollt. Mohr legte sich auf seinen Platz. Gleich darauf kam Rubyniak ins Zelt gekrochen. Mohr rückte von ihm weg, so viel Kraft und Hitze strahlte Rubyniak aus.

Sie versuchten zu schlafen, lagen da in ihren naßgeschwitzten Uniformen, die klebrig ihre Leiber umhüllten, lagen da im ersten Schlaf, wie Säuglinge, die langsam hungrig werden und weiterträumen wollen.

Ein Hornstoß weckte sie, und die Nacht zersprang in Stücke, jeder Blick, jedes Wort, die Tränen der Lust zwischen den Fingern. Du bist hier! Sie rollten ihre Decken zusammen, brachen die Zelte ab, sattelten ihre Pferde; ein Strich Dämmerung zeigte sich am Ende der Welt.

Bis zum Hellwerden kanterten sie durchs Land, ritten ohne Rast, fühlten sich müde und stanken. Wenn Leutnant Houilliez gähnte, trommelte er sich auf die Brust, und wenn er furzte, röhrte er: »Maul, ihr Ärsche!« Der einzige, der dann lachte, war Waddie; es klang anbiedernd und verächtlich zugleich. Und noch etwas anderes schwang darin mit: eine glühende Klinge des Hasses, die sich durch den Schorf des Gehorsams bohrte. Sie ritten durch Reste versinkender Finsternis, die Gebirgszüge vor ihnen hätten aus aufgetürmten Wogen bestehen können. Als sich im Osten die Sonne zeigte, machten sich ihre Augen auf die Jagd nach Schatten. Schatten war der einzige Trost, Wasser Erlösung, die Landschaft von sinnloser Schönheit. Gott sprach durch die Landschaft zu ihnen, und er sprach mit verwirrten Sinnen, seine Stimme war wüst, und es waren Gesänge der Grausamkeit, die er anstimmte. SEHT, DAS ALLES HABE ICH GEMACHT FÜR EUCH. SEHT, WIE ALLEIN IHR SEID. JEDES SANDKORN, JEDER TROPFEN WASSER EIN TRIUMPH ÜBER EURE STERBLICHKEIT.

Den Pferden machte der Ritt im unwegsamen Gelände spürbar zu schaffen, ihre Augen und Nüstern füllten sich mit Staub; mit pumpenden Flanken zogen sie durchs Geäder ausgetrockneter Flußbette. Brandrote Basaltklippen legten Barrieren vor den Horizont, und die verkrüppelten Dornbüsche, behangen mit schmutzigem Grün, wurden den Augen zum Labsal. Gegen Mittag stand die Sonne senkrecht über ihnen, eine ovale, weißglühende Scheibe mit züngelnden Rändern. Hinter jedem Gebirge ein Abgrund, die ganze Welt verschwand darin. An den bläulichen Flanken der Hänge gingen Lawinen aus Geröll nieder, grau, verbrannt und bedeckt mit einem Schimmer oszillierender Quarze. Die Ebene war jetzt mit Gesteinstrümmern und Grasbüscheln bedeckt, die ergrauten Igelköpfen glichen. Etwas später ritt ihnen Waddie entgegen und rief, in einer Stunde würden sie ein Wasserloch erreichen.

»Hast du gehört?« sagte Mohr zu Perilo.

Fliegen mit schwarzen Flügeln schwebten überm Wasserloch, und ein Namaqua-Chamäleon schwamm in der brackigen Brühe, zeigte seinen bewarzten Bauch und einen orangen Schwanz, angeschwollen von Verwesung.

»Mist«, sagte Waddie, ein Wort, das sich aus seinem Mund besonders deutsch anhörte. Er saß ab und versuchte, den Kadaver aus dem Wasserloch zu ziehen, aber der Gestank war so beklemmend, daß er davon abließ. Dann sagte er: »Wir müssen durchhalten bis Vrunsje!«

Sie nickten.

Dachten an Wasserfälle, Sturmfluten.

Seffie saß auf einem Felsblock und winkte ihm.

Mohr hielt auf sie zu.

Was soll ich sagen, du siehst aus wie ein Herr, sagte sie. Man meint grad, ein Offizier kommt geritten!

Sie lachte. Auf ihrer Zunge lag Tau.

Sie zog seinen Kopf zu sich herunter und war gleichzeitig über ihm.

Du hast einen andern, nicht wahr?

Einen? sagte sie.

Es gab kein Zurück, die Zukunft würde fortdauern, fort und fort; es ging nur um die Bilder in seinem Kopf, die täglich älter wurden. Unglaublich, daß das der einzige Trost sein sollte. Und unglaublicher noch, daß er ihm genügte.

Ihm fiel nicht ein, wem Judas Ischariot das Ohr abgebissen hatte und ob es Winter gewesen war im Garten Gethsemane. Seffie streut ihm Schnee ins Gesicht. Er öffnet den Mund, um den Schnee zu essen. Wenn es mehr schneien würde, würde er Schneebälle essen können, Schneebälle und die Köpfe von Schneemännern, würde sich ein schwarzes Kreuz auf die Brust malen, damit jeder Feind sein Herz treffen könnte. Dann war der Schnee geschmolzen, und es hatte keinen Frühling gegeben.

Er kam zu sich, als er mit dem Gesicht durch Perilos Mähne rutschte und kopfvoran aus dem Sattel fiel, lag da wie gefällt, während Leutnant Houilliez Halt gebot. Ein Vorderhuf Perilos hatte sich in einer Felsspalte verkeilt.

Der Feldscher half Mohr auf und fragte, ob alles in Ordnung sei.

Mohr kletterte wieder in den Sattel. Während er weiterritt, klopfte er sich den Staub von der Uniform.

»Auf dich muß man aufpassen«, sagte Waddie, neben ihm.

»Mußt du nicht«, sagte Mohr.

Nach Mittag erreichten sie Vrunsje. Der Ort öde, eine Ansammlung grober, halbfertig wirkender Häuser, beiderseits einer Straße gelegen, deren Schlaglöcher mit Schotter gefüllt waren. Das Stationsgebäude war das höchste Bauwerk im Ort und lag, halb verdeckt, hinter einer Abraumhalde. Überm Portal hing eine Uhr, deren Stundenzeiger auf der Stelle zitterte und nicht weiterkam. Am Wasserturm gab es einen Brunnen, dort stiegen sie ab, tranken und tränkten die Pferde, während sie von Leutnant Houilliez dafür gelobt wurden, wie gut sie sich im Gelände gehalten hatten.

Weiter draußen im Land schimmerten grüne Flecken bewässerter Felder, und auf umzäunten Weiden standen magere Rinder, so reglos, als würden sie ihr ganzes Leben damit verbringen, darauf zu warten, daß irgendwo ein Grashalm nachwuchs.

Sie rasteten im Schatten des Stationsgebäudes. Der Ortsvorsteher erschien, um sie willkommen zu heißen. Männer mit alten Flinten und Säbeln begleiteten ihn; sie ließen kein Auge von den Soldaten.

In einer knappen, erbaulichen Ansprache nannte Leutnant Houilliez Vrunsje »eine Ansiedlung im Niemandsland vorwärtsstrebender Kräfte«.

Wartete auf Beifall, bis er selber klatschte.

Nach der Rast ritten sie weiter Richtung Khan, folgten dem stählernen Strang, bis sie, noch vor Abend, den Streckenabschnitt erreichten, an dem der Zug zum Entgleisen gebracht worden war.

Eine Gleisbaubrigade arbeitete an der Reparatur der Trasse, verlegte neue Schwellen und Schienen und wartete auf den Gleiskran, der von Khan hierher unterwegs war.

Die Lokomotive stand quer, den Kuhfänger in den Schotter gerammt. Die Waggons waren aus den Schienen gesprungen und den Bahndamm hinuntergekippt, allein der Viehwaggon war abgekuppelt und stand mit offener Schiebewand am Ende des Zugs auf den Gleisen. Die Reisenden warteten ergeben auf die Ochsenwagen aus Kranzberg, die sie weitertransportieren sollten.

Im Schatten der Lokomotive stand eine vierspännige Kalesche, auf der Ladefläche eine mit Persenning zugedeckte Gestalt, und etwas abseits davon saß unter einem müde flatternden Sonnenschirm ein Mann auf einem

Klappstuhl aus Segeltuch, der ab und zu eine Peitsche knallen ließ, um die Fliegen zu verjagen. Trotz der Hitze trug er einen Anzug von verschossenem Braun, auf dem Kopf einen breitkrempigen Hut mit einem hellgelben Hutband, das die Sonnenstrahlen reflektierte und wie ein verrutschter Heiligenschein wirkte.

Leutnant Houilliez hatte schon von weitem die Hand zum Gruß erhoben, aber der Mann machte keine Anstalten, den Gruß zu erwidern. Er winkte den Reitern kurz zu und sagte zu Waddie: »Dich kenn ich!«

»Waddie«, sagte Waddie.

»Genau«, sagte der Mann. »Falscher Affe!«

»Aber bitte, Meister Artingkofer«, sagte Waddie.

»Lauf los, such den Heizer«, sagte Artingkofer. »Der Mann ist abgängig.«

Fragend sah Waddie den Leutnant an.

»Du hast es gehört«, sagte Houilliez.

»Auf's Pferd!« sagte Artingkofer.

Waddie ging zu seinem Pferd und saß auf, eine Bewegung, so schnell und so gleitend, daß man ihr kaum zu folgen vermochte; einen Augenblick später ritt er hinaus in die Wildnisse des Landes.

Plötzlich sprang Artingkofer auf und brüllte: »Hör zu! Wenn er ...«

Waddie zügelte sein Pferd. »Was? Was, wenn er ...?«

»Wenn du ihn findest, dann wasch ihm verfluchtnochmal das Gesicht, damit er nicht ausschaut wie einer von euch! Ach, verschwinde endlich! Und wenn du meine Rinder siehst, bring sie mir zurück, soll dein Schaden nicht sein!«

Er setzte sich wieder. Und jeder hatte gesehn, daß ihm der Schweiß durch den Hosenboden gesickert war.

»Also, ich bin Artingkofer«, sagte er zu ihnen. Sein Gesicht, rot und naß, war von einem grauen Bart umrahmt, von dem kein Härchen abstand. Er schob seinen Hut zurück, bevor er sich wieder dem Leutnant zuwandte. »Wie geht's meinem Freund Suck?«

»Läßt Sie herzlich grüßen«, sagte Houilliez.

»Sie lügen aber nett«, sagte Artingkofer.

Er sah die Männer an, als hätten sie sich verirrt. »Die Dreckskerle haben die Schwellen rausgerissen und den ganzen Schotter weggeräumt. Hätte schlimmer kommen können!«

»Schlimm genug«, sagte Houilliez.

»Von meinen Rindern will ich gar nicht reden«, sagte Artingkofer. Er schnupperte, erhob sich und zog seinen Klappstuhl ein Stück weiter von der Kalesche weg. Leutnant Houilliez folgte mit dem Sonnenschirm, rammte ihn in den Boden. »Der Kerl stinkt schon.«

»Der Mensch ist ein Wesen«, sagte Houilliez.

»Das zum Himmel stinkt!«

»Ganz wie Sie wollen«, sagte Houilliez.

»Sucks Frau«, sagte Artingkofer, »wann kommt sie in die Kolonie? Oder soll ich Gattin sagen? Was ist Ihnen genehmer?«

»Frau Hauptmann, hört man, sei schon unterwegs«, sagte Houilliez.

»Und die Leute da warten jetzt schon bald zwei Tage!« sagte Artingkofer.

»Wir sind Tag und Nacht geritten«, brachte Houilliez zu ihrer Entschuldigung vor.

»Sie Ärmster, kommen kaum zum Kämpfen vor lauter Reiten, hm?«

»Wir reiten dem Kampf nicht davon, falls Sie das meinen«, sagte Houilliez.

»Ich liebe mein Land«, sagte Artingkofer. »Und Deutschland liebe ich auch. Genügt das, damit Sie meine patriotische Gesinnung nicht anzweifeln?«

Houilliez nickte brüskiert, gab den Befehl zum Absitzen. Wie Lahme rutschten sie aus den Sätteln und suchten nach Schatten. Die Reisenden lagerten unter einer Bohlenbrücke, so daß den Soldaten nichts anderes übrigblieb, als weiter weg unter vereinzelt stehenden Bäumen Schutz vor der Sonne zu suchen. Dort träumten sie von süßem, kaltem Wasser.

»Ist das nicht herrlich hier«, sagte Rubyniak. »Wo glaubt ihr, wo die Hühner abgeblieben sind? All die schönen Hühner!«

»Und das Melonenmus«, sagte Mohr. »Weißt du, wie Melonenmus schmeckt?«

Drüben am Bahndamm schwingt seine Mutter eine Sense aus Eis, kniet im Hang zwischen Disteln und Blumen, bringt der Geiß im Stall ein Fuder Gras. Dann melkt sie die Geiß und sagt Danke zu Gott. Die Milch trinkt sie allein.

Auf dem Baiweg näherten sich ein paar Ochsenwagen, deren Planen gebläht waren wie Segel. Vorneweg führten flinke Jungen die Leittiere, die keuchend in der Schirrung trotteten; sie hatten ihnen lange Stöcke durch die Nasenringe gesteckt, mit denen sie lenkten.

Die Passagiere waren erschöpft und hatten genug vom groben Staub, den der Wind unter ihre Hüte und Röcke wehte. Die Soldaten halfen ihnen beim Aufladen des Gepäcks, halfen den Damen beim Besteigen der Wagen. Die Fuhrleute fluchten über den Gestank, als sie den Leichnam des Lokführers aufluden. Und noch während sie ihre Bullpeitschen niedersausen ließen, rollte aus der entgegengesetzten Richtung der Gleiskran heran, ein von Rost und Öl wie versintert wirkendes Ungetüm, gezogen von einer schwarzschartigen Lokomotive.

Als der erste Stern am Himmel auftauchte, flackernd wie das Licht eines fernen Leuchtturms, kam Waddie zurück, er führte sein Pferd am Zügel. Auf dem Sattel hatte er ein Bündel festgeschnallt, das sich beim Näherkommen als menschliche Gestalt entpuppte.

Waddie trug die Schirmmütze des Heizers in der Hand, ließ sie kreisen, und alle, außer Artingkofer, applaudierten, weil er den Mann gefunden hatte. Waddie verbeugte sich, als er dann die Arbeitsschuhe des Heizers wie eine Trophäe vor Leutnant Houilliez abstellte.

»Er war barfuß«, sagte Waddie.

Die Füße des Heizers waren unnatürlich angeschwollen, die Sohlen rohes Fleisch, vermengt mit etwas, das aussah wie eine Mischung aus Schmutz und Schleim.

»Er lebt noch«, sagte Waddie.

Leutnant Houilliez machte einen Schritt zurück. »Holt ihn da runter!« sagte er.

Mohr und Elchlepp standen am nächsten, und als sie an Waddies Pferd herantraten, sahen sie einander an, Angst in ihren Gesichtern. Mohr hätte am liebsten weggeschaut, als er die nackten Füße des Heizers vor sich hatte. Er zog am linken, Elchlepp am rechten Fuß, aber sie brachten ihn erst vom Pferd herunter, als ihm Waddie auf der andern Seite die Schultern hochstemmte. Der Sattel war schwarz von Blut. Der Feldscher kniete neben ihm, knöpfte ihm Weste und Hemd auf, ein saugendes Geräusch, als Haut und Stoff sich voneinander trennten, die Hose im Schritt klatschnaß von Blut und Urin. Mohr und Elchlepp starrten krampfhaft in den Himmel, um die Messerschnitte nicht zu deutlich sehen zu müssen.

»Feldscher?« sagte Houilliez aus sicherer Entfernung.

»Der Mann braucht Morphium, Herr Leutnant!«

»Schön! Und dann?«

»Muß er schleunigst ins nächste Hospital oder Lazarett.«

»Kann sich ja aussuchen, in welches er will«, sagte Houilliez bitter.

»Schafft er nicht«, sagte Artingkofer.

»Nicht so laut«, sagte der Feldscher.

»Der Mann ist so gut wie tot«, sagte Artingkofer.

»Nein«, sagte der Heizer.

Der Feldscher setzte die Spritze, und der Heizer heulte, als hätte er keine anderen Schmerzen. Waddie träufelte ihm aus seiner Feldflasche Wasser ins Gesicht, bis er die Augen zumachte. Niemand, der Anstoß daran genommen hätte.

»Jemand gesehn?« fragte Houilliez.

»Niemand!« sagte Waddie.

»Waren Kiphkhas, oder?« sagte Artingkofer.

»Paar Idioten«, sagte Waddie.

»Und warum haben sie dich zurückkommen lassen?« fragte Artingkofer.

»Weil sie nicht mehr da waren«, sagte Waddie.

»Und was, wenn du ihm das alles angetan hast da draußen?« sagte Artingkofer.

»Ich bin im Dienst«, sagte Waddie.

»Das hast du aber schön gesagt, falscher Affe!« sagte Artingkofer.

»Bitte sehr um Mäßigung mit Verlaub«, sagte Houilliez.

»Sie verwöhnen ihn«, sagte Artingkofer. »Daran sind sie nicht gewöhnt. Kaum glauben die Kerle, daß Gott sich um ihren schwarzen Arsch kümmert, werden sie frech. In diesem Fall meine ich meinen Freund Suck, wenn ich Gott sage.«

Waddie half dem Feldscher, den Heizer bequemer hinzulegen; er hatte Schwierigkeiten beim Atmen.

»Ich glaube, diese Geschichte haben wir diesem Rumtreiber aus Hopadessa zu verdanken. Macht uns nichts als Scherereien«, sagte Houilliez.

»Hab gehört, der Dreckskerl wurde ordentlich verprügelt«, sagte Artingkofer.

»Zweimal«, sagte Houilliez. »Einmal von den Polizeidienern, ein andermal vom Bahnhofsvorsteher.«

»Hundertmal zu wenig«, sagte Artingkofer. »Ich hab ihn mit der Peitsche von meinem Grund und Boden verjagt, als er dem Mädchen hinterher war.«

»Leider nicht weit genug davongerannt, würde ich meinen«, sagte Houilliez

»Ich finde jeden Mann!« sagte Waddie.

Plötzlich saß der Heizer aufrecht da, und der Feldscher machte die nächste Spritze fertig.

Sie wurden wach, als Artingkofer im ersten Morgengrauen anschirrte und grußlos davonfuhr. Der Feldscher hatte die ganze Nacht neben dem Heizer verbracht.

Sie machten sich bereit zum Abmarsch. Es ging zurück, und sie träumten von der Badestube, Wasser, Schatten, eines kälter als das andere. Es kam Mohr unwirklich vor, daß er neben einem Sterbenden lebte, während sein Herz an Liebe litt. Das war das Elend mit den Gefühlen: daß sie die ganze Welt beherrschten. Die Liebe war das Leben und der Tod das Ende von allem. Wichtig war der letzte Traum, den man träumte – und wo man ihn träumte.

Es war, als hätte der Heizer mit dem Sterben gewartet, bis sie nach Vrunsje kamen. Der Ortsvorsteher zeigte dem Leutnant einen Platz auf dem Friedhof, und Houilliez dankte ihm und dem Schicksal. Das Gräberfeld war kaum größer als der Bahnhof.

Fliege durch die Zeit so einfach
vorwärts durch die Tage rückwärts
durch die Nacht wo
du ankommst wie ein
wandernder Engel.

III. WALKÜRE GERMANIA

Zum Empfang von Sucks Gattin rückte die gesamte Kompanie aus und nahm Aufstellung auf der Promenade.

Dem Anlaß entsprechend, hatte sich der Hauptmann in seine Galauniform gezwängt, ganz und gar durchdrungen von der gewiß einmaligen Schönheit des Zufalls, daß seine Gattin just am Vorabend von Kaisers Geburtstag in Swakopmund ankam.

Das Dampfschiff lag draußen auf Reede, und der Kapitän grüßte mit dem Nebelhorn, aber es dauerte noch eine ganze Weile, bis Frau Suck von den Kruboys an Land gerudert worden war. Das letzte Stück wurde sie auf einem breiten Brett mit Lehne getragen; sie hoben sie über die sich am Strand brechenden Wellen hinweg, während sie aufgeregt mit den Beinen strampelte. Es war erheiternd, ihrer Anlandung beizuwohnen, Zeuge zu werden, wie Hauptmann Suck, aus Sorge um seine frisch gewichsten Stiefel, nicht einmal die Hand nach ihr ausstreckte. Erst als sie vor ihm abgesetzt wurde, faßte er nach ihren Händen und faltete für sie ein Taschentuch auseinander, damit sie den einen oder anderen Spritzer Gischt auf ihrem Reisekostüm trocknen konnte.

Das Paar bestieg einen Landauer mit ochsenblutroten Lederbänken, den ihnen der Hotelier von *Bahr's Hotel Zum Fürsten Bismarck* zur Verfügung gestellt hatte, damit es der Herr Hauptmann und seine Frau standesgemäß komfortabel hätten. Und während der Landauer hinauf zur Feste rollte, schaute Frau Suck immer wieder hinter sich, um einen Blick auf die Reiter zu werfen, die dem Wagen folgten, tupfte sie sich die Augen mit dem Taschentuch des Hauptmanns, das weißer blitzte als Schnee. Der Hauptmann schaute ungerührt geradeaus und verzog keine Miene, ein Held seines Geschicks. Mit Wehmut mochte er an die kommenden Zeiten denken, in denen er ein tadelloses Familienleben zu führen hatte, gesegnet mit häuslicher Langeweile und erfüllt von der Sehnsucht nach Jagden und Kämpfen oder dem Müßiggang in Gesellschaft eines edlen Tropfens, von anderen Verlustierungen ganz zu schweigen.

In der Feste angelangt, bildeten sie Spalier vom Tor bis zur Villa des Kommandanten, nahmen ihre Kopfbedeckungen ab und warteten, bis die Sucks vom Landauer geklettert waren. Suck führte seine Frau am Ellbogen. Am Zwinger blieben sie stehen, sie sagte etwas zu Lottchen, die mit verstörtem Gebell antwortete. Suck schnauzte den Hund an, bis er mit dem Schwanz wedelte. Als dann das Dienstmädchen die Stufen der Veranda herabkam, um sich um das Gepäck zu kümmern, erstarrte Frau Suck für einen Augenblick. Der Hauptmann bot ihr seinen Arm und geleitete sie die Stufen hinauf.

Als sie im Haus verschwunden waren, trat Mohr aus der Reihe, um dem Dienstmädchen beim Abladen des Gepäcks behilflich zu sein; sie erschrak kurz, als er sich neben ihr nach einer Reisetruhe bückte, die zu schwer für sie war.

»Ich weiß, wie du heißt«, sagte er.

Als sie ihn ansah, roch er einen Moment lang ihren Atem, so nah, und dann verwandelte sich ihr Blick, als hätte es kein Erkennen gegeben.

Feldwebel Weibel pfiff ihn zurück ins Glied.

Er reihte sich wieder ein und blickte ihr hinterher, als sie das Gepäck ins Haus schleppte; trotz der Last blieb ihr Gang anmutig.

Am nächsten Tag, dem 27. Januar, beging der deutsche Kaiser seinen Geburtstag, und ihm zu Ehren wurde auch im fernen Swakopmund eine Militärparade abgehalten.

Zur Feier des Tages waren alle öffentlichen Gebäude beflaggt, an der Promenade war eine Tribüne errichtet worden, auf der die Honoratioren vor einem überlebensgroßen Bildnis des Kaisers Platz genommen hatten. Ein Musikkorps spielte auf, schmissig und voluminös. Nicht enden wollendes Hurrageschrei, als Hauptmann Suck nebst Gattin im Landauer vorfuhr.

Er half ihr vom Wagen zu steigen, sie taumelte sanft im kräftigen, sonnigen Wind, als sie die Tribüne erklomm und von den Herren und Damen, die sich ihr zu Ehren erhoben hatten, begrüßt wurde. Er trug einen schneeweißen Tarbusch und lächelte mit dem Stolz eines Dompteurs, der gerade neue Kunststücke für sie ersonnen hatte, auf seine Männer herab; seine Frau hielt sich ein Spitzentuch vors Gesicht, als habe sie beim Lächeln ein Stück Fleisch zwischen den Zähnen gespürt.

Er sprach: »Willkommen und Wohl dem Kaiser aller Deutschen, dem solche aufopferungsvolle Jugend folgt.« Sie, fuhr er fort, habe den freien Atem der Heimat hierhergebracht, Tatkraft, verbunden mit Stolz und Treue, unentbehrliche Kleinodien patriotischer Gesinnung. Die Aufstockung der stationierten Truppe sei ein weiterer wichtiger Schritt, der zu den Toren der Zukunft führe. Er pries seine Männer als Phalanx wackerer Helden im kolonialen Alltag, auch wenn sie momentan – Gott sei Dank – kaum Feindberührung hätten, aber stets dem Frieden verpflichtet ihren mannigfaltigen Dienst tun würden. »Wir machen dieses Land sicher für Frauen und Kinder«, rief er schlußendlich.

Als er dann die Nationalhymne anstimmte, erhoben sich die Herrschaften auf der Tribüne von ihren Plätzen, und Mohr und seine Kameraden entblößten ihre Häupter. Als letzter riß sich Waddie seinen alten Hut vom Kopf. Dann, als sie alle schon mitsangen, ließ er ihn fallen und blickte dem Hut nach, der durch den Staub der Straße kollerte. Der Kaiser wurde älter und älter, während sie sich in Grund und Boden langweilten. Mohr betrachtete die Frauen und Mädchen am Straßenrand, und sein Blick verweilte nirgends lange.

Katzenschlager flüsterte: »Alles Huren.«

»Weiß nicht, was du hast«, sagte Mohr, »ich seh keine einzige.«

»Was weißt du schon von Weibern«, sagte Katzenschlager.

»Meine Mutter ist eine Frau«, sagte Mohr.

»Mütter sind keine Frauen«, sagte Katzenschlager.

Dann schossen Kanoniere dem Kaiser Salut, schossen den Himmel kaputt. Sie hatten ihr Geschütz mit Girlanden umwunden.

Die Glocken der Dreifaltigkeitskirche klangen, als wären sie aus Watte. Über den Dächern der Vorstadt stieg eine längliche Staubwolke auf, die langsam näherkam, und durch die Erde ging ein rhythmischer Gleichklang von Hufen, wie der Herzschlag eines riesigen Wesens.

Sie kamen tief aus dem Landesinnern, tagelang waren sie unterwegs gewesen, bärtige, kriegerische Gestalten mit gekreuzten Patronengurten und tiefhängenden Hutkrempen, getauft, katastert, kupferfarbene Gesichter unter blattrigen Schichten von Schweiß und Staub. An ihrer Spitze ritt Kaptein Abramus Ximenz. Er trug ein schwarzes Jackett, trotz der Hitze bis obenhin zugeknöpft, und eine ehemals weiße Hose; um die Stirn hatte er ein rotes Halstuch gebunden. Er war rasiert, sein Gesicht wie oxidiert. Die Krempe seines Huts bog sich weich im Seewind. Vornübergebeugt kauerte er im Sattel, so als würde er schlafen oder träumen, ein Veteran vergangener Kriege, der dem deutschen Kaiser unverbrüchliche Treue geschworen hatte und seinem Volk bis zum letzten Atemzug Frieden.

Als er in den Steigbügeln aufstand und die Arme ausbreitete, breitete auch Hauptmann Suck die Arme aus. Waddie trat hinzu, hielt Ximenz' Pferd am Zügel, bis dieser abgestiegen war; er brauchte lange dazu und sah verloren aus, als er den Boden berührte und das Bildnis des Kaisers in Augenschein nahm.

Dann sagte er: »Freund Suck! Mein Freund, Hauptmann Suck! Komm, begrüße mich! Ich bin gekommen, dich zu besuchen.«

Hauptmann Suck begab sich gemessenen Schritts mit seiner Frau von der Tribüne, wartete, bis der Kaptein einen Schritt in ihre Richtung machte.

»Frauen bringen Frieden«, sagte Ximenz.

»So ist es«, antwortete Suck.

Der Kaptein verbeugte sich vor dessen Gattin.

»Amen!« sagte er.

»Willkommen!« sagte sie, ihre Stimme ein Vögelchen, das gegen den Schatten der Erde prallt.

Als er ihr die Hand küssen wollte, tat sie, als müßte sie niesen. Der Himmel war blau, die Lüge weiß, die Sonne schien, der Kaiser ein ferner Mann, er kam gleich neben Gott. Und Gott war überall. Wie um den erhabenen Augenblick zu vollenden, lief das Dampfschiff aus, das sie hierher gebracht hatte, verschwand in den Nebelbänken am Horizont. Grüße an den Kaiser in Berlin, ich bin verschollen. Dann war der Ozean leer, bis auf die fernen Vögel, die unterm Himmel kreisten.

Mohr stellte sich vor, Seffie wäre mit diesem Dampfer gekommen: er wäre in die Brandung gerannt und hätte sie an Land getragen. Wie ein einfacher Kruboy.

Palmen, sagt sie.

Ja, Palmen, sagt er.

So viele, sagt sie.

Gibt genug, sagt er. Bist du naß geworden?

Hauptmann Suck geleitete Kaptein Ximenz wie einen Ehrengast in *Jauch's Bierhaus*, wo die Honoratioren und Offiziere in der Feststube den Monarchen hochleben ließen. Draußen standen die Soldaten und die Kiphkhas bei ihren Pferden und zählten die Stunden, die verstrichen. Ein Kuß. Ein Schnaps. Das wäre das Leben gewesen. Wie traurige Hunde verfolgten sie das Sinken der Sonne. Die Kiphkhas hockten auf ihren Fersen und schwiegen. Es schien das vernünftigste zu sein. Sie sahen dem Mond zu, der sich der Sonne entgegenstellte und sich in ihre Farben hüllte, bevor er schlagartig verblaßte. Der Kaiser hatte Geburtstag. Er gedachte seiner Völker. Dies schien das schönste Wunder überhaupt. Gott, so sein Wort, habe alles erschaffen. Alles war seine Schöpfung, die Heimat des Menschen sein Traum; die Heiden waren bekehrt, der Vater des Reichs ein Bürger Afrikas.

In der Dunkelheit erschienen Hauptmann Suck und Kaptein Ximenz auf der Veranda von *Jauch's Bierhaus*, ihrer beider Schatten fast brüderlich verschmolzen im warmen Licht, das durch die Fenster fiel. Die Männer hörten, wie Kaptein Ximenz zu Hauptmann Suck sagte, seine Leute seien auch mit Wasser und Brot zufrieden gewesen und er danke dem Hauptmann und dem Kaiser für die Erlaubnis, diese Nacht am Viehhof lagern zu dürfen. Dann wandte er sich Sucks Frau zu, die einen halben Schritt hinter ihrem Gatten stand: »Eine Frau bringt Frieden und Glück. Und das Land braucht Frieden und Glück.«

»Ein schöner Trinkspruch«, sagte Suck.

»Schade, daß es schon so spät ist«, sagte Sucks Frau, als sich Kaptein Ximenz mit einem Handkuß von ihr verabschiedete. In einem Anfall von Empörung und Scham versteckte sie die geküßte Hand hinter ihrem Rücken.

Nachdem die Kiphkhas aufgesessen und abgeritten waren, nahmen die Reiter Aufstellung und riefen wie mit letzter Kraft: »Hurra, Hurra, Hurra!«

Jeder Ruf schwarzer Wind. Gehabt euch wohl und fahret dahin in diese fremde Ferne, wo selbst die Tiere an ihrer Angst sterben. Im Glauben, daß alle, alle Gottes Geschöpfe waren, Hauptsache: Menschen!

In der Kommandantenvilla hatte Licht gebrannt. Lottchen hatte ihn angebellt, als er zu nah am Zwinger vorbeigegangen war; er hatte sich in den Schatten des Munitionsmagazins gestellt.

»Erwischt«, sagte Rubyniak.

»Sind sie schon im Bett?« fragte Elchlepp.

»Weiß nicht«, sagte Mohr.

Sie redeten eine Weile über Sucks Frau, bemäkelten ihre Figur, die, in ihren Augen, nicht eben vorteilhaft war.

»Wie langweilig«, sagte Elchlepp.

»Nimm sie«, flüsterte Rubyniak und tat so, als wäre er erregt, »ja, so ist es gut!«

Und dann wußten sie nichts mehr zu sagen und gingen.

Etwas später hörte er Sucks Frau, die sich lauthals über den Saustall beschwerte, den sie hier vorgefunden habe; sie sagte, daß sie nicht länger mit diesem Geschöpf unter einem Dach leben werde. Dann klirrte Geschirr. Der Hauptmann kam heraus und riegelte sich im Aborthäuschen ein. Frau Suck schrie jetzt regelrecht, und Lottchen bellte wie rasend. Der Hauptmann rief etwas aus dem Aborthäuschen, aber Mohr verstand nicht, was. In der Dienstbotenkammer, die sich im Anbau befand, wurde Licht gemacht, und Mohr sah Schatten hinterm Fenster, den Kopf des Mädchens, den Kopf von Sucks Frau, erhobene Arme. Der Hauptmann kam aus dem Aborthäuschen, dehnte und reckte sich und schrie Lottchen an, sie solle das Maul halten. Der Hund kam aus dem Takt, hechelte. Frau Suck lief aus dem Haus und bat ihren Mann, er solle bitte den Hund nicht so anschreien.

»Laß das Mädchen in Ruhe!«, sagte der Hauptmann.

»Jetzt bin ich da«, sagte Frau Suck.

»Und schlag sie nicht dauernd!«, sagte der Hauptmann.

»Sie wird lernen zu gehorchen«, sagte seine Frau, und als er nicht gleich etwas darauf erwiderte, meinte sie, sie frage sich ernsthaft, warum er so viel Mitleid mit dieser Person habe.

Diese Person, sagte der Hauptmann, gehöre nun einmal zu Kaptein Ximenz' Familie, und außerdem sei es nicht rechtens, das arme Ding mitten in der Nacht arbeiten zu lassen. Die Wäsche könne auch am Tag trocknen.

»Vom ganzen Haushalt kennt sie nur dein Bett«, sagte Frau Suck.

»Schluß jetzt!« sagte der Hauptmann. Voll Wut trat er gegen die Wäschestange. Mohr hörte, wie Hulette drinnen weinte; auch der Hund fing wieder zu bellen an.

»Pst«, machte Frau Suck, »der Kaiser hat Geburtstag!«

Dann hockte sie sich auf den Boden, spreizte die Beine und lachte.

Der Hauptmann half ihr auf und führte sie ins Haus.

Der Hund schaute wieder in seine Richtung.

Hulette kam aus dem Haus, trug einen Korb mit Wäsche in den Vorgarten. Er sah, daß sie sich plagte, stieg übern Zaun. Als er bei ihr war, nahm er ihr den Korb ab. Sie sagte nichts, und er sagte auch nichts. Er schaute zu, wie sie nasses Unterzeug an die Leine hängte; ihre Bewegungen waren schön und gefielen ihm.

»Ich bin's«, sagte er, »Crispin.«

Schaute weg, als sie einen Unterrock an die Leine klammerte.

»Geh!«, sagte Hulette.

Warf ein Laken, aus dem das Wasser wie in Schnüren rann, über die Leine, zuckte zusammen, als mit einem schnalzenden Geräusch die Leine riß. Das Laken lag im Dreck. Er bückte sich danach, aber sie stieß ihn weg, so abrupt, daß er fast nach hinten gefallen wäre. Dann stieg sie auf das Laken, stampfte auf und tanzte; in ihrer Wildheit war sie ehrfurchtgebietend. Sie tanzte, bis das Laken Flecken bekam und ein spitzer Stein sich durchs Gewebe gebohrt hatte, und dann war nichts mehr wiedergutzumachen.

»Komm!« sagte sie.

Nahm seine Hand, legte sie sich auf die Rundung ihres Hinterns.

»Gut?«

Legte seine andere Hand auf ihre Brust. Sagte nichts. Er hielt den Atem an, machte keinen Schritt zurück.

Selbst als die Frau des Hauptmanns empört in den Vorgarten stürmte und auf Hulette losging, wich er keinen Schritt zurück, blieb, wo er war. »Was fällt Ihnen ein?« sagte sie zu ihm, und dann strauchelte sie über den Wäschekorb, der hinter ihr stand, sank, unendlich langsam mit den Armen rudernd, dem Erdboden entgegen.

Lottchen drehte fast durch in ihrem Zwinger, als Sucks Frau um Hilfe rief. Ihre Stimme war voller Ekel und Abscheu, wund bis ins Mark. Sie trat um sich, als Hulette sich auf sie stürzte und sie niederhielt, verstummte. Der Hauptmann kam mit nacktem Oberkörper aus der Villa gelaufen, sein Bauch rutschte ihm übern Hosenbund, als er Hulette im Genick packte und wegzog. Zu Mohr sagte er: »Halten Sie sie gut fest!« Er half seiner Frau auf die Beine und hatte zu tun, sie davon abzuhalten, auf das Mädchen loszugehen.

»Schau bloß, die schöne Wäsche!« sagte Frau Suck.

Der Hauptmann beachtete sie nicht weiter, sondern fixierte Mohr. »Was haben Sie hier zu suchen?«

»Melde gehorsamst, bin zufällig vorbeigekommen!«

»Zufällig«, sagte der Hauptmann.

Als Mohr sich zum Gehen wandte, hängte sich das Mädchen an ihn. Er roch die Seife auf ihrer Haut, darunter fernen Schweiß.

»Ins Haus!« schrie Frau Suck.

Lottchen biß ein Stück aus dem Mond.

»Bitte«, sagte Mohr. Er hätte nie gedacht, daß er eines Tages in dieser Sprache reden würde. Hulette ließ ihn los und ging hocherhobenen Hauptes am Hauptmann und seiner Frau vorbei.

»Bestrafe sie!« sagte Frau Suck zu ihrem Mann. »Oder ich tu's!«

Das Mädchen ging zum Aborthäuschen, wo es sich einriegelte. Sie hörten, wie es drinnen Zeitungsblätter zerknüllte. Der Hauptmann klopfte an die Tür und trat zurück, als Rauch durch die Ritzen drang. Hinter den Bretterwänden wurde es hell, das Mädchen sang ein Lied in ihrer Sprache, trieb ihre Stimme in einen zornigen Schrei. Mohr und Suck rüttelten an der Tür, bis die Krampen aus dem Holz brachen. Hulette, von schwarzen Flocken umstoben, schmiß dem Hauptmann ein loderndes Zeitungsblatt entgegen. Schließlich kriegte der Hauptmann Hulette zu fassen und zerrte sie aus dem qualmenden Kabuff ins Freie. Hulette tat so, als wollte sie den Hauptmann küssen, schmatzte, Augen wie aus schwarzem Eis. Die Frau des Hauptmanns stürzte sich auf sie, und Mohr drängte sie ab. Der Hauptmann umarmte seine Frau von hinten und seufzte sanft, als Mohr das Laken über Hulette warf, um die Glut in ihren Haaren zu ersticken. Wie ein Geist aus einem Bilderbuch hockte Hulette am Boden und wiegte sich hin und her.

»Wegtreten!« sagte Suck zu Mohr.

Mohr nahm Haltung an.

»Weg, weg, weg!«

»Das Mädchen, Herr Hauptmann!«

»Weg, hab ich gesagt!«

»Das Mädchen, es ist bloß durcheinander!«

»Wie bitte?«

Mohr beugte sich über Hulette und sagte »ich bin's«, als ob das von Bedeutung gewesen wäre, zog ihr das Laken herunter, ihre Haare waren stellenweise versengt. Er reichte Sucks Frau das Laken. Als sie nicht danach griff, ließ er es fallen, eine weiße Fahne, die niemand mehr hißt.

»Wache!« rief der Hauptmann.

»Herr Hauptmann, bitte untertänigst um Gerechtigkeit«, sagte Mohr.

»Wäre besser gewesen, Sie hätten um Gnade gebeten«, sagte Suck.

Dann verlor er die Beherrschung und stieß Mohr zum Zaun.

Mohr hatte zu warten, bis der Ordonnanzoffizier in Begleitung zweier Wachtposten erschien. Mohr salutierte. Er hörte, wie Hauptmann Suck anordnete, »den Mann da« wegen Renitenz zu arretieren. Mohr wurde abgeführt. Als sie die Kommandantur passierten, drehte er sich um und sah, daß der Hauptmann Lottchen aus dem Zwinger ließ. Das Fell gesträubt und mit dem Schädel ruckelnd, wußte sie im ersten Moment nicht, wohin zuerst, setzte sich, als Hulette bei ihrem Anblick ein Geheul ausstieß, auf sie zu in Bewegung. Die Frau des Hauptmanns zerrte das Mädchen im letzten Moment ins Haus, während der Ordonnanzoffizier mit einem Eimer Wasser zum Aborthäuschen rannte.

Als er die Erdrampe hinaufgeführt wurde, schaute er in den Himmel über ihm und wünschte sich, es möge ewig so weitergehen, immer höher, immer weiter, kein Zurück mehr in diesen Abgrund von Gehorsam und Pflichtgefühl, und als die Wachtposten die eisenbeschlagene Tür zum Arrestbunker aufschlossen und ihn ins Dunkel schoben, ging ein Schnitt durch den Himmel, ein Schnitt durch seine Augen.

Den Rest der Nacht verbrachte er auf einem stinkenden Strohsack. Der Fäkalienkübel roch streng nach Harn und Kot. Während er dalag, preßte er die Hände zusammen, um noch mal die Wärme von Hulettes Brust und Hintern zu spüren, dann roch er an seinen Fingern, aber es war schon zu lange her, daß er sie angefaßt hatte, alles ein Traum, an den man glaubt; er fühlte eine weiße Hitze in sich, die ihn schweben ließ, aber sobald er die Augen schloß, schrie Hulette in seinem Kopf. Und der Hund stürzte sich auf ihren Schatten.

Als er in die Stube kommt, erhebt sich sein Vater vom Kanapee, sagt: Hab's gehört! Wenn du gehst, trag ich dir den Ranzen zum Bahnhof!

Brauch keinen dazu!

Wie lange dauert's nach Afrika?

Werd's Ihnen schreiben!

Muß was trinken, sagt sein Vater. Die Schmerzen, weißt du, die verdammten Schmerzen! Ich trink auf dein Wohl, Crispin, und wegen der Schmerzen, weißt du? Mutter versteht das nicht.

Glaubst du?

Ich hab Schmerzen, Mutter. Der Dreck, den der Apotheker verkauft, hilft nicht.

Warum gleich so weit? sagt seine Mutter. Kenn keinen, der schon so weit war.

Amerika ist noch viel weiter, sagt er. Ich kann nicht viel Geld schicken.

Wir kommen schon durch.

Aber wenn ich ein Stück Land hab, dann ... dann kommt ihr nach!

So eine weite Reise, sagt sein Vater zu seiner Mutter. Für einen Krüppel ist das nichts. Geh du! Du bist jünger und eine Frau. Ich sterb hier, sterb dort. Ist doch egal, wo!

Behandelt sie gut, sagt er zu seinem Vater.

Und sein Vater sagt: Was bleibt mir anderes übrig? Mit einem Bein kann ich ihr schlecht einen Tritt geben.

Das hab ich nicht gehört!

Und ob du das gehört hast!

Laßt gut sein, sagt seine Mutter.

Er geht auf seinen Vater zu, wie von einer finsteren Kraft vorwärtsgetrieben, und sein Vater hüpft einbeinig einen Schritt zurück. Er hält auf halbem Weg inne, senkt schuldbewußt den Kopf, dann schlägt ihm sein Vater ins Gesicht. Er dreht sich um, geht an die Kredenz und nimmt den irdenen Bierkrug heraus.

Bald bin ich tot, dann hat sie ihre Ruhe! ruft ihm sein Vater hinterher.

Die Luke war weit oben unter der Decke, und es fiel kaum Licht in den Bunker. Manchmal sah er die Stiefel der Wachtposten, hörte, wenn sie furzten oder sich schneuzten; zu reden war ihnen verboten. Er bekam dreimal am Tag Tee und Brot, es schmeckte immer gleich, nie wurde es richtig hell. Es gab kleine Käfer, die sich totstellten, wenn er sie anfaßte, aber er wurde ihrer trotzdem nicht Herr; mit der Zeit gewöhnte er sich an sie. Wenn er an Hulette dachte, stand die Zeit still, und keine Hoffnung und kein Schmerz verging. *Wo seid ihr, die jeden Morgen kämpften, jeden Abend starben?*

Im Wirtshaus *Zum Schwanen* am Marktplatz läßt er an der Gassenschank den Krug füllen, draußen auf dem buckligen Pflaster bläst er auf den Schaum, bis er ihm über die Finger rinnt.

Da, sagt er zu seinem Vater, als er in die Stube tritt. Seine Mutter sitzt in der Ecke, ihr Gesicht verweint. Sein Vater trinkt. Trinkt, als wäre sein Magen ein Krater. Er zählt, wie viele Schlucke sein Vater braucht, bis er den Krug geleert hat.

Ah, sagt sein Vater, schnauft schwer und spuckt auf den Boden. Er schlägt ihm den Krug aus der Hand, daß er gegen die Wand prallt und zerbirst.

Sein Vater schaut ihn an. Weil es mich gibt, sagt er dann, nur weil es mich gibt, gibt es dich! Vergiß das nicht!

Wie könnte ich, sagt er. Er packt ihn am Hals und drückt ihn hinunter aufs Kanapee. Läßt nicht los, riecht den scharfen Schweiß, der aus der Polsterung aufsteigt. Ihr Glück, daß ich weggeh, Herr Vater!

Schau ihn dir an! sagt sein Vater, sucht den Blick seiner Frau. Vergreift sich an einem Krüppel!

Ich laß Sie nachkommen, sobald es geht, sagt er zu seiner Mutter.

Geh doch gleich mit, sagt sein Vater zu ihr. Tanz mit den Negern!

Er nimmt seine Mutter in den Arm, das hat er noch nie getan, hält sie, bis sie aufhört zu zittern.

Im Traum war das Leben schöner, viel schöner: fast, daß es zu greifen war.

Hinter tausend Wänden …

Er blieb drei Tage und Nächte in Arrest. In den Nächten bildete er sich ein, daß Hulette draußen vorbeiging und ihn nur deshalb nicht rief, weil sie Angst vorm Wachtposten hatte. So fühlte er sich getröstet.

Gerda Suck
Garnison Swakopmund
An Theodora Artingkofer
Farm Gunsbewys

Verehrte Frau Theodora Artingkofer,
wir kennen einander noch nicht persönlich, aber unsere Männer kennen und schätzen sich. Sie, verehrte Theodora

Artingkofer, sind schon länger in diesem Land und kennen die Sitten und Gebräuche hier besser als ich Neuling – und schon deshalb würde es mich freuen, Sie baldigst kennenlernen zu dürfen. Ich lebe hier in einer Männerwelt und bin die einzige Frau neben meinem Hausmädchen, das, wie Sie sich vielleicht erinnern, vor einiger Zeit von Pater Trötsch via Gunsbewys nach Swakopmund gebracht wurde. Ach, Sie da draußen, mitten in der Wildnis, ich hier, in dieser Kaserne, die so gar nichts zu bieten hat von all den Dingen, die ich gewöhnt war. Ein Absturz ins gesellschaftliche Nichts! Ist ein Mann alle Liebe wert, zu der man sich fähig fühlt? Diese Frage beschäftigt mich zunehmend. Schon die Gäste, die mein Mann zu den Abendgesellschaften einlädt, sind gewöhnungsbedürftig. Manchmal fühlen sich die Herren unbeobachtet und schauen sich unter der Tischdecke schmutzige Bildchen an. In einem Krieg muß es hier schon gar nicht auszuhalten sein. Gott schütze uns davor! Sonst habe ich nicht zu klagen. Es ist so schade, daß Sie so weit weg sind. Mir fehlt eine Freundin, das gestehe ich offen. Jeden Abend lungert hieda ein Reiter herum, der ein Aug auf das kleine Hottentottenmädchen geworfen hat und ihr den Hof macht. Dann läßt Konrad Lottchen aus dem Zwinger, und der Spuk ist beendet. Sie, liebe Frau Artingkofer, bleiben mir bitte wohlgewogen trotz meiner »Beschwerden«! Grüßen Sie Ihre Töchter und den Herrn Gemahl!

Immer Ihre Gerda Suck

Dann hatte er es hinter sich. Als er hinausgelassen wurde, ging er in den Tag und ins Licht, und ihm war, als würde er Neuland betreten. Er blieb einfach stehen und sah zu, wie die Sonne unterging. Schöner war nichts. Bald würde er die Sterne sehen, und er freute sich auf ihren Anblick.

Vor der Mannschaftsbaracke erwarteten ihn Rubyniak und Elchlepp, standen stramm, als sie ihn erblickten, grinsten breit. Rubyniak verehrte ihm eine halbgerauchte Zigarre, und Elchlepp schraubte ein Fläschchen auf, in dem ein Rest Branntwein war. Willkommen, Held! Er rauchte, trank in winzigen Schlucken, und als ihm leicht schwindlig wurde, breitete sich Dankbarkeit in ihm aus. »He«, sagte er dauernd und boxte nach ihnen. Dann mußte er sich einen Moment an ihnen festhalten.

»Du mußt verrückt sein«, sagte Rubyniak.

»Ich bin nicht verrückt«, sagte Mohr.

»Liebe«, sagte Elchlepp. »Es hat ihn erwischt!«

»Alle reden von dir«, sagte Rubyniak.

»Wüßte nicht, was!«

»Der Hauptmann und seine Frau haben ein neues Aborthäuschen gekriegt«, sagte Elchlepp. »Das alte war nicht mehr zu retten.«

»Und das Mädchen?«

»Das Mädchen wird weggesperrt«, sagte Elchlepp.

Mohr ging in den Waschraum. Sie warteten vor der Tür.

»Ist sie hübsch?« fragte Elchlepp.

»Sie ist nett«, sagte Mohr.

»Wie schwarz?« fragte Rubyniak.

»Eher so braun«, sagte Mohr.

»Wie sieht man das in der Nacht, ob was schwarz oder braun ist?« fragte Elchlepp.

Er ließ sie stehen und holte Perilo einen Eimer Wasser von der Tränke, aber Perilo leckte nur einmal drüber.

»Und jetzt?« sagte er.

Er gab dem Eimer einen Tritt, daß er umkippte und scheppernd durch den Gang rollte. Perilo begann auszukeilen, es donnerte durch den ganzen Stall. Kaum daß das

Geräusch verhallt war, erschien Dr. Patarga im Türrahmen der Veterinärstation, er war barfuß und das Hemd hing ihm aus der Hose.

»Zeigen Sie sich!« sagte er.

Mohr trat in den Lichtschein.

»Der Retter der Unschuldigen und Verfolgten«, sagte Dr. Patarga.

Leutselig winkte er Mohr herein.

Feldkaplan von Wilhelmi war zu langsam gewesen, um die Flasche Schnaps zu verstecken. Er hatte sie sich zwischen die Beine geklemmt, so saß er auf der Ottomane und sagte: »Sünder, der sich mit Getier abgibt!«

»Reden Sie nicht, geben Sie ihm einen Schluck«, sagte Dr. Patarga.

Er suchte auf seinem Schreibtisch nach einem Glas, hielt es von Wilhelmi hin, der eingoß, als würde er die Tropfen zählen. Mohr nahm das Glas und dankte.

»Zum Wohl«, sagte Dr. Patarga.

Mohr trank.

»Was treibt Sie?« fragte Dr. Patarga.

»Versteh nicht«, sagte Mohr.

»Was treibt Sie um diese Zeit in den Stall?«

»Konnte nicht schlafen, Herr Doktor!«

»Haben im Bau genug geschlafen! Schmeckt Ihnen der Schnaps? So geben Sie ihm doch noch einen, mein Freund«, sagte er zum Feldkaplan.

»Zu gütig«, sagte Mohr.

Der Schnaps war braun und schmeckte süßlich.

»Oder wollten Sie nach nebenan? Haben Sie denn keine andern Freunde?«

»Waddie ist nicht mein Freund«, sagte Mohr.

Dr. Patarga sah von Wilhelmi fragend an.

»Ihre Menschenliebe wird Sie noch umbringen«, sagte der Feldkaplan und reichte Mohr die Flasche.

Dr. Patarga zeigte auf sein leeres Glas. Mohr schenkte ihm nach, dann sich. Er spürte den Schnaps. Niemand bot ihm Platz an.

»Dieser Waddie«, sagte Feldkaplan von Wilhelmi, »ist, wie soll ich sagen, ist zwar bloß ein Bastard, aber immerhin. Ein Judas, ein hiesiger Judas. Verstehn Sie, was ich sagen will? Beim Abendmahl hat er unterm Tisch gelegen. Württemberger Meßwein!«

»Das liebe ich an Ihnen«, sagte Dr. Patarga. »Ihren heiligen Humor!«

»Der Odem des Lebens darf ab und zu ruhig nach etwas Hochprozentigem duften«, sagte der Feldkaplan.

»Dieser Waddie«, sagte Dr. Patarga jetzt, »hat Freunde überall. Wir brauchen ihn wie der Säugling die Muttermilch. Er ist eine Zecke, die den nahrhaftesten Wirtskörper gefunden hat. Er nimmt Dinge zu sich, die dem militärischen Reglement nach verpönt sind. Er sagt, es sei alte Medizin, die er einnehme. Schöne Medizin, bei der der Kopf um den Mond schwebt wie der Mond um die Sonne und bei der man den Regen gleich aus den Wolken trinkt. Er bezieht das Zeug von diesem Josephat, aber was will man dagegen machen? Stammesbräuche! Trinken Sie, saufen Sie, lassen Sie die Finger von den Weibern, vor allen Dingen von jenen, die Sie nicht kennen! Und gehen Sie nachts nicht zu den Pferden, so etwas wird oft falsch gedeutet, wenn Sie verstehn, was ich meine. Und jetzt gehaben Sie sich wohl!« Er lächelte freundlich. »In Ihrem Alter braucht man den Schlaf.«

»Ich danke«, sagte Mohr.

Als er sich im Türrahmen umwandte und die Hacken zusammenschlug, rülpste einer der beiden.

Die Stallaternen waren gelöscht, und er schaffte es gerade noch in eine leerstehende Box, hockte sich in die Streu, lehnte sich an die Wand. Unter ihm verwarf sich der Boden in einem stetigen Auf und Ab. Er wartete auf den Feldkaplan. Der Feldkaplan würde ihm den Weg hinaus zeigen. Vom Bau in den Stall, dachte er. Tastete nach Käfern. Dann lachte er, weil er sich wie ein Clown in Uniform fühlte. Gehorsam, empfänglich für jeden Befehl. Es war das erste Mal, daß er sich dieses Gefühl eingestand. Geister scharrten im Gebälk des Stalls. Er hatte sich lächerlich gemacht, war herumstolziert im Glauben an die Zukunft – in einem Glauben, den niemand mit ihm teilte, und ohne eine Ahnung, wo er sich befand. Schwarze Träume. Schlaf weiter, schlaf einfach weiter!

Feldkaplan von Wilhelmi
Garnisonsgeistlicher
An Rittmeister Dr. Patarga
Veterinärstation

Mein lieber Herr Doktor der Kreatur,

ich wollte, es würde ein Mittel geben, das es Ihnen nach Einnahme desselben erspart, sich so hemmungslos zu erniedrigen. Das Leid der Tiere ist viehisch zu nennen, während ich nicht weiß, wie das menschliche Leid zu bezeichnen wäre – kreatürlich? Also fast wie noch unter dem Tier? Natürlich beliebten Sie in Ihrem alkoholisierten Zustand zu scherzen, als Sie mir letztens von Ihrem Geheimauftrag zur Erprobung subversiver Folter an Eingeborenen beichteten – Ihr Humor, Wertester! Es gibt keinen Menschen auf diesem Erdenrund, der ohne Sünde oder Laster ist, und jeder muß damit leben, unvollkommen zu sein. Ich hege eine gewisse Abneigung, Ihnen seelsorgerischen Beistand zu leisten, da ich das Gefühl habe, daß Sie mit der Güte des Herrn spielen und fahrlässig Zeugnis ablegen von Dingen, die selbst ein weltliches Gericht entsetzen würden, obwohl mir eine innere Stimme zuflüstert, daß Sie bloß mit dem Grauen Schabernack treiben, um sensiblen Gemütern wie mir »Erschröckliches« einzuimpfen. O holde Phantasie, wenn sie die Niederungen des Daseins heimsucht und den gesunden Menschenverstand traktiert! Sie wissen, auch ich frevele ab und zu und sogar mit Genuß, aber so weit wie Sie würde ich nicht einmal in Worten gehen, geschweige denn in Taten. Erinnern Sie sich noch an Ihre Frage an mich, was schneller fließe: der Blutstropfen oder die Träne – und daran, daß Sie, im Nachsatz, hinzufügten: falls Blut und Träne aus dem gleichen Auge flössen? So sind Sie! Ich jedenfalls spiele heftig mit dem Gedanken, mich um einen Posten als Militärseelsorger in einer anderen Kolonie zu bewerben. Samoa, habe ich gehört, sei paradiesischer als das Paradies.

Aus Ihnen werde einer schlau, ich nicht!

Ihr Feldkaplan von Wilhelmi

Das Stalltor schwang knarrend auf und er hörte die Stimmen eines Mannes und einer Frau. Das Licht einer Laterne kam näher. Gesichter, die dahinter verschwanden.

»Ich hab ein bißchen Angst vor diesen Pferden«, sagte Sucks Frau. »Wir hätten den Hund mitnehmen sollen.«

»Er darf nicht in den Stall.«

»Sie hat mich gebissen«, sagte Sucks Frau. »Ich hab solche Angst.«

»Gezwickt, würde ich sagen«, sagte der Hauptmann. »Ach was, nicht einmal das!«

Er ging vorneweg, gefolgt von seiner Frau, die das Mädchen an den Haaren gepackt hielt. Hulette konnte nur gebückt gehen, so roh und zwingend war der Griff. Der Hauptmann klopfte an die Tür der Veterinärstation, und als Dr. Patarga aufmachte, sagte Sucks Frau: »Danke, daß Sie noch auf sind! Das Mädchen ist vom Hund gebissen worden!«

»Wenn es Sie nicht stört, daß ich Besuch habe …«, sagte Dr. Patarga.

Bevor er die Tür hinter ihnen schloß, sagte er ziemlich heftig: »So lassen Sie sie doch los, gnädige Frau!«

Während er das Tor aufstieß und nach draußen rannte, konnte er kaum denken, so erregt war er, er wußte nur, daß er nicht allein auf sich gestellt dorthin zurückgehen konnte, nicht einmal wissend, was dann als nächstes zu geschehen hätte; er brauchte Beistand, jemand, der mit ihm ging und bei ihm war und bei ihm blieb und, vielleicht, an diesem Tag ein Wunder zugesprochen bekam. Er rannte. Es regnete stärker. Und die Erde unter seinen Stiefeln fühlte sich an, als würde sie ihn aufsaugen, verschlingend.

Im Quartier weckte er Rubyniak und Elchlepp.

»Warum?« fragte Rubyniak.

»Der Hund hat das Mädchen gebissen«, sagte er.

»Und deshalb weckst du mich?«

»Die Sucks haben sie in den Stall gebracht.«

»Und du willst sie wieder einmal retten«, sagte Rubyniak.

Mohr zwickte ihn in den Bauch, bis Rubyniak den Kopf vom Kissen hob.

»Vielleicht braucht sie Hilfe«, sagte er.

»Er hat getrunken«, sagte Elchlepp vom Nebenbett.

»Guten Abend, Frau, guten Abend, Herr Hauptmann, Herr Doktor, wie geht's ihr? Ach, die Ärmste! Der Hund wohlauf? Oder wie stellst du dir das vor?«, sagte Rubyniak. »Ich will nichts mit denen zu tun kriegen.«

»Bitte!« sagte Mohr.

Sagte es beinahe stumm.

Rubyniak lachte ungläubig, dann stand er auf, legte einen Arm um ihn und führte ihn hinaus.

»Wartet!« rief ihnen Elchlepp hinterher.

Als sie übern Exerzierplatz gingen, klatschten ein paar Regentropfen in den Staub, wo sie winzige Krater hinterließen.

»Was hast du vor?«

»Weiß nicht.«

»Die machen dich fertig«, sagte Rubyniak.

Elchlepp, der ihnen nachkam und im Laufen seine Hose richtete, sagte: »Du kannst da nicht einfach reingehn und sagen: Pardon, meine Damen und Herren, kann ich helfen?«

Mohr öffnete das Stalltor und ging den beiden voran. Vor Dr. Patargas Veterinärstation machten sie Halt und sahen auf den Lichtschein, der unter der Tür durchdrang.

»Schrei, mein Mädchen!« wisperte Rubyniak. Er kicherte.

Der Stall war wie eine nächtliche Arche, die Sekunde um Sekunde mehr übern Rand der Welt hinaustrieb.

»Und jetzt?« fragte Elchlepp.

»Holen wir uns einen runter«, sagte Rubyniak.

Sie horchten.

Als Mohr es nicht mehr aushielt und Anstalten machte, an die Tür zu klopfen, schlug ihm Rubyniak den Arm herunter, und Mohr packte ihn, stieß ihn gegen die Tür.

Dr. Patarga machte die Tür auf, ein paar Haarsträhnen unordentlich auf seine feuchte Stirn geklebt.

»Sie schon wieder?« sagte er zu Mohr. Und zu Elchlepp und Rubyniak: »Was fehlt ihm?«

»Er ist betrunken.«

»Dann fehlt ihm nichts«, sagte Dr. Patarga.

»Der Kaiser hat Geburtstag«, sagte Mohr.

»Aber nicht jeden Tag«, sagte Dr. Patarga. »Ich habe einen Patienten!«

»Sehn Sie, er redet wirr«, sagte Elchlepp.

»Besser, ihr gebt ihm kaltes Wasser innen und außen«, sagte Dr. Patarga zu Rubyniak und Elchlepp, trat zur Seite, als der Hauptmann an die Tür kam und sie eingehend musterte.

»Muß man sich verfolgt vorkommen, meine Herren?«

»Wie geht's ihr, Herr Hauptmann?« fragte Mohr.

»Lottchen geht's gut«, sagte Suck.

Mohr kam es vor, als stiege er eine Leiter empor, deren Sprossen unter ihm nacheinander im Erdboden versanken. Zusammengekrümmt saß das Mädchen auf einem Stuhl neben Dr. Patargas Schreibtisch. Das Kleid war ihr bis zur Brust herabgestreift worden, die Schultern, entblößt, zeigten rote Bißspuren. Sie weinte. Die Tränen tropften auf ihre Hände, an denen sie ebenfalls Kratzer hatte. Dr. Patarga hatte ihr eine Binde um den Hals gewickelt und einen Knoten in ihrem Nacken gemacht, während Feldkaplan von Wilhelmi kaum zuzuschauen vermochte. Wer weiß schon, ob Jesus Hunde haßte. Er, Mohr, tat es jedenfalls, um sein machtloses Herz zu befrieden.

»Danke, Doktor!« sagte Hauptmann Suck, als Dr. Patarga mit dem Verarzten fertig war.

»Vorerst kein Verdacht auf Tollwut«, sagte Dr. Patarga. »Wenigstens nicht beim Hund!«

Hauptmann Suck wandte sich an Mohr: »Wittern Sie noch immer Geheimnisse? Nun gehen Sie schon und bleiben Sie ein braver Mann, mein Lieber!«

Und Mohr dachte, daß er gar nichts zu Hulette gesagt hatte, kein einziges Wort. Ich hab Tag und Nacht an dich gedacht! Nichts davon.

»Komm«, sagte der Hauptmann zu ihr; es sollte gütig klingen. Als sie sich nicht rührte, packte er sie am Gürtel ihres Kleids und zog sie vom Stuhl hoch. Seine Frau hielt die Tür auf.

»Weg da!« sagte sie zu Mohr.

Rubyniak und Elchlepp führten ihn durch den Stall hinaus ins Freie und lachten, weil alles gutgegangen war. Er hörte sie kaum. Das Herz schlug ihm wie eine Faust in der Brust, schlug wie gegen Stein. Und dann zersprang etwas in ihm, und ein riesiges Tosen füllte den Himmel aus. Er ging zwischen ihnen, hatte aber das Gefühl, als wären sie ihm weit voraus. Als er stehenblieb und zurückblickte, sah er Sucks Frau am Hundezwinger mit einer Reitpeitsche zwischen die Gitterstäbe dreschen. Lottchen lag in sicherer Entfernung am Boden und betrachtete sie voller Geduld.

»Die Sucks«, sagte Rubyniak, als sie auf ihren Betten lagen, »sind schlimmer als ihr Hund.«
Es roch nach Schweiß und Seife und dem Odeur von Lysol. Ein paar Mücken kurvten träge um die Schläfer, orientierungslos vom Regen, der draußen fiel.

Wenn er die Augen schloß, rasten Bilder vorbei, davon in die Nacht. Sie zeigten alle dasselbe. Das Mädchen, das lachte, lachte ohne Zähne, Rubyniak, Elchlepp, Glatzel und Katzenschlager, die der Reihe nach auf ihm hockten wie Kinder auf einem Schaukelpferd und ihm Augen, Mund, Nase und Ohren zuhielten. Dann kam Josephat an sein Lager und zeigte ihm die Blutergüsse auf den Rippen und die Platzwunden am Kopf, die rötlich pulsierten, und irgendwann kam er wieder zu sich, hörte die Geräusche der Männer ringsum, jeden Atemzug, jeden Traumstoß, so tief in sich gefallen. Und während sie schliefen, fielen sie tiefer und tiefer, fielen aus dem Tag, aus der Nacht, aus dem Leben, fielen ihrem Glück entgegen, ihrem Tod. Er dachte: Und du? Fällst du ihnen hinterher? Und wo willst du der erste sein? Paß auf, paß auf dich auf, damit du dich nicht in deinen eigenen Träumen vermißt! Dein Herz schlägt, du mußt ihm nur sagen, für wen und warum, wie lange, weiß nicht einmal es selbst.

Rittmeister Dr. Patarga
Veterinärstation
An Feldkaplan von Wilhelmi
Gottes Diener auf Kaisers Erden

Heiliger Bimbam, lieber Herr mit dem Beffchen!

Ist das Kreuz eine Krücke! Weil Sie seelisch zu humpeln scheinen, lieber Herr von Wilhelmi! Ich bin ein alter kranker Mann, und Sie versagen mir den Dienst der Nächstenliebe! Haben Sie Angst, ich träume Ihre Träume? Mir scheint, Sie beten das Unrecht nieder, das hier täglich geschieht, heißen den Gebrauch der Peitsche gut und geißeln die Eheschließungen zwischen deutschen Siedlern und eingeborenen Frauen, nehmen den Soldaten die Beichte ab, aber viel lieber wäre Ihnen ihr Geld im Opferstock zur freien Verfügung.

Recht und schön, aber was machen Sie mit der Wahrheit, dem Schmerz, der Not, den Lügen? Wohin haben Sie Ihren dialektischen Misthaufen verbracht, auf den Sie all das werfen und verrotten lassen, was zwischen der Wahrheit und der Realität gedeiht? Ich und mein Arzneidepot sind die einzigen hier, die wirklich Linderung, wirkliche Linderung bringen können, Träume jenseits der Schmerzen. Sie werden es mir nicht glauben, aber ich bin ein Mensch, und ich fühle wie ein Mensch, nicht groß genug und nicht gut genug, aber manchmal reicht es durchaus, um sich im Spiegel mit seinem Namen ansprechen zu können und erstaunt zu sein, daß kein Fremder sich zu Wort meldet. Ich bin geheilt von allen Trieben, schau mir an, wie es kreucht und fleucht und sich begattet: Menschengeschlecht um Menschengeschlechtsteile allerorten. Wir werden uns grüßen, wenn wir uns begegnen, das verlange ich einfach. Bleiben Sie mir trotzdem wohlgesonnen, denn Sie sind ein Mann mit Kultur und ein Spielzeug der Engel!

Ihr Dr. Patarga

Oh, er war so froh hinauszukommen, ins Licht, in den Morgen, eine Waffe zu ergreifen, zu marschieren, zu singen, zu brüllen, Guten Morgen, Sonne, Guten Abend, Mond, Gute Nacht, teure Heimat, meine Liebsten, meine fernen Liebsten, im Schweiße deines Angesichts sollst du alles vergessen, was dich an dich erinnert!

Feldwebel Weibel scheuchte sie in das Areal hinter der Eskaladierwand, das den fast täglich stattfindenden Bajonettübungen vorbehalten war, ein staubiges Geviert, wo in engen Abständen Holzpfähle eingelassen waren, an denen Strohpuppen hingen wie invalide Vogelscheuchen. Sie trugen alte, staubige Anzüge, wie sie die schwarzen Männer an Sonntagen in der Stadt anhatten. Mohr gehörte zur ersten Welle, die mit Ausfallschritten auf die festgebundenen Gegner losstürmte. Er stach in schneller Folge auf den Gegner ein, jedesmal ein kleiner Sieg, wenn die Klinge den Körper durchbohrte – und wenn es ihm möglich gewesen wäre, hätte er in die Sonne gestochen, mitten hinein.

Während sie einen Schluck Wasser tranken, sahen sie das schwarze Mädchen, wie es die Veranda von Sucks Villa fegte. Als das Mädchen innehielt, fasziniert vom Geglitzer der Bajonette, kam die Frau des Hauptmanns herausgelaufen, entriß ihr den Besen und schlug mit dem Stiel auf sie ein; das Mädchen duckte sich kein einziges Mal, schützte nur den Kopf mit ihren verbundenen Händen, nicht nachlassend in ihrem machtlosen Widerstand.

Die Blicke der Männer folgten ihr so lange, bis sie im Haus verschwunden war, und dann, als einer von ihnen gellend pfiff, stampften sie den Boden, bis Staub in dicken Wolken aufstieg. Wie auf einem vorsintflutlichen Friedhof hingen die Strohpuppen an den Pfählen, zerlumpt und verrenkt, hingen in langen lichten Reihen und flatterten im Wind. Und einer von ihnen hockte ein Vogel auf dem Kopf, der sich wiegte und ins Stroh pickte und erst aufflog, als jemand »Peng« sagte.

Sonst war alles langweilig und öde.

IV. GOLDENER HORIZONT

Abends regnete es wieder weiter, es regnete die ganze Nacht, am nächsten Morgen hatte sich der Exerzierplatz in einen lehmigen See verwandelt, in dem sich graue Wolken spiegelten. Der Regen ergoß sich in Kaskaden über die Zinnen und sein Rauschen klang wie Musik. Mit einem Bündel Briefen in der Hand kam der Zeugwart zu ihnen ins Quartier, verteilte sie an die Männer. Mohr bekam einen Brief von seiner Mutter, der fast zwei Monate unterwegs gewesen war; das Kuvert war auf der Reise fleckig geworden, die Tinte verblichen. Er legte sich auf sein Bett und las.

Mein lieber Sohn,

wenn Du diesen Brief bekommst, ist dieser Tag hier längst vergangen, und vielleicht trifft es Dich deshalb weniger, wenn ich Dir mitteile, daß Seffie geheiratet hat. Seffie ist eine schöne Braut gewesen, und weißt Du, ihr Mann sieht ihrem Vater sehr ähnlich, und man hört, daß er erfolgreich in Landmaschinen ist. Seffie ist schon schwanger gewesen und hat gleich nach der Hochzeit ein Kind geboren. Ich muß jetzt schließen, weil ich kann nicht so viel schreiben, wie ich müßte. Wir haben gutes Wetter und die Eisenbahn hat den Fahrplan geändert. Du würdest jetzt drei Stunden später fahren!

Deine Mutter, die immer an Dich denkt!

Vom Vater schrieb sie nichts.

Er stellte sich vor, wie seine Mutter vor der Kirche gewartet hatte, bis Seffie und ihr Bräutigam herausgekommen waren, stellte sich seine Mutter jünger als Seffie vor, und sein Vater lag ihr betrunken zu Füßen, als der Jubel begann. Es hätte regnen sollen, dachte er, ein Vorhang aus Regen, undurchdringlich, ein Regen, der alles wegwusch, die Blumen, den Schleier, die Nabelschnur, einfach alles

Später watete er durch den breiigen Schlamm zum Offizierskasino, wo Feldkaplan von Wilhelmi die Messe abhielt, die Erde atmete unter Wasser. Ein Kartentisch, mit einem weißen Laken bedeckt, diente als Altar. Der Feldkaplan hatte seine Uniform mit einem Vespermantel umhüllt, stieg auf ein mit rotem Stoff bespanntes Podest und hob segnend die Hände; sein Alkoholatem war bis in die erste Reihe zu riechen. Sie begannen die Andacht mit einem Kirchenlied, das davon handelte, daß der Weg von der Krippe zum Kreuz der wahre Weg zum ewigen Leben sei, dann knieten sie nieder zum Gebet, immer niedrig, immer unten, dachte Mohr. Der Feldkaplan hatte für seine Predigt eine Paulus–Passage ausgewählt: *Ist jemand in Christus, so ist er eine neue Kreatur.* Während der Predigt schlief Mohr ein, und als er wieder erwachte, zerplatzte jedes Wort in seinem Kopf. *Siehe, Deine Augen sind im Verschwinden und das Licht verliert sich in ihnen. Und läßt Du die Blicke wandern zwischen Nacht und Finsternis, so wirst Du geblendet von meinem Licht.*

Der Regen hatte nachgelassen, aber noch immer schwammen Fische in den Wolken. Im Quartier zerriß er den Brief seiner Mutter, stopfte die Fetzen ins Kopfkissen. Braut mit Kind, dachte er, Braut mit Kind. Schreib mir was anderes, Mama!

Nach dem Essen brachte er Perilo ein Stück Brot in den Stall, das am Tisch liegengeblieben war. Als er ihm durch die Mähne strich, entdeckte er am Widerrist einen Streifen grauer Haare im Fell. Wir werden alt, dachte er.

Gegen Abend – Licht floß durch die Wolken – ging er hinunter in die Stadt und flanierte auf der Promenade, wußte weder aus noch ein. Als er, des Herumlaufens müde, in *Jauch's Bierhaus* einkehrte, schämte er sich seiner Schwäche. Er setzte sich so, daß er das Löwenhaupt vor sich hatte. Er hatte Sehnsucht, sinnlose Sehnsucht. Während er einen Krug Bier trank, langsam, langsam, langsam, kam es ihm so vor, als lebte er schon ewig in diesem Land, als hätte er schon tausend solcher Sonntage hinter sich und schon ein einzelner hätte ihm vollauf genügt. Beim letzten Schluck schoß ihm ein bißchen Schaum zurück in den Mund.

Draußen auf der Straße ergab er sich der Nacht, hieß sie willkommen, bat um Träume aus Schnee. Von Angra Pequena her zog ein Gewitter auf, begleitet von Blitzen, die aus den violetten Dünen der Namib heranflogen wie glühende Pfeile.

Theodora Artingkofer
Farm Gunsbewys
An Gerda Suck
Garnison Swakopmund

Ebenso verehrte Gerda Suck,

selten, daß mich ein Brief erreichte, der mir so willkommen war! Zu gütig, daß Sie meine Freundschaft suchen! Auf einer Farm geht es sicher nicht weniger rauh zu als in einer Garnison, und so werden wir uns immer genug zu erzählen haben. Ich komme hier natürlich nicht so oft zum Briefeschreiben, aber ich tue mein Bestes, das verspreche ich Ihnen. Im Gegensatz zu Ihnen habe ich hier die Natur und meine Töchter, aber Gespräche, wie sie Frauen in unserem Alter führen, entbehre ich. Sie wissen ja, der Mond ist ein Mann und der Mond eine Kugel auf der Kegelbahn der alten Götter, wie es in alten Sagen heißt. Ich lese hier alles durcheinander und immer wieder dasselbe, Kochrezepte, Bibeltraktate, wie stricke ich einen Strumpf, wenn jeder barfuß läuft. Daß sich unsere Männer schätzen, ist gewiß unser Vorteil. Jetzt werde ich mit Hingabe charmieren, wie man so sagt, damit sich mein Mann meine Wünsche zu eigen macht, und ich hoffe, Sie tun auf Ihrer Seite dasselbe. So verbleibe ich fürs erste und alles andere später ganz bestimmt! Ihre Zeilen, meine Liebe, haben mich glücklich gemacht! So schön, zu wissen, daß Sie hier sind, wenn auch hinter ein paar Horizonten. Ich werde Sie, wenn Sie mir erlauben, in meine Gebete einschließen, und seien Sie versichert, ich bete sehr oft. Ich bete bei der Arbeit und ich bete im Bett und bin immer dabei, wenn Zacharias den Eingeborenen das Wort Gottes erklärt. Den Rest des Tages schaue ich zu, wie meine Töchter heranwachsen und flügge werden. Sie möchten so gerne nach Deutschland. Wenn das der Ruf der Heimat ist, dann weiß ich Deutschland stark und stolz. Wir werden zu reden haben und zu lachen, wenn wir uns sehen. Kämpfen Sie um Ihr Wohlbefinden, und lassen Sie es sich gutgehn!

Bis bald, Ihre Theodora Artingkofer

Es war auf dem Weg zur Mannschaftsbaracke, als er merkte, daß die Tür zum Hundezwinger offen stand. Drüben am Kamelpferch nahm er eine Bewegung wahr, so ähnlich, als würde etwas Plumpes die Rinde der Erde durchstoßen und sich aufbäumen im nassen Wind. Und dann hörte er Laute, wie er sie noch nie zuvor gehört hatte, etwas scharrte und schmatzte, röchelte vor Wohlgefallen. Zentners Hunde kamen in langen Sätzen auf ihn zugerannt, einen zerfetzten Brautschleier zwischen den Lefzen. Die Kamele ächzten in schierer Panik; es klang, als würden sie, wahnsinnig vor Angst, alles aus sich herauswürgen. Er lief zum Eingang der Mannschaftsbaracke und riß eine der Latten aus dem Boden, auf die sie die Stiefel zum Trocknen steckten, schwang sie, als wäre sie Schwert oder Säbel, obwohl sie nicht einmal Keule war oder Prügel, nur ein lächerlich stinkendes Stück Holz, mit dem sich höchstens eine Geste der Demut vollführen ließ. Lottchen hatte die Stute angefallen und sich in ihren Schädel verbissen, wie unzertrennlich lagen sie da. Die Stute malmte mit den Zähnen, während Lottchen knurrend und gurgelnd mit den Hinterbeinen ruderte. Er sagte nichts, damit der Hund nicht angriff, schlug zu, noch einmal und härter als zuvor, fühlte sich hilflos angesichts dieses schnappenden, geifernden Bündels aus Muskeln und Zähnen, das den Kopf zurückgeworfen hatte und ihn aus engen Augen anstarrte. Er drosch auf Lottchen ein, bis sie ihn anging. Sie war kompakter, als sie im Zwinger wirkte, ihr Schädel bullig und gefleckt. Sie schnappte nach der Latte, und er zog sie weg, schlug ihr mit der Kante auf die Schnauze. Lottchen hockte sich in einer kreiselnden Bewegung nieder und versuchte krampfhaft, mit den Hinterbeinen den Schmerz wegzukratzen, während er jetzt mit aller Wucht auf ihren Schädel einhieb. So oft, bis ihm ein Zittern durch die Arme ging. Und dann setzte sich das Zittern im Körper des Hundes fort. Und alles um ihn herum zitterte, zitterte so lange, bis er von Sucks Frau weggestoßen wurde. Der Hund folgte ihm, benommen, mit schleifenden Beinen.

»Halten Sie ihn fest«, sagte er zu ihr.

»Ich faß das Vieh nicht an«, sagte sie.

Sagte: Lottchen!

Lauter: »Lottchen!«

»Das Kamel ...«, sagte sie, als ihr Blick auf das Kamel fiel, dem die Zunge heraushing. »Das Kamel ...«

Der Hund warf ein paarmal den Kopf in den Nacken, so daß das Blut wie in Schleiern niederging, dann trottete er einmal um den Pferch herum, als wäre nichts gewesen, während Frau Suck nach ihrem Mann rief, immer lauter, denn der Hund hatte inzwischen den Pferch umrundet und hielt wieder auf sie zu, bog dann aber ab, als der Hauptmann aus dem Stall kam, rannte ihm leicht schlingernd entgegen.

»Brav!« sagte der Hauptmann. Er kraulte ihm den Kopf. Als er das Blut an seiner Hand spürte, hielt er sie wie zum Gruß in die Höhe.

»Dein Hund«, sagte seine Frau, »er ist auf das Kamel losgegangen.«

»Ach was«, sagte der Hauptmann, »Lottchen hat nur gespielt.«

»Das Mädchen hat mir ein Weinglas nachgeworfen, weil sie es nicht gut genug poliert hat«, sagte seine Frau. »Wollte ihr nur ein bißchen Angst einjagen mit Lottchen. Aber Lottchen hat sich losgerissen.«

»Ich war bei meinem Pferd, es hat Würmer«, sagte der Hauptmann wie zur Entschuldigung.

»Hier haben alle was, was sie nicht wollen«, sagte Frau Suck.

»Du hast das Mädchen«, sagte der Hauptmann.

»Und das Mädchen hat dich«, sagte Frau Suck.

Der Hauptmann hielt Lottchen am Halsband fest, während er Mohr musterte. »Ich muß feststellen, wir treffen uns zu häufig«, sagte er. »Wurden Sie gebissen?«

Mohr verneinte.

»Tatsächlich? Auch nicht vom Kamel?«

Sie hörten auf zu reden, als sich das Kamel auf die Seite wälzte. Eine trübe Flüssigkeit rann ihm aus einer Augenhöhle, und Suck, als hätte er erst jetzt die Lage begriffen, sagte zu Mohr: »Laufen Sie! Holen Sie Dr. Patarga!«

Dr. Patarga lag in Unterwäsche auf der Ottomane und gähnte, als Mohr an der Tür Haltung annahm und Meldung erstattete: »Hauptmann Suck schickt mich. Sie möchten zu den Kamelen kommen. Sein Hund hat eins gebissen.«

»Verdammter Köter!« sagte Dr. Patarga.

Er blieb liegen, kratzte seine haarigen, faltigen Beine.

»Bitte, Herr Doktor!« sagte Mohr.

»Stirbt sowieso.«

»Hat Schmerzen, mit Verlaub!«

»Haben wir nicht alle unsere Schmerzen, wie wir hier sind? Mir, zum Beispiel, tut der Kopf weh«, sagte Dr. Patarga – und, als Mohr nicht antwortete: »Und Ihnen? Das Herz?«

Mohr wollte schon kehrtmachen, aber Dr. Patarga probierte es plötzlich mit dem Aufstehn. »Helfen Sie mir! Bin lahm vom Liegen!« Mohr roch den Alkohol im Atem des Doktors. »Hat Schmerzen, sagten Sie?«

»Ich glaube, ja«, sagte Mohr.

»Der Hund ist Dreck«, sagte Dr. Patarga. »Aber sagen Sie das bitte nicht weiter.«

Er zog sich umständlich Hemd und Hose an und hielt sich zwischendurch immer wieder einmal den Kopf, als würde er jeden Moment das Gleichgewicht verlieren. Mohr kniete nieder und half ihm beim Anziehen der Stiefel. »Sie sind zwar nur ein einfacher Soldat, aber ein netter Kerl! Sie verstehen etwas von den Bedürfnissen der Kreatur.« Er lachte, ein wenig. »Das mit dem Mädchen ...« Begann von neuem: »Das mit dem Mädchen haben Sie falsch verstanden.«

»Mit Verlaub«, sagte Mohr, »ich hab überhaupt nichts verstanden.«

»Noch besser«, sagte Dr. Patarga, griff nach seiner Instrumententasche und hielt sich an Mohr fest, als sie zum Stalltor gingen. »Sie glauben vielleicht, Sie sind in Afrika, sind Sie aber nicht, ganz und gar nicht. Sie sind in Deutsch-Südwest, wo die Sklaverei abgeschafft worden ist. Jetzt müssen wir nur noch die Kamele abschaffen, dann sind wir ein modernes Land.«

Mohr hielt Dr. Patarga das Stalltor auf. Dr. Patarga blieb stehen, atmete schwer.

»Sie sollten sich kämmen, Herr Doktor.«

»Meinen Sie?«

»Naja«, sagte Mohr, »könnte nicht schaden.«

Dr. Patarga fuhr sich mit den Fingern durchs Haar. »Gut so?«

Er wartete die Antwort nicht ab, sondern riß sich von Mohr los und stakste in einer höchst eigenwilligen Gangart zum Kamelpferch.

»Ihr Hund ist Ihr Hund«, sagte er zu Hauptmann Suck, »und damit ist alles gesagt.«

»Es ist bloß, weil er solche Tiere nicht kennt«, sagte Frau Suck.

»Er würde auch Menschen töten«, sagte Dr. Patarga. »Und jetzt sagen Sie bloß nicht, er kennt keine Menschen.« Mit diesen Worten kletterte er schwerfällig durch die Holme in den Pferch und besah sich die Wunden, die der Hund dem Kamel gerissen hatte. »Hat jemand Licht?« rief er ungeduldig.

Mohr wurde losgeschickt, eine Laterne von Sucks Veranda zu holen. Während er zur Villa rannte, war ihm, als hetzte ihm der Hund hinterher. In den Fenstern war Licht, jeder Schatten dahinter Einbildung. Er sprang die Stufen zur Veranda hinauf, sein Herz lauter als jeder Schritt seiner Füße, die wie aus Blei waren.

Er nahm eine der Laternen aus ihrer Halterung, schwenkte sie zum Zeichen, daß er sich auf den Rückweg mache, als Hulette hinter ihm war. Sie legte ihm ihre Hände auf den Rücken, und er erschauerte unter der Wärme, die von ihnen ausging. Er fühlte sich wie ein winziger Vogel, den beim Erreichen der ersten Wolke die Kräfte verlassen. *Weiter! Weiter kommst du nicht!* Er drehte sich um, ihr Gesicht nah, wie ein düsterer Mond.

»Geh ins Haus! Geh ganz schnell ins Haus!« sagte er.

»Geh ins Haus! Geh ganz schnell ins Haus!« sagte sie.

Kicherte plötzlich, es hörte sich grausam und verloren an.

Dr. Patarga ersuchte Mohr, ihm zu leuchten. Frau Suck wandte sich so abrupt ab, daß sie fast gefallen wäre. Im Licht der Laterne war jetzt deutlich zu sehen, wo sich der Hund verbissen gehabt hatte, die Kette der Bißspuren ging quer durchs Gesicht des Kamels, ein Ohr war bis auf einen Stummel weggefetzt, ein Auge verloren.

»Also, ich kann das nicht mit ansehn«, sagte Frau Suck.

Sie machte ein paar Schritte beiseite, als glaubte sie, daß sie dort mehr Abstand zu Leben und Tod hätte.

»Ein Hund, der die Hundswut hat, gehört laut Gesetz erschossen. Und zwar sofort«, sagte Dr. Patarga.

»Erschießen Sie lieber dieses Scheißkamel! Oder muß ich das selber machen?« sagte der Hauptmann.

»Dieses Scheißkamel«, gab Dr. Patarga zu bedenken, »ist immerhin Eigentum des Deutschen Reiches! Knallen Sie es ab! Ihre Sache, ganz allein Ihre Sache! Ich bin hier fertig!« Er griff nach Mohrs Hand, klopfte sich Dreck von den Knien.

»Und welche Todesursache steht in Ihrem Bericht?«

»Wie wär's mit plötzlich und unerwartet?«

»Laß uns bitte gehn«, sagte Frau Suck zu ihrem Gatten, »ich glaube, das Kamel ist jetzt in guten Händen.«

Der Hauptmann hakte sich bei seiner Frau unter und zog Lottchen am Halsband hinter sich her, daß sie schier auf Hinterbeinen ging.

Geh ins Haus!

Der Boden unter dem Kopf des Kamels hatte sich mit Blut vollgesogen. Es roch nach Milch und Salz. Dr. Patarga zog seine Pistole, wog sie in der Hand.

»Ich zittere zu sehr«, sagte er. »Sehn Sie, wie?« Zeigte Mohr, wie sehr er zitterte. »Tut mir leid!«

Er reichte Mohr die Pistole, der Kolben glitschig von Schweiß.

»Mädchen lieben Helden«, sagte Dr. Patarga, ein Geruch von scharfer Asche kam aus seinem Mund. Als er Mohrs Zaudern merkte, sagte er: »Es geht ganz einfach: Hinschauen beim Anvisieren und wegschauen beim Abdrücken. Hinterher kriegen Sie einen Gutenachtschluck!« Er machte einen Schritt beiseite, sagte: »Kommen Sie, sonst werden Sie nie ein Held!«

»Zu Befehl!«

»Und Bumm!« sagte Dr. Patarga.

»Jawohl!«

Mohr ging um das Kamel herum, beugte sich über den massigen, zottigen Leib. Als er sich im toten Winkel wähnte, führte er den Lauf der Pistole ganz nah an den Ohrstummel heran.

Ich schreibe Ihnen keine Lügen, Frau Mutter! Wie sie dalagen, als wir mit ihnen fertig waren. Durchstochen und durchstoßen allesamt!

Bumm, machte er, drückte ab, und noch einmal, als würde er ins Echo des ersten Schusses feuern. Das Kamel zuckte mit den Hinterbeinen, und ein zischender Laut drang ihm aus dem Maul. Dann ermattete es. Mohr hustete wegen des Kordits, das er eingeatmet hatte, gab dem Doktor die Pistole zurück.

»Tot?« fragte er.

»Kann toter nicht sein«, sagte Dr. Patarga.

»Woher kommen diese Kamele?« fragte Mohr.

»Von den Kanaren«, sagte Dr. Patarga.

»Kanaren«, sagte Mohr, schwieg lieber.

»Mein Lieblingstier ist der Esel«, sagte Dr. Patarga unvermutet. »Der Esel hat schon mitgeholfen, die Pyramiden zu erbauen. Können Sie mir folgen, Mohr?«

»Nein«, sagte er.

»Kommen Sie trotzdem mit«, sagte der Doktor.

In der Veterinärstation nahm Dr. Patarga Platz auf der Ottomane und zog eine Weile an seinen zittrigen Fingern, bis die Gelenke knackten, dann zeigte er auf einen Stuhl. Mohr setzte sich, sprang auf, weil er zu danken vergessen hatte. Der Doktor winkte ab.

»Wollen Sie einen Schnaps, Mohr?«

»Nein sag ich nicht«, sagte Mohr.

»Brav! Bedienen Sie sich!« Er zeigte auf eine Flasche in einem Regal neben Stapeln von Kartons, in denen Verbandsmaterial lagerte. Mohr brachte die Flasche, und der Doktor goß ihm ein großes Glas voll.

»Sie nicht?«

»Hatte schon.«

»Bitte darum!«

»Anständig von Ihnen«, sagte Dr. Patarga.

Schenkte sich ebenfalls ein und tat Mohr Bescheid. Mohr trank. Schnell setzte er sich, klemmte die Hände mit dem Glas zwischen die Knie.

»Heimattropfen«, sagte Dr. Patarga. »Sie kommen von wo?«

»Pappenheim.«

»Kenn ich, da war ich in jungen Jahren. Ein Kollege von mir war in der Lungenheilanstalt. Nicht als Arzt, als Patient. Hat ihm trotzdem gefallen.«

»Die Luft dort ist immer noch gut«, sagte Mohr.

»Haben Sie ein Mädchen in Pappenheim?«

»Gehabt«, sagte Mohr.

»Immer dasselbe«, sagte Dr. Patarga.

»Hat geheiratet.«

»Einen andern, stimmt's?« Dr. Patarga lachte, wackelte mit der Flasche. »Nur zu, ist noch genug da!«

»Ich weiß, ich stehle Ihnen Ihre Zeit.«

»Der Tod stiehlt einem die Zeit, sonst niemand.«

»Ich glaube es nicht«, sagte Mohr.

»Was glauben Sie nicht?«

»Daß ich geschossen habe«, sagte Mohr. »Auf etwas Lebendiges, ich meine, auf etwas, das lebendig war …«

»Einen Menschen umzubringen ist manchmal noch einfacher«, sagte Dr. Patarga.

»Weiß oder schwarz?«

»Sie haben es begriffen, Mohr«, sagte Dr. Patarga. »Es gibt Nachrichten aus Warmbad, die nichts Gutes verheißen. Der dortige Distriktchef hat den Häuptling der Bondelzwartshottentotten in einem Rechtsstreit getötet, was nichts anderes heißt, als daß er ihn einfach umgelegt hat. Ich dürfte Ihnen das gar nicht sagen. Aber Sie sollen wissen, was Sie erwartet, wenn Sie damit liebäugeln, den Feind als Freund sehen zu wollen. Ich meine, Krieg gab es schon immer. Alle Arten von Krieg. Im Frieden ruht sich der Krieg aus, um umso furchtbarer fortzufahren. Warum erzähle ich Ihnen das? Weil Sie sterben könnten?« Er träufelte einen Tropfen aus seinem Glas in den Lauf der Pistole. »War nicht persönlich gemeint«, sagte er dann.

»Danke«, sagte Mohr, als der Doktor sein Glas nachfüllte.

»Das Mädchen, diese Hulette, die die Sucks bei sich aufgenommen haben«, begann der Doktor, verstummte, als Mohr ihn unverwandt ansah. Dann spuckte er in sein Glas. »Ich weiß Bescheid, Sie sind verliebt«, sagte er.

»Wie ein Esel«, sagte Mohr.

»Sich abarbeitend an der Pyramide der Liebe. Vergessen sie nicht, Sie sind ein junger Mann.«

»Was heißt das?«

»Das heißt, ich würde die Finger von ihr lassen. Und nicht nur die Finger.«

»Ich hab das Mädchen niemals nicht angefaßt, so wahr mir Gott helfe«, sagte Mohr.

»Aber Sie müssen wissen, in diesem Land hält sich so ziemlich jeder Mann eine Eingeborene, sogar verheiratete Männer.

Sie werden sich fragen, warum ich Ihnen das sage. Ich sage Ihnen das, damit Sie nicht zu sehr an die Liebe glauben.«

»Hab ich schon mal«, sagte Mohr.

»Und was haben Sie vor, hinterher, wenn Sie Ihren Abschied genommen haben?«

»Ich möchte mich hier niederlassen.«

»Oh«, sagte Dr. Patarga. »Wieder einer, der bleiben will, weil er nicht weiß, wo er ist?«

»Ich weiß, was ich will!«

»Gut gesagt, mein Lieber! An was haben Sie denn so gedacht? Hauptmann werden? Kneipier? Varietétänzer bei *Caab's*? Oder was?«

»Ich möchte gern eine Farm haben.«

»Bäuerliche Ader also! Verdient man als Reiter so viel, daß man sich eine Farm leisten kann?«

»Ich spare, wo ich kann.«

»Indem Sie meinen Schnaps trinken.«

Er lachte, und Mohr lachte mit.

»Haben Sie schon von der Farm Rossmund gehört? Bule Probst war einer der ersten in der Gegend gewesen, der sich hier niedergelassen hat. Er hatte damals ein paar stattliche Diamanten gefunden und mit dem Erlös ein Stück Land unweit von Bryony erworben. Und sein Glück war noch lange nicht zu Ende. Er war auf eine Wasserader gestoßen und hatte bewiesen, daß man selbst in Wüstennähe siedeln konnte. Er hatte mit einer Eingeborenen zusammengelebt und so viele Kinder mit ihr gezeugt, daß er das Farmhaus ständig ausbauen mußte. Als er alt wurde, hat er plötzlich solches Heimweh gekriegt, daß er mit seiner Frau und den Kindern nach Deutschland zurück ging. Die Kiphkhas haben die Zäune niedergerissen und lassen ihr Vieh auf seinen Feldern weiden.«

»Das schau ich mir an!«

»Nicht so schnell, Mohr!«

»Darf ich Sie etwas fragen?«

»Solange Sie meinen Schnaps trinken, dürfen Sie alles.«

»Warum tun Sie so, als wären Sie mein Freund?«

»Ich schenke Ihnen nur eine bemerkenswerte Nacht, das ist alles.«

»Entschuldigung, ich bin betrunken!«

»Betrunken vor Liebe«, sagte Dr. Patarga.

Er hielt die Flasche ans Licht.

Mohr nickte, müde, betrachtete seine Hände, die das Glas hielten, gefärbt von Licht und Schnaps. Das Kamel bleckte die Zähne, schnappte nach ihm, und einen endlos schrecklichen Moment lang hätte er sich am liebsten in den Kopf geschossen, um dieses Bild wegzukriegen. Dann riß er die Augen auf und dachte an die Farm, von der der Doktor geredet hatte, konnte sie fast vor sich sehen, Rossmund, Farmer Mohr. Gefällt sie dir, Hulette? Ein schöner Ort! Der schönste, sagte er. Ein Platz größer als die Zukunft. Hatte er nicht Glück, selbst an solch verlornen Tagen eine ihm zugewandte Seele zu finden, die von Eseln und Pyramiden sprach?

Er war betrunken, und das war gut so.

Betrunken vor Liebe.

Es klopfte. Waddie schaute durch den Türspalt.

»Hund hat Kamel totgemacht«, sagte er.

»Gestern«, sagte Dr. Patarga, gähnte heulend.

Mohr stand auf, gab Waddie sein Glas.

Waddie trank es aus und sagte: »Herr Doktor, gehen Sie auf den Ball? Ja? Ganz feingemacht? Wenn Sie wollen, zeige ich Ihnen, wie man tanzt!«

Den letzten Schluck trank der Doktor aus der Flasche. Dann warf er sie in die Ecke und rief: »Raus, alle beide!«

»Da ist er ja, unser Held!« sagte Katzenschlager. »Ganz allein hat er das Untier bezwungen, ganz allein und ohne Hilfe!«

»Immer dort, wo es Abenteuer gibt«, sagte Glatzel.

»Und Verdruß«, sagte Katzenschlager.

Rubyniak hockte auf seinem Bett und ließ die nackten Füße baumeln. »Was war das für ein Gefühl, so Herr über Leben und Tod? Abzudrücken?« fragte er.

»Wunderschön! Aber am allerschönsten ist es, wenn es die richtigen trifft«, sagte Mohr mit einem Blick auf Glatzel und Katzenschlager, und die beiden sahen ihn an, als wäre er ihnen von einer Sekunde zur andern fremd geworden, als wäre sein Gesicht eine Täuschung und alles, was er je zu ihnen gesagt hatte, nur Tarnung gewesen.

»Ich war Eisendreher«, verkündete Rubyniak. »Ich hab den ganzen Tag Eisen eingeatmet. In der Fabrik die Maschinen waren aus Eisen. Ich hab Eisen im Blut.«

»Und jetzt rostest du«, sagte Mohr.

Er zog ihn vom Bett.

Sie tanzten mehr als sie rauften, und Elchlepp feuerte sie an, aber Mohr hörte längst nicht mehr zu, weil er betrunken war und weil er wußte, wie sich Blut anfühlt, und weil Hulette ihn berührt hatte, im Rücken, im Niemandsland der Sinne, wo dich jede Feder durchbohrt und dir jeder Hauch eines Kusses das Rückgrat krümmt.

Vergiß es!

Er rollt sich auf den Bauch, und sie legt ihm ihre Hände auf den Rücken. Sogar im Traum schließt er die Augen.

Nichts kann so leicht schöner sein. Wie sie ihn festhält! Seine Schulterblätter fühlen sich wie Knospen an. Irgendwie ist er stolz auf sich und sie. Als er dann aufwacht, ist er noch immer ein bißchen betrunken.

Er fühlte sich kaputt und elend, als er zum Morgenappell antrat, die Sonne wie ein Hammer, der seinen Kopf zum Dröhnen brachte. Das erste, was er sah, war Lottchen, die in ihrem Zwinger an einem riesengroßen Fleischbrocken herumkaute. Er würgte einen Schwall Kotze heraus, und ringsum drängte alles weg von ihm. Feldwebel Weibel schaute sich die Bescherung an und fragte ihn, ob er krank sei. Mohr nickte und wurde von Weibel zur Krankenstation geschickt. Als dort der diensttuende Sanitätsoffizier Mohrs Alkoholatem roch, sagte er, nur ein saurer Hering oder eine geile Frau könnten ihm Abhilfe schaffen. Er zählte ihm ein paar Tabletten in die Hand und reichte ihm einen Becher lauwarmen Wassers, den Mohr tapfer austrank, empfahl ihm, sich viel an der frischen Luft zu bewegen.

Er meldete sich zurück und wurde zu einer zügigen Runde um den Exerzierplatz verdonnert. Seine Beine setzten sich wie von selbst in Bewegung, und als er Lottchens Zwinger passierte, warf sie sich aufheulend gegen das Gitter. Winzige Fliegen klebten ihr am Maul. Er blieb stehen, erbrach die Tabletten. Dann brachte er die Runde zu Ende.

Als er vor dem Feldwebel Weibel haltmachte, war er schweißgebadet.

»Zehn Kilo Hoppereiter!« sagte Weibel.

Mohr ging in den Stall und holte seinen Sattel.

»Im Galopp!« sagte Weibel, als er zurückkam.

Das harte Leder stieß ihn bei jedem Schritt in Brust und

Bauch, und er wußte, er würde es nicht lange durchhalten, mit diesem Gewicht zu laufen, das ihn nach vorne zog und ihm Krämpfe in die Arme jagte. Aber er lief weiter, und jedesmal, wenn er aus dem Tritt geriet, dachte er: Gut, bringt mich um!

Als er die zweite Runde in Angriff nahm, hatte er nur noch das Empfinden, von Sonne zu Sonne zu rennen, eine lodernder als die andere. *Du weidest mich auf grüner Aue!* Ein Tier in Uniform, das einen Sattel schleppt. Weiter! Der Sattel aus Eisen. Dann schwer wie der Mond. Mit letzter Kraft wuchtete er ihn hoch und legte ihn sich ins Genick. Schau auf mich, Hulette, dachte er, schau auf mich! So könnte ich auch auf Wasser laufen, im Staub waten und untergehn und auf Wolken springen … Erst als ihm der Feldwebel den Weg verstellte, fiel er auf die Knie und warf den Sattel ab, rollte sich zusammen.

»Er simuliert«, sagte Weibel. »Andere tragen ihr Pferd und brechen nicht zusammen!«

Er sprach hoch oben, wie in den Wolken, aber Mohr hörte längst nicht mehr zu. Er lag am Ufer der Altmühl im grüngefleckten Schatten des Schilfs und brachte mit dem Hauch seines Atems die Flügel der Libellen zum Erzittern.

Man ließ ihn liegen, und er wäre liegengeblieben, wäre Weibel nicht nach einer Weile zurückgekommen und hätte ihn mit dem Fuß angestoßen wie einen kranken Hund. Da stand er auf, und die Schwäche trieb ihn um die eigene Achse.

»Ich kann nicht mehr«, sagte er.

»Maul, Mohr!«

»Ist kein Maul, ist ein Mund!«

»Maul, Maul, Maul! Heben Sie Ihren Sattel auf!«

Mohr hob den Sattel auf.

»Können Sie noch?«

»So oft Sie es wünschen!« Er stemmte den Sattel. Warf ihn dem Feldwebel vor die Füße.

Im Laufschritt wurde er von ein paar Kameraden zum Arrestbunker eskortiert, ihre Gesichter wie aus Stein, jeder war sich selbst ein Fremder und suchte Schutz in seiner Uniform. Er lachte über ihren Eifer, mit dem sie ihn bedrängten, als wäre es schon ein Sieg, einen Schwachen zu demütigen. Schnauze! Wasser und Brot! Hofgang alle hundert Jahre!

In der Zelle urinierte er als erstes in den Eimer, und die Fliegen stiegen in einer schillernden Wolke bis unter die Decke, wo sie sich zusammenballten und lauter waren als jeder Gesang. Gott ist groß, und von seiner wahren Schöpfung wissen wir nichts. Dann packte er den Eimer und leerte den Inhalt mit Schwung durch die Luke. *Hast du mir etwas zu beichten, mein Sohn? So tue Buße!*

Schon durch die Tür erkannte er den Feldwebel an seinem Atem. Als würde draußen ein mächtiger Bulle keuchen. Er fuhrwerkte mit dem Schlüsselbund herum und gab der Tür einen Tritt, daß sie aufflog wie das Tor zwischen Himmel und Hölle. Wie ein Schatten klebte Glatzel an ihm, und hinter ihm die Sonne, ein Rad aus Licht, aus dem Dr. Patarga trat. Er war dankbar für jeden Besuch. Danke, nehmt die Fliegen mit! Sie kamen hereingestürmt, als hätten sie sich verabredet, seinen unfreiwilligen Zufluchtsort kurz und klein zu schlagen.

»Hab bloß gesungen«, sagte er.

Der Feldwebel hatte sein Koppel losgemacht, hieb es Mohr quer über Brust und Schulter. Mohr drehte sich zur Wand, hob die Arme.

Vergiß es!

Er bekam einen Tritt in die Rippen, dann wurde er auf den Bauch gewälzt und festgehalten, die Beine gespreizt; er konnte nicht erkennen, wer ihm die Hose herunterzog.

»Herrgott, Junge«, hörte er Dr. Patarga sagen, ehe er ihm eine Nadel ins Gesäß pflanzte, so daß alle Süße der Welt über ihn kam und die Worte des Dankes, die auszurufen gewesen wären, sich ineinander verhakten.

»Doktor«, sagte er. »Doktor.«

»Wie geht's Ihnen, Reiter Mohr?«

»Ich weiß nicht.«

»Dann ist es gut.«

Er drehte sich zur Wand und sah Pferde, die mit zersplitterten Hufen über glühende Steine zogen, sah Flüsse in allen Farben des Regenbogens. In den Brunnen war rotes Wasser, und der Regen, der fiel, war weiß wie Schnee.

Draußen vor der Luke drosch jemand mit einem Hammer auf Nägel und Bretter ein, tat es mit Ausdauer, als übe er für eine Kreuzigung; bald erstickte eine künstliche Finsternis die Zelle.

»Macht das nicht«, sagte Mohr.

Eine kleine Ewigkeit zu spät.

Aber er brauchte kein Licht, er kannte sich aus. Die meiste Zeit lag er wach und dachte an Hulette, lernte Finger und Zehen zu zählen und verbrachte einen erwartungsvollen Augenblick damit, daß er den Fraß im Napf in den Kübel kratzte. Erstaunlich, wieviel Zeit verging. Jeden Tag schrieb er einen Brief an seine Mutter. Er schrieb ihn ihr im Kopf. *Liebe Mutter, wir haben afrikanisches Wetter, ich weiß nicht, ob Sie es mögen würden, aber ich hoffe, es geht Ihnen gut!* Er schrieb und schrieb, war fast fertig damit, als der Tag der Entlassung kam. *Ihr Sohn Crispin.* Unser Reiter mit dem Negernamen.

Als seine Tage im Bau dann um waren, jeder begraben wie unter einem schwarzen Kreuz und jeder so unwichtig und doch für immer verloren und vertan, hatte er trotz allem das Gefühl, etwas wie einen Sieg davongetragen zu haben. Es hatte ihm das Herz zerrissen, als er geschlagen worden war, aber der Doktor hatte unfehlbar Gnade gezeigt und Mitleid bewiesen. Er hätte sich gerne Tag und Nacht betrunken auf seinem Strohsack und von Hulette in tausenden Bildern geträumt.

Perilo stupste ihn mit dem Kopf am Kinn, und Mohr war glücklich, so begrüßt zu werden, fühlte sich zurück im Leben. Er führte Perilo vor, wie er den Sattel getragen hatte. Durch einen Riß im Dach fielen Streifen von Sonnenlicht in den Stall, und ein feiner, schwebender Schleier aus flirrender Spreu hing im Gebälk. Eine ganze Weile streichelte er Perilos Mähne, und das Pferd stand still und ließ es sich gefallen.

Er dachte an die Schule in Pappenheim, wo er von geflügelten Pferden gelesen hatte, die von Wolke zu Wolke sprangen und ihre Reiter bis ans Tor des Paradieses trugen, von Schlachtrössern, die mit ihren gefallenen Herren bestattet wurden, und auf keinen Tag im Jahr hatte er sehnsüchtiger gewartet als auf jenen, an dem der Festzug stattfand. Er liebte es, wenn der Landsknechthaufen durch die Stadt zog und die Residenz mit den von Arkaden gesäumten Gärten umrundete. Die Männer im Troß hatten Hellebarden und Piken geschultert und die paspelierten Pluderhosen in die Stiefel gesteckt, so daß sie sich über den Schäften bauschten. Die bunten Wämser waren mit Schärpen verziert. Die prunkvoll mit Federn besteckten, weichkrempigen Barette schwenkend, marschierten sie durch die Stadt. Mohr ging im Kostüm eines Knappen neben dem reitenden Grafen, die Augen stolz auf die Zuschauer am Straßenrand gerichtet, bis er endlich Vater und Mutter unter ihnen entdeckte und ihnen zuwinkte. Während sein Vater »Hurra« und »Prosit« rief und wie eine mißratene Gliederpuppe salutierte, um die Aufmerksamkeit des Grafen zu erregen, legte einer der Söldner mit der Muskete auf ihn an. Der Graf lächelte ergeben, wenn der Fotograf des *Altmühlboten* sich positionierte und »Bitte!« rief. Um diese Zeit war seine Mutter längst wieder zuhause und sein Vater in Polizeigewahrsam, während er sich noch in den Gassen herumtrieb, phantasierend, er würde sich jetzt, nach geschlagener Schlacht, auf den Weg zu den Marketenderinnen und Dirnen machen, die im Troß des Heerzugs ihre Zelte aufgebaut hatten, um die Landsknechte mit allem, was sie zu bieten hatten, zu bewirten – denn wer dem Tod auch nur ein einziges Mal ins Auge gesehen hat, darf einer Frau zwischen die Beine fahren. Er nahm sich vor, auch ein solches Leben zu führen, Soldat zu werden und dem Grafen zu berichten, von den Schlachten, die er geschlagen, den Siegen, die er errungen hatte, würde ihm schreiben, wenn er alles hinter sich hatte und sein eigenes Stück Land besaß, Frau und Kinder, die seine Blessuren bestaunten und seinen Erzählungen lauschten, wenn der Himmel es gut meinte und auf den Äckern und Feldern alles prächtig gedieh und das Vieh auf Sommerweiden träumte. Soldat zu sein hatte mehr Würde, als Arbeiter zu sein. Arbeiter konnte man später werden, wenn man zu alt war, um noch Soldat zu sein. Nirgends gab es alte Helden. Die Wunden heilt man mit Kindertränen. Das Mitleid ist eine Erfindung der Opfer. Die Landsknechte beginnen zu trinken, die Wanderhuren kommen zu ihnen in die Zelte, ihr Gelächter ist lauter als das Geschrei der Verstümmelten. Sie betrinken sich im Fleische, kratzen sich das Blut aus den Haaren. Die Kinder sind draußen an den Feuern. Seid ihr immer noch nicht tot?, so begrüßt man sich. Das Leben vergeht wie ein Rausch, die Kriege dauern hundert Jahre.

Rubyniak und Elchlepp versuchten ihn zu umarmen, als er ins Quartier kam. Er schob sie beiseite und ging zu Glatzel, der auf seinem Bett saß, über sich Katzenschlager, der im Schlaf röchelte.

»An dir ist ein Zimmermann verlorengegangen«, sagte Mohr.

»Zucht und Ordnung, wie befohlen«, sagte Glatzel.

Mohr trat gegen die Bettstatt. Katzenschlager wachte davon auf.

»Der Sträfling!« sagte er.

In dieser Nacht träumte ihm, seine Kameraden trügen Windeln um die Köpfe gewickelt, während sie mit gefälltem Bajonett vorrückten und den Feind aus Stroh und Lumpen erspießten. Schreien! schrie Weibel, und sie schrien. Aus voller Kehle. Und während sie schrien, sah er sich, wie er umkehrte und gegen Weibel anrannte, sah, wie ihn der Dorn aus Stahl durchfuhr, glatt und ohne sich zu verhaken. Einmal, sagte Weibel im Traum, während er sich mit einer matten Gebärde das Blut von den Lippen wischte, einmal ist gar nichts!

Ach, mein Herr, ich bin von jeher nicht beredt gewesen, und auch jetzt nicht, seitdem du mit deinem Knecht redest; denn ich habe eine schwere Sprache und eine schwere Zunge.

Es entstand ein ziemliches Durcheinander, als gegen Mittag ein Sanitätswagen durchs Tor der Feste rollte und vor der Kommandantenvilla hielt. Die ganze Garnison lief zusammen und wurde Zeuge, wie Sucks Frau herausgeholfen und der Hauptmann davon in Kenntnis gesetzt wurde, daß seine Gattin, als sie im Café von *Bahr's Hotel Zum Fürsten Bismarck* zum zweiten Frühstück eine Tasse heiße Schokolade zu sich nahm, von einer unbekannten Person attackiert wurde, die einen Stein durch das straßenseitige Fenster warf; der Stein war auf ihrem Tischchen gelandet, hatte die Tasse und eine Ecke der Glasplatte zertrümmert, und Frau Suck, als sie aufsprang, hatte sich am Bauch geschnitten. Frau Suck wurde daraufhin in die Städtische Krankenanstalt verbracht und dort, nach eingehender Wundversorgung seitens der Ärzte und Einvernahme durch einen Polizeisergeant, in häusliche Pflege entlassen, die selbstredend ihr Dienstmädchen zu leisten hatte. Trotz ihres angegriffenen Gesundheitszustandes ließ sie es sich nicht nehmen, ihrem Gatten bei der Zusammenstellung eines Suchtrupps zu assistieren, und so kam es, daß sie, bevor sie sich niederlegte, eine gute Stunde auf der Veranda der Kommandantenvilla zubrachte, bis es so weit war, daß sie ihrem Gatten hinterherwinkte; es sah aus, als würde es ihr Pein bereiten, Hand und Arm zu bewegen. Als der Hauptmann zurückwinkte, hätte ihn Lottchen, an langer Leine gehend, fast aus dem Sattel gerissen.

Im herrischen Donner der Hufe sprengten sie aus der Feste, der Hauptmann an der Spitze der Kavalkade, ritten über die Promenade, und die Palmen bogen sich wie grüßend im Wind, während Sandschleier um die Hufe der Pferde wehten. Die Männer zuckten nervös, wenn der Wind, der vom Meer kam, sie mit frischer Schärfe traf, als läge das Eis der Heimat in der Luft. Im Pulk der Kameraden fühlte sich Mohr gewappnet gegen alles, was da draußen kommen mochte. Sie folgten dem Baiweg ein Stück am Swakop entlang bis Mondesa, schlugen einen Bogen und querten hinterm Bahnhof die Gleise, ritten dicht an den Quartieren der Kaffer vorbei, die vor ihren Hütten im Schatten saßen, schwarze Tauben im weißen Rauch. Hinter Kramersdorf scherten sie ins wilde Land aus. Wo das Rivier noch Wasser führte, strömte es grünlich schillernd zwischen Sandbänken, entwurzelte Bäume und verendete Tiere trieben darin. Waddie, der ihnen vorausgeritten war, erschien am anderen Ufer; er war ohne sein Pferd und trug nur noch seine Unterhose. Er ließ sich ins Wasser fallen, daß es hochauf spritzte. Mitten im Fluß ging er einmal kurz unter, tauchte wieder auf. Dann fand er Grund, wischte sich das Wasser aus dem Gesicht. Sie sahen zu, wie er die Böschung heraufkletterte und vor Hauptmann Suck Haltung annahm.

»Gehst du spazieren?

Waddie schwieg.

»Kommt ohne Pferd und Uniform zurück. So willst du dein Vaterland verteidigen?«

»Es waren zu viele.«

»Zu viele was?«

»Junge Männer.«

»Vermutlich mit Steinen bewaffnet«, sagte der Hauptmann.

»Ich habe ihnen gesagt, mein Pferd ist nicht mein Pferd. Dieses Pferd ist Eigentum Deutschlands! Herr Hauptmann, ich habe gekämpft. Wie ein Löwe, hallo!«

»Wie der Löwe in *Jauch's Bierhaus*«, sagte Hauptmann Suck.

Wartete, bis sie lachten.

»Haben mich weggejagt und gesagt, Grüße an Frau Hauptmann und gute Gesundheit!«

»Saukerl!« sagte Hauptmann Suck.

Waddie drehte sich um, sagte etwas in seiner Sprache und zeigte die Flecken und Striemen auf seinem Rücken. Weil ihm die Vorstellung zu lange dauerte, sagte Suck, es erstaune ihn immer wieder, wie menschenähnlich er sei. Lottchen zog an der Leine. Der Hauptmann verpaßte ihr einen Hieb mit der Reitgerte, daß sie steif und reglos stand, um den Schmerz zu verdauen.

Der Hauptmann ließ Waddie den ganzen Weg zurück nach Swakopmund zu Fuß gehen, und schon bald sah er aus wie aus Lehm gebacken. Sie versuchten so langsam wie möglich zu reiten, aber als der Hauptmann das merkte, trieb er sein Pferd zu einer schärferen Gangart an. Waddie verfiel zusehends, tanzte wie ein Geist in den Wolken ihres Staubs. Als die Stadt in Sicht kam, keuchte er, als bräuchte er die ganze Luft unterm Himmel für sich allein. Lottchen sprang fröhlich an der Leine

Frau Suck erwartete sie, als brächte ihr Gatte die Kinder nach Hause. In einem weit geschnittenen Kleid, das den Verband um ihren Bauch kaschierte, einen Sonnenschirm aufgepannt, der ihren Kopf beschattete, stand sie auf der Veranda, erwartungsfroh und die Aufmerksamkeit genießend. Als sie ihre Pferde zügelten, kam sie die Stufen heruntergestürmt und traktierte Waddie mit ihrem Sonnenschirm, bis der Hauptmann dazwischenging. Tränen stiegen ihr in die Augen. Sie war so außer sich, daß sie sich nicht einmal entschuldigte.

Ach, mein Herr, ich habe zu oft geschwiegen. Als wären die Worte nicht für mich gemacht gewesen, oder ich nicht für die Worte; vom Echo redet niemand, das nennt man dann Schweigen.

Perilo war abgesattelt und trockengerieben. Mohr hockte sich auf einen Strohballen und versuchte es. »Ich liebe dich«, sagte er. »Wie hört sich das an?«

»Komisch«, sagte Waddie hinter ihm.

Er trug einen Eimer Wasser, stellte ihn ab, tauchte den Kopf hinein. Er blieb ziemlich lange unter Wasser.

Dann wandte er ihm den Rücken zu, der mit Schmutz und Blut verkrustet war, sagte: »Hilf mir!«

Mohr goß ihm einen Schwall Wasser über den Rücken.

»Hottentottenwasser«, sagte Waddie. »Danke, Deutji! Du hast kein Suppi?«

»Nein«, sagte Mohr.

»So arm? Ihr habt sogar nur einen Gott.«

»Einmannhimmelsmacht«, sagte Mohr.

»Ach, du«, sagte Waddie, legte einen Arm um Mohr, fast kameradschaftlich. »Du denkst an das Mädchen, und du denkst, das Mädchen denkt an dich. Es fliegt durch deinen Traum, kriecht zu dir unter die Decke und küßt dir die Hand. Aber ich mag dich trotzdem!«

»Du mußt nicht alles glauben, was du sagst«, sagte Mohr.

»Ihr seid alle tot«, sagte Waddie, »weißt du das nicht?«

Hab da was, sagt seine Mutter. Wedelt mit der Zeitung: Die Schutztruppe in Deutsch-Südwest sucht Freiwillige.

Er salutiert vor ihr.

Sie lacht wie ein junges Mädchen.

Frau Mutter, sagt er, ich melde mich!
Ist vielleicht wie Arbeit, Kost und Logis frei.
Und Mädchen sind umsonst, sagt er.
Seinem Vater sagt er nichts davon.

Um ein Uhr nachts lösten Rubyniak und Mohr die Torwache ab, bezogen links und rechts in den Postenhäuschen Stellung und riefen jeweils »Wer da?«, wenn der andere gähnte. Eine Stille senkte sich vom Himmel, die sie schier erdrückte. Sie redeten im Flüsterton, und Rubyniak sagte, die Bohnen hätten ihm heute nicht geschmeckt und wie schön es jetzt wäre, unten in *Jauch's Bierhaus* mit einer schönen Maß Bier zu tanzen, bis einem der Schaum in die Schuhe tropft. Mohr erzählte Rubyniak von seiner Zeit als Stallbursche im gräflichen Schloß zu Pappenheim, erzählte ihm von den zierlich gearbeiteten Damensätteln, deren Knäufe mit farbigem Vlies umwickelt waren und auf denen sitzend die hochherrschaftlichen Damen zur Jagdbegleitung in die steinigen Wälder aufbrachen, aber Rubyniak hörte gar nicht richtig zu. Das Firmament bewegte sich fast ruckartig, wenn Kometenschwärme den schwarzen Spiegel des Himmels durchpflügten.

»O Bruder unter Tausenden…«, sagte Rubyniak, verstummte, starrte auf den grau schimmernden Weg, der zur Stadt hinunterführte, als hätte er etwas gesehen. Dann sagte er, er habe vorgehabt, nach Amerika auszuwandern, und eigentlich sei er nur hierhergekommen, um sich die Passage zu verdienen.

Wenn er erst einmal Land erworben habe, könne Rubyniak bei ihm arbeiten, bis er das Geld für Amerika zusammen habe, sagte Mohr, aber Rubyniak sagte nur: »Ich kann dein Kamerad sein, aber nicht dein Knecht.« Damit war alles gesagt.

Sie schwiegen, hingen ihren Gedanken nach. Es gab nur die Sterne da oben und tiefblaue Punkte zwischen ihnen, die fortzogen.

Ein kurzer, dumpfer Schlag, als ein Stein von Mohrs Gewehr abprallte. Rubyniak ging in Deckung und fluchte, als nach einer Weile wieder ein Stein geflogen kam. Mohr ließ sich neben Rubyniak auf den Boden fallen.

»Nicht schießen!« rief jemand, ganz in ihrer Nähe, lachte. Im nächsten Augenblick erklang das Lachen von woanders, ein kollerndes Kreischen. Hufschläge, die sich näherten. »Ich rede mit euch wie mit Menschen, warum? Ich bin Josephat, und euer Jesus hat mit mir getanzt. Aber laßt euch gesagt sein: Unsere Frauen können das besser!« Im nächsten Augenblick rollte ihnen eine Ratte vor ihre Füße, quiekte und rotierte benommen, weil man ihr die Hinterbeine abgetrennt hatte.

Mohr hörte sich schreien. »Schieß!«

Rubyniak schoß, und die Ratte sprang hoch wie ein Vogel mit gebrochenen Flügeln, verspritzte ein paar Tropfen Blut und schleppte sich davon. Dann schoß Rubyniak das ganze Magazin leer, als liefen jetzt überall Ratten herum, schoß in den Schatten zwischen den Felsen und in die Richtung, in der Josephat verschwunden war, und dann legte er sich einfach in den Dreck und hielt sich den Bauch vor Lachen. »Warum hast du nicht geschossen?« fragte er Mohr ein ums andere Mal.

Von den Galerien kamen die Posten herunter und schauten zu, wie Mohr Rubyniak aufzurichten versuchte, der längst keine Luft mehr bekam.

Wegen Ärgernis erregenden Verhaltens und mehrfachen Verstoßes gegen die Dienstvorschriften auf Wache wurde Rubyniak von Sucks Ordonnanz mit drei Tagen verschärften Arrests bei Wasser und Brot bestraft, und auch Mohr ging nicht leer aus, sondern wurde dazu abkommandiert, die erste Wache zu übernehmen und dann im Turnus von zwei Stunden jede andere, so lange, bis Rubyniaks Arrest enden würde.

Rubyniak ging mit gesenktem Kopf, ganz reuiger Sünder. Manchmal bückte er sich schnell und kratzte Spritzer Rattenblut von seinen Stiefelschäften. Der Ordonnanzoffizier verriegelte hinter ihm die Tür der Arrestzelle und begab sich zurück zur Kommandantur. Mohr sah ihm nach und dann hinauf zu den Sternen, ein weiter Weg, der ihn schwindlig werden ließ. »Nur drei Tage und drei Nächte«, sagte er durch die Luke.

Machte vorschriftsmäßig ein paar Schritte mit geschultertem Gewehr.

Als er zurück war, fragte Rubyniak hinter der Luke: »Wie geht's deiner Mutter?«

»Darf nicht mit dir reden«, sagte Mohr. Ging ein paar Schritte in die entgegengesetzte Richtung.

Nach dem Wachwechsel legte sich Mohr schlafen, lag da, unfähig, ein Auge zuzutun. Fast wünschte er sich zurück auf den Dampfer, mit dem er gekommen war. Der Dampfer fuhr rückwärts. Als er sich über die Reling beugte, sah er seine Mutter unten im Wasser. Sie schwamm gegen die Wogen, und die Wogen warfen sie hoch. Fische hatten sich in ihren Röcken verbissen. Dann streifte sie am Schiffsrumpf entlang und ging unter.

Kein Gott, der, ihr zu Hilfe kommend, übers Wasser ritt.

Und so wurde er alle zwei Stunden geweckt und kam alle zwei Stunden zurück, um sich zwei Stunden lang hinzulegen, und allmählich erinnerte er sich nicht mehr, wie oft er das schon getan hatte. Sonne oder Mond, so egal.

Rubyniak freute sich jedesmal wie über einen Besuch, er klang ausgeruht. »Weißt du was?«

»Was?«

»Wenn ich den Kerl erschossen hätte, hätte ich einen Orden gekriegt.«

»Und ein Denkmal mitten in der Stadt«, sagte Mohr. »Mietek Rubyniak, Rattenretter!«

Er kam und ging, kam und ging, schlief im Stehen, lag wach. Nachts war es am schönsten. Dann sanken die Sterne fast bis auf die Erde herab, und der Ozean hob und senkte sich wie eine große graue Haut.

»Ich hab nachgedacht«, sagte Rubyniak.

»Wo?«

»Im Kopf!«

»Au!« sagte Mohr.

»Als Gott die Menschen erschaffen hat, also uns – da ist ihm, glaube ich, was von dem Lehm und dem Odem übriggeblieben. Daraus hat er dann die Tiere und die andern gemacht.«

»Welche andern?«

»Die, die hier leben.

»Auch die Frauen?«

»Ja, würde ich sagen. Sind wie Tiere. Wie Tiere, die sprechen können.«

»Tut's schon weh?«

Er hörte, wie Rubyniak sein Wasser im Eimer abschlug, ein blechernes Geräusch.

»Mohr?«

»Ja?«

»Bist du noch da?«

»Ja«, sagte Mohr.

Hörte, wie sich Rubyniak auf dem Strohsack ausstreckte, plötzlich wieder aufsprang und rief: »Da sind Viecher! Lauter Viecher!«

»Und alle von Gott gemacht«, sagte Mohr.

V. HUNDE UND MONDE

Als Rubyniak aus dem Arrest kam, feierten sie ihn, als hätte er unsägliche Abenteuer erlebt. Sie standen zwischen ihren Betten Spalier und sangen *Die bange Nacht ist nun herum* und dann schweinische Lieder. Und sogar Mohr sang mit, wenn er das Lied kannte. Dann umarmten sie Rubyniak.

Sie hatten für jeden eine Flasche Exportbier und eine Flasche Heidebrand organisiert.

»Gegen die Würmer!«

Reihum tranken sie den Schnaps, bis sie die Wirkung spürten; und weil sie schon gesungen hatten, schwiegen sie, bis Rubyniak sagte: »Ich bin kein Unmensch, aber unsern Rattenfreund mach ich fertig.«

»Einer von uns wenn ihn umbringt, dann ist Krieg«, sagte Mohr.

»Der Krieg kommt auch so«, sagte Rubyniak.

»Ich will eine Farm, keinen Krieg«, sagte Mohr.

»Ich will eine Frau, keine Hure«, sagte Katzenschlager.

Alle lachten, wußten nicht, warum.

Dann spielte Elchlepp ihnen vor, er sei Sucks Frau, blies die Backen auf, ging in die Grätsche und bewegte rhythmisch die Arschbacken, bis ihm die Beine zitterten. »Mir kommt's, Weibel, mir kommt's!«

Plötzlich stand Waddie zwischen den Betten, er taumelte beschwingt und machte ein verklärtes Gesicht, als er an seiner Pfeife sog.

»Was machst du hier?« sagte Mohr. »Leute erschrecken?«

»Besuch«, sagte er.

»*Kommt herbei, ihr lieben Heiden, ich will auf euch zu Jesu reiten*«, sang Glatzel.

»Hab da was!«

Blies Mohr Rauch ins Gesicht.

»Hab da was! Sehr gut!«

»Laß probiern«, sagte Katzenschlager.

»Draußen!« sagte Waddie.

Draußen der afrikanische Mond, weißer als nirgends sonst. Vor der Tür umringten sie Waddie und sahen ihm zu, wie er die Pfeife neu stopfte. Sein Atem wehte sie süßlich an.

»Ihr habt gesoffen«, sagte er.

»Zu wenig«, sagte Rubyniak.

Er sog an Waddies Pfeife, als würde er nur noch auf diese Art Luft bekommen. Dann reichte er sie an Mohr weiter, ihr Stiel war naß und glatt, beim ersten Zug floß Feuer in ihn. Süßes Feuer. Ein Wunder, sich zu vervielfältigen und sich tausendfach zu verstreuen, wie die Fetzen aller Briefe, im Leib der Mutter die Kaskaden des Blutes und der Milch rauschen zu hören und ein zappelndes blaues Etwas zu sein, das sich nach einem Ozean aus Luft und Licht sehnt. In seinem Kopf war der Gesang von Sucks Frau. Zerschossene Bilder aus den Kriegen gegen die Einsamkeit. Geheime Schlachten gegen die Lust im Gestank der Kameraden. Wie groß du bist, meine Liebe! Zu groß, um dich zu erkennen! Die Welt war schön, und das Leben fing jeden Tag von vorne an. Er sog nochmal an der Pfeife, gab sie an Elchlepp weiter, sah einer kleinen, zersträhnten Wolke zu, die sich vor den Mond schob und ihm einen Bart anlegte. Sie umarmten einander, lachten, keuchten. Lottchen im Zwinger hatte sie längst gewittert, und Rubyniak lockte sie mit leisen Pfiffen, die sie bis zur Raserei reizten. Das Mädchen erschien mit einer Laterne auf der Veranda und leuchtete in ihre Richtung. Sie winkten ihr zu. Damit sie sah, daß es noch andere Menschen gab.

»Liebst du mich?« fragte Rubyniak Mohr.

»Seit ich nicht mehr denken kann«, sagte Mohr.

Waddie nahm Elchlepp die Pfeife ab und sagte: »Schluß!«

Sie gingen zur Baracke.

Waddie hielt Mohr zurück, sagte: »Bist ein guter Mensch. Hat Josephat gesagt, daß du ein guter Mensch bist. Hat gesagt, hat so warme Augen, dieser Reitermann! Ha! Er schaut voller Liebe. Er schaut in sein Herz. Da schreit kein Engel, nein! Schade, daß er so weiß ist! Es muß wehtun, so weiß zu sein!«

»Mir kommen gleich die Tränen«, sagte Mohr.

»Tut mir leid«, sagte Waddie.

»Tu nicht so, als wärst du mein Freund!« sagte Mohr.

»Das Mädchen«, sagte Waddie. »Weißt du, wie sie heißt? Weißt du nicht? Hat einen schönen Namen, das Mädchen, sehr schön, verstehst du? Heißt Hulette, du weißt schon? Heißt Hulette, und alle lieben sie! Ach so sehr! Auch du! Du weißt nur noch nicht wie! Ich heiße Hulette! Aber wie heißt du? Sag mir deinen Namen! Sag mir, ich liebe dich! Schau, kein Mann in meinem Bett! Du bist der erste, du!«

»Sagt sie?«

»Sie hat gesagt, du hast sie angeschaut.«

»Ich?«

»Du! Du! Du!«

»Wo?«

»Bei Jauch, hat sie gesagt.«

Und immer und überall, dachte er. »Und was hat sie sonst noch gesagt?«

»Ich liebe dich.«

»Wie oft?«

»Oh, so oft!«

»Schönen Gruß«, sagte Mohr.

»Ich küsse sie für dich.«

»Weißt du, wie das geht?«

»Üb jeden Tag mit Pferdearsch.«

Dann sagte er: »Das Mädchen muß tanzen und singen.«

»Wo?«

»Beim Offiziersball bei *Caab's*.«

»Noble Adresse«, sagte Mohr.

»Gäule haben keinen Zutritt«, sagte Waddie. »Reiter auch nicht.« Er ging zu den Stallungen. Mohr warf ihm ein Steinchen hinterher, sagte »Ruhig!« zu seinem Herzen, sagte es wie zu einem Tier, das Zähne und Klauen frißt. Dann rutschte dem Mond der Bart auf den Kopf, und er wischte sich heimlich die Augen.

Feldkaplan von Wilhelmi an den Kommandanten Hauptmann Suck

Geehrter Herr Hauptmann und Freund,

gestatten Sie mir bitte, etwas kritisch zu beginnen: Die Laxheit, mit der manche Leute in gehobener Stellung ihre Sünden zu verbergen trachten, erstaunt das gemeine Volk. Sie wissen, ich bin stets auf Ihrer Seite, wenn es um Zucht und Ordnung geht, aber vielleicht sollten Sie ernstlich in Erwägung ziehen, das Mädchen anderweitig unterzubringen. Die Dinge – und das wissen Sie und ich – sind schon zu sehr eskaliert, so daß wir alle fürderhin vermeiden sollten, das schwarze Kind zu sehr zu beanspruchen. Anfänglich dachte ich, wie segensreich sich die Anwesenheit eines jungen Mädchens auf meine Gottesdienstbesucher auswirken könnte, und ganz nebenbei hätte ich endlich den Beweis antreten können, daß uns sehr wohl am Wohle der Einheimischen liegt. Dieser schöne Schein ist nach den Vorkommnissen der letzten Wochen nicht mehr länger aufrecht zu erhalten. Ich bitte Sie als meinen Freund, gehen Sie mit gutem Beispiel voran und geben Sie das Mädchen von hier weg. Swakopmund ist nicht Sodom, ist nicht Gomorrha, und Hiobs Plagen weisen wir von uns. Bevor uns die Geschichte aus der Hand rutscht, sollten wir einvernehmlich handeln. Trotz meiner offenen Worte bin ich mir Ihres Wohlwollens bewußt!

Immer Ihr Feldkaplan von Wilhelmi

Manchmal, wenn er Waddie traf, sagte er, daß er gerne wieder eine Pfeife mit ihm rauchen würde, aber Waddie sagte nur, nicht umsonst. Und Geld war etwas, das sich nicht vermehrte, wenn man trank und rauchte oder zu den Weibern ging. Jedes Stück Land kostete etwas, jeder Stein, jedes Saatkorn; er brauchte Geräte, um die Felder zu bestellen, Brunnen und Zäune, brauchte ein Dach überm Kopf, groß genug für die Familie. Den Himmel gab es umsonst und den Wind, und um Regen mußte man beten, aber es war noch ein weiter, langer Weg bis dorthin. Manchmal wollte er taumeln und fliegen und sich befreien, und nicht in Reih und Glied stramm stehen, sondern sehen, endlich sehen, was sich hinter allem verbarg. Die Sonne war überall und schien, und man konnte nicht die ganze Zeit Heringe und Kartoffeln fressen oder einem Mädchen beim Wäschewaschen zuschauen. Er mußte es gar nicht mehr träumen, daß Sucks Villa niederbrannte, er mußte einfach nur die Augen schließen, und schon standen Veranda und Zwinger in Flammen. Lottchen wälzt sich in einer Feuerkugel hinterm glühenden Draht… und einen Moment versuchte er, sich die Bühne bei *Caab's* vorzustellen oder irgend etwas, das Ähnlichkeit damit haben könnte, saß ganz allein im fremdesten Raum seines Lebens und roch die Milben im Plüsch des Gestühls, und als die Dochte der Lampen heruntergeschraubt wurden und der Vorhang aufging, war es so finster wie hinter den Sternen. Ein gebrechlich wirkender, weißhaariger Mann kam auf einem fügsam tänzelnden Pferd auf die Bühne geritten, er war in eleganter Abendgarderobe. »*Sie kann nicht singen, und sie kann nicht tanzen*«, sagte er und wurde ausgebuht, als eine Fontäne schwarzen Blutes wie zu den Klängen einer herrischen Musik aus seinem Mund trat.

Hauptmann Konrad Suck an Feldkaplan von Wilhelmi

Lieber Feldkaplan.

Sie sind mein Freund, und als Freund sage ich Ihnen klipp und klar: Sie rennen bei mir offene Türen ein! Was ich damit sagen möchte: Ich arbeite für den Frieden, und für den Frieden war und ist mir nichts zu viel. Für den Frieden gehe ich, wenn auch nur höchst ungern, sogar über Leichen, und kleinkriegen lasse ich mich nicht von ihm, so verführerisch er auch scheint! Ihr Schäfchen machte uns bislang nur Ärger und Verdruß! Zu sagen, Ximenz' Enkelin sei unhübsch, wäre plump geschwindelt, aber daß sie die gesamte Männerwelt hier für sich aufbringt, war so nicht geplant. Meine Frau bittet mich täglich darum, daß ich für das Dingelchen woanders Obdach finde und meine Inobhutnahme delegieren möge, zumal es uns höchst zuwider ist, daß auch wir von den Zudringlichkeiten dieses

Verrückten in Mitleidenschaft gezogen werden. Vielleicht daß Farm Gunsbewys ein sicherer Aufenthaltsort für das Mädchen wäre? Schließlich ist Meister Artingkofer der einzige Mann außer mir, den mein Lottchen fürchtet. Ihnen den Beistand des Schöpfers des Himmels und der Erden in Ihrem geistlichen Wirkungsfeld – der Garnison Swakopmund!

Ihr Hauptmann Konrad Suck

Als er sie wiedersah, hängte sie Wäsche im Vorgarten der Kommandantenvilla auf, weiße, pluderige Ungetüme. Sie bewegte sich anmutig, ihre Haut schimmerte in der Sonne. Er sah ihr vom Traindepot aus zu, während er Perilos Sattel einfettete; in ein paar Stunden sollte es zu einer Manöverübung ins Gelände gehen, die sie in die Gegend von Bryony führen würde, und vielleicht, dachte er, vielleicht würden sie sogar an der Farm Rossmund vorbeikommen; er würde seine Vorgesetzten darum bitten, sich für einen Augenblick von der Truppe entfernen zu dürfen, und der Farm einen Besuch abstatten. Er sah Hulette zu, und sie flog in sein Herz. »Farm Rossmund«, sagte er, als könnte sie ihn hören, als könnte sie den Namen von seinen Lippen lesen. *Wird dir gefallen!* Unter Gottes Himmel hatte das Dasein einen Sinn. Er war fast glücklich, als er Weibels Trillerpfeife hörte, holte Perilo aus dem Stall.

Sie ritten an der Küste entlang, und die Schreie der Möwen gellten lauter als die Brandung. Kein Schiff war auf dem Meer, keine Insel, und es sah so aus, als ergieße sich von den Dünen Sand ins Wasser. Ein kühler Wind wehte sie an, bis sie durch die Täler ausgetrockneter Flußläufe ins Landesinnere abbogen. Ein paar Möwen folgten ihnen, dann kehrten sie um, und der Himmel war leer, war nur noch Sonne. Jetzt befanden sie sich am Rande der Namib, die in der Sprache der Eingeborenen *Große Leere* hieß.

Waddie stieg vom Pferd und beugte sich über die Spur einer Hyäne, sagte: »Da sind noch mehr in der Nähe.«

Sie rückten auf, blieben zusammen. Als die Sonne am höchsten stand, hielten sie auf ein Seitental zu, das den Blick auf eine grüne Senke freigab. Ein Schotterweg, einer Schneise ähnlich, führte durch schattenspendende Bäume zu den verlassenen, halbverfallenen Gebäuden einer Farm. Das Dach des Haupthauses war eingesunken, und morsche Schindeln lagen über den Hof verstreut. Ringsum hatte sich der Sand den Boden zurückgeholt, ein Teppich aus Spinnennetzen und Fliegen bedeckte den Brunnen, wo sie absaßen und ihre Pferde tränkten. Die Bewässerungsrinnen, die sich bis zum Horizont dahinzogen, waren verunkrautet.

Mohr ging zu dem umgekippten Pfosten am Tor, an dem ein Holzschild angenagelt war, drehte die Seite mit der Schrift nach oben und las durch die Dreckschicht den ins Holz gekerbten Namen: FARM ROSSMUND. Er stieß den Pfosten mit dem Schild zurück in das Loch im Boden und stampfte die Erde darum fest, und ihm fiel nicht ein, was er hätte sagen oder denken können, wollte an ein Wunder glauben und glaubte es nicht, daß ihn das Schicksal hierhergeführt hatte. Plötzlich fühlte er sich so schwach und klein, daß er sich einfach auf den Boden hockte und sich an den Pfosten lehnte. Er schloß die Augen, und als er sie wieder aufmachte, sah er noch immer das gleiche Bild einer verwunschenen Landschaft vor sich, die von Gott und allen verlassen worden war und nur auf ihn zu warten schien. So als gäbe es eine Rückkehr an Orte, an denen man noch niemals war.

Nach kurzer Rast ritten sie weiter, und Mohr zwang sich die ganze Zeit, den Blick nach vorn zu richten.

Mitten auf einem karstigen, kahlen Plateau bekamen sie den Befehl, abzusitzen und sich einzugraben. Feldwebel Weibel verteilte Spaten an die Männer, während Hauptmann Suck zwischen ihnen herumritt, als müßten sie alle froh und dankbar sein für den Schatten, den sein Pferd warf. Mohr und Rubyniak schaufelten Steine und Erde durch die Luft. Ohne Feind, ohne Gegner, die sinnloseste Arbeit schlechthin.

»Allweil lustig.«

»Und fidel.«

Bis sie sich endlich hinter einer Brustwehr aus Geröll verschanzt hatten, hatten sie Blasen an den Händen.

»Was machst du, wenn du's rum hast?«

»Ich nehm das nächste Schiff«, sagte Rubyniak.

»Werde winken«, sagte Mohr.

»Ich schau nicht zurück«, sagte Rubyniak.

»Kann mir gar nicht vorstellen, dich nicht mehr wiederzusehn.«

»Du weißt nicht, wo du bist, Mohr. Ich glaube, du weißt nicht, wo du bist.«

»In Afrika«, sagte Mohr, »in meiner Haut.«

»Mensch, Mohr«, sagte Rubyniak. »Ich hab nichts gegen dich. Aber tu mir den Gefallen, laß mich mit deinen Zukunftsplänen in Ruhe.«

»Ich werde Kinder haben«, sagte Mohr.

»Ja, ja«, sagte Rubyniak.

»Ich werde alles haben.«

»Das, was niemand will.«

Rubyniak nahm Mohr die Mütze ab und schlug sie ihm auf den Kopf, und als sie zu rangeln begannen, fiel irgendwo ein Schuß, und Rubyniak hielt inne und faßte sich an die Wange, als hätte er Zahnschmerzen. Die Sonne köpfte seinen Schatten, als er aufsprang und wegrannte. Er kam hinter den Klippen einer Felseninsel zu liegen, seine Zunge weiß und trocken, als er sich die Lippen leckte. Sie sahen zu, wie Leutnant Houilliez vom Pferd sprang und zwischen Felsblöcken in Deckung ging, wie Feldwebel Weibel sich den Hang hinaufarbeitete, von wo der Schuß gekommen war, wie Waddie ihm folgte und Schritt für Schritt das ganze Magazin leerschoß. Am Hügelkamm spritzte Dreck in die Luft, aber das Feuer wurde nicht erwidert. Der Feldscher kümmerte sich um Rubyniak, der am Boden hockte und lachte, die Kugel hatte seine Wange gestreift. Die Wunde sah nicht schlimm aus, eher so, als hätte ihn das Blatt einer Sense geritzt. Die Kameraden kamen und gratulierten ihm zu seinem Glück. Er benahm sich wie ein Held. Draußen in der Wüste regte sich nichts mehr. Hoch unterm Himmel standen Weibel und Waddie auf dem Kamm einer Düne, beinahe entrückt.

Er ging jetzt selten hinunter in die Stadt, weil ihm das beim Stand seiner Besoldung auf Dauer zu kostspielig gewesen wäre. Er verkehrte nur noch manchmal im *Voigt'schen Store*, wo es weiß Gott alles gab außer Schweinsbraten mit Sauerkraut. Es gab vor allem zu trinken, vornehm ausgedrückt, Branntwein, Lagerbier, manchmal Wein vom Kap, als Beigabe Pap und Droewors. Alles in allem war der *Voigt'sche Store* ein Ort für Männer, die nichts erwarteten und nichts zu erwarten hatten, aber es war immer noch besser, als stundenlang aufs Meer hinaus zu schauen und den Möwen Namen zu geben, oder die schnurgeraden, sandverschütteten Straßen entlang zu wandern, zu grüßen und gegrüßt zu werden, einer unter vielen, schon vergessen. Woher, wohin, warum? Einmal hatte er sich verlaufen und war ins Kaffernviertel gekommen, hatte fleißig gelächelt und getan, als wäre er hocherfreut, all den Kindern zu begegnen, die ihn anbettelten und ihn mit Lehmbrocken bewarfen, als er ihnen nichts gab. Alte, Pfeife rauchende Frauen kauerten in weit fallenden Röcken vor ihren Hütten, riefen ihm etwas zu, und die Männer, denen er begegnete, nahmen ihre Schirmmützen ab und traten beiseite in einer Haltung, als trügen sie Waffen.

Der einzige, der den Blick senkte, war er.

Er nimmt ihr den Schleier ab, reißt daran.

Er will ihr ins Gesicht sehen.

Was zeigst du mir Schönes?

Meine neue Heimat.

Pappenheim ist schöner.

Er küßte sie schnell auf den offenen Mund. Im Namen der Erinnerung und der Hoffnung.

Du schreibst mir nicht mehr.

Die Matrosen lesen die Briefe und schmeißen sie ins Meer.

Bist du glücklich?

Muß ich wohl!

Er gab ihr einen Stoß. Sie kniete vor ihm.

Ich hab ein bißchen Angst vor dir, sagte sie.

Nein, nein, sagte er.

Schlug sich auf die Brust, dorthin, wo es wehtat. War das nichts?

Am Sonntagmorgen, nach der Messe, versammelten sie sich vor der Kommandantur und lasen auf einem Plakat die öffentliche Bekanntmachung des demnächst am Lüderitztag stattfindenden Offiziersballs in *Caab's Konzert- und Ballsaal*, eines neueröffneten Etablissements, das als Restaurationsbetrieb insbesondere für die Abhaltung von Bällen, Konzerten und anderen künstlerischen Darbietungen volkstümlichen Brauchtums deutscher Art warb. Die Damen und Herren der Bürgerschaft Swakopmunds wurden um rege Teilnahme gebeten.

Der Lüderitztag, an dem die Landnahme bei Angra Pequeña durch Kapitän Götz Herbig begangen wurde, fiel auf einen Samstag am Ende des Monats und begann mit einem kleinen Umtrunk in der Offiziersmesse. Die Offiziere hatten sich dem Anlaß gemäß herausgeputzt und bewegten sich gestelzt in ihren gestärkten Paradeuniformen; kein Stäubchen klebte an Litzen und Tressen; in ihren Stiefeln, glatt gewichst, spiegelten sich die Risse im Bretterboden. Selbst Dr. Patarga, der sich sonst nicht viel um Äußerlichkeiten scherte, hatte heute seine Orden akkurat auf die linke Brustseite seines Uniformrocks geheftet. Sein schütteres Haar lag ihm wie ein Helm aus Pomade auf dem Kopf. Im Anschluß an den Umtrunk wurde den Offizieren das Mittagessen serviert, und der Geruch eines Bratens zog über den Platz vor der Messe, während die Mannschaft in der Kantine tapfer einen Eintopf schluckte, der zu suppig geraten war.

Nach dem Eintopf gingen sie hinaus auf den Exerzierplatz, wo eine zweispännige Kalesche vor der Kommandantenvilla vorfuhr. Hauptmann Suck, seine Gattin und das Mädchen warteten auf der Veranda ab, bis sich die Staubwolke gelegt hatte. Dann half der Hauptmann seiner

Frau mit einem galanten Klaps beim Einsteigen, und das Mädchen kletterte mit gesenktem Kopf auf die Ladefläche, wo es die Beine baumeln ließ. Es trug ein hochgeschlossenes Kleid von brauner Farbe; ein rosafarbener Gürtel, der ihre Taille leicht einschnürte, verlieh ihrer Figur etwas Schmetterlingshaftes. Lottchen in ihrem Zwinger jaulte in den höchsten Tönen, als der Kutscher das Gespann antrieb und den Alltag mitnahm wie einen uralten Traum. Mohr lief der Kalesche ein Stück hinterher. Hulette sah nicht auf, kein einziges Mal. Er war nur jemand in diesem Haufen von Männern, sein eigenes, fleischgewordenes Schicksal, das aus der Zukunft zurückkam wie aus fernen Schlachten und Siegen. Er blieb stehen, sein Herz fühlte sich an wie ein Schwärze fressendes Tier. *Attacke! Stich und Hieb! Die Zunge aus Stahl, kein Wort lauter als der schneidende Blick. Durchbohren, festnageln. Alles dreht sich im Kreis. Grinsen vor Schmerz! So ist es gut! Schmeckt dir dein Blut?*

Zur Feier des Tages hatte die Mannschaft Urlaub bis zum Wecken gewährt bekommen, ein langer Abend, eine lange Nacht, die vor ihnen lag, und als die Offiziere abgerückt waren, folgten sie ihnen hinunter in die Stadt, flanierten auf der Promenade, und jene, die Geld hatten, besuchten *Jauch's Bierhaus* oder den *Voigt'schen Store*, andere lungerten vor *Caab's Konzert- und Ballsaal* herum, um wenigstens von ferne an den angekündigten Ereignissen teilzuhaben. Als es dann hieß, ein Zug mit Gästen würde demnächst eintreffen, machte sich Mohr auf den Weg zum Bahnhof. Kutschpferde standen auf dem Vorplatz, ließen die Köpfe hängen und blinzelten sehnsüchtig nach den zwergwüchsigen Laubbäumchen mit ihren kalkweißen Stämmen, die in der Platzmitte gepflanzt worden waren; in ihren dürftigen Schatten hatten sich all jene zurückgezogen, die keine Sekunde gebraucht hätten, um ihr Geld zu zählen. Die Abendsonne zauberte honigfarbene Kringel in den Kies. Rubyniak und Elchlepp kamen und stellten sich zu ihm. Sie hatten schon etwas getrunken, und er beneidete sie.

Eine halbe Stunde später sahen sie den Zug zwischen den letzten Häusern auftauchen, enge, kastenförmige Waggons, deren Räder auf den schmalen Gleisen klapperten, als würde von himmlischen Heeren mit Stricknadeln gefochten. Die Lokomotive spie Ruß, als der Zug unterm Wasserturm zum Halten kam.

Die Ankömmlinge waren durchwegs Farmer, die in der Nähe der Eisenbahnstrecke siedelten und mit Frau und Kind angereist kamen, um zwei, drei Tage die Wonnen der Zivilisation zu genießen. Es war eine Abwechslung, ihnen zuzuschauen, wie sie den Gepäckträgern hinterherliefen und ihre Kinder zusammenhielten. Unter ihnen Zacharias Artingkofer von Farm Gunsbewys mit seiner Familie, die vom Bahnhofsvorsteher ehrerbietig zu Sucks Kalesche dirigiert wurde. Hauptmann Suck und seine Gattin standen abholbereit und begrüßten die Ankömmlinge mit gezierter Innigkeit. Die Artingkofers hatten sich fein gemacht, als würde es zu einem Picknick gehen, Frühlingskleider und festes Schuhwerk. Mohr sah sich die Töchter an, alle ihren Eltern zu ähnlich, was Gesicht und Figur anging. Bei der Ältesten ahnte man schon den Flaum zwischen den Beinen, sah die spitzen Knospen ihres Busens.

»Wette, sie fühlt sich an wie ein Brett mit Titten«, sagte Rubyniak.

Als dann das Gepäck verstaut war und alle Hände geschüttelt und alle Wangen geküßt waren, stellte sich heraus, daß die Kalesche zu klein war, so daß nur die Damen und Töchter Platz nehmen konnten. Suck und Artingkofer folgten der Kalesche, deren Räder kurz in einer Sandverwehung durchdrehten, und Mohr, Elchlepp und Rubyniak grüßten vorschriftsmäßig.

Als die letzten Kutschen losgefahren waren, zerstreuten sich die Passanten. Die Männer schickten Frauen und Kinder nach Hause, und später, in der Dämmerung, kümmerten sie sich um den Sand, den der Wind ins Haus getragen hatte, oder hatten Verkehr mit ihren Frauen, weiße Haut, von der Dämmerung heimgesucht.

Es war langweilig, herumzulaufen wie Hunde im Rudel. Auch wenn sie ständig die Richtung wechselten, blieb alles gleich und bekannt, und es wäre vollkommen egal gewesen, ob sie vorwärts oder rückwärts gegangen wären oder auf dem Kopf. Die Straßen wellten sich in der letzten Hitze, und die Nacht kam langsam, ein Gewicht aus Einsamkeit und Erwartung.

»Beim ersten Stern«, gab Rubyniak die Losung aus, »gehn wir saufen.«

Sie trafen Waddie. Er saß auf der Kirchentreppe im Schatten des Turms, hatte den Hut abgenommen und fächelte ihnen Luft zu, als sie sich zu ihm setzten.

»Für Heiden verboten«, sagte Rubyniak.

»Liebet eure Feinde«, sagte Waddie. Er sah Mohr an. »Mohr, ich hab's ihr gesagt! Hab's ihr gesagt, daß du sie magst! Ist doch so?«

»Halt dich da raus!«

»Ist doch so?«

»Und wenn es so wäre?«

»Habt ihr Geld?«

Sie schwiegen lieber.

»Aber ich«, sagte er.

»Dann bist du unser Freund«, sagte Rubyniak.

»Hab auch Weiber, wenn ihr welche haben wollt«, sagte Waddie.

»Dann gehört dir die Welt«, sagte Elchlepp.

Und so war es.

»Wieviel hast du?« fragte Rubyniak.

»Für jeden ein Bier«, sagte Waddie.

Fast hätten sie ihn umarmt.

Vorm *Voigt'schen Store* hockten betrunkene Kiphkhas auf dem Brettersteig; ihre Hüte wiesen Löcher und Flecken auf. Sie stiegen über ihre nackten, schmutzigen Füße hinweg und gingen hinein.

Drinnen saßen Matrosen und Soldaten und tranken Bier und Suppi. Harte, wilde Gesichter und ein Gebrüll, als würden Meer und Wüste zusammenprallen und ihr Echo in die Sonne schleudern. Waddie zeigte Voigt das Geld, das er bei sich hatte, durfte im Sektor für Weiße bleiben.

»Was trinkt ihr?« wollte Voigt wissen, er trug eine fleckige Schürze vorm Bauch. Waddie bestellte für jeden Bier und bezahlte. Sie ließen die nassen Flaschen klacken, es war eine Wonne.

»Was macht ihr, wenn Krieg kommt?« sagte Waddie.

»An einem Tag wie heute kommt kein Krieg«, sagte Rubyniak.

Er hatte recht, es ging ihnen gut, ihnen allen, dank Waddie, und sie fühlten sich wie ein Herz und eine Seele mit den beschlagenen Flaschen in der Hand.

Bis Waddie Mohr ansah und sagte: »Du bist Herr Kaffer!«

Mohr trank seine Flasche aus, dann ging er wortlos hinaus. An der Tür stieß er mit Glatzel und Katzenschlager zusammen. Sie ließen ihn durch.

Draußen ließ er sich neben den Kiphkhas auf dem Brettersteig nieder, zog sich seine Uniformjacke übern Kopf.

Nach einer Weile kam Waddie heraus, seufzte abgrundtief, als er Mohr so dasitzen sah; er zog ihm die Uniformjacke ganz aus und setzte sich neben ihn.

»Frau Mohr«, sagte Waddie. »Guter Name für eine schwarze Frau.«

Mohr gab ihm keine Antwort.

»Sie singt, und sie tanzt«, sagte Waddie. »Heute abend!«

»Weil sie muß«, sagte Mohr.

Einer der Kiphkhas, ein alter Mann, der Mohr an seinen Vater erinnerte, als er zu kichern und zu singen begann, erhob sich, fuchtelte mit den Armen und wollte Mohr unbedingt streicheln. Waddie sagte etwas, und als der alte Mann nicht reagierte, stieß er mit dem Fuß nach ihm, lachte, als der alte Mann auf ihn einredete.

»Was hat er gesagt?«

»Hat gesagt, eins ihrer Mädchen würde heute abend tanzen. Und er würde es am liebsten erschießen. Verrückt!«

»Ja«, sagte Mohr, »lauter Verrückte!«

»Hat gesagt, er hat ein Gewehr.«

»Ihr macht mich alle verrückt«, sagte Mohr.

»Du machst dich selbst verrückt«, sagte Waddie. »Laß sie tanzen, laß sie einfach tanzen. Sie tanzt fünf Minuten. Was ist schon dabei? Ein bißchen tanzen, und alles vorbei, alles gut, kein Problem. Ich kenn Frauen, die tanzen nackt. Hast du schon gesehn?«

»Ich würde es nicht aushalten«, sagte Mohr.

Er war fast dankbar, als Rubyniak zu ihnen herauskam. »Steh lieber auf«, sagte er zu Mohr.

Dann ging er die Straße hinunter, ohne auf ihn zu warten. Hinter ihm wanderte der Sand auf und ab, und kleine Gestalten aus Staub erhoben sich und zerfielen. Und fern, weit hinter den Häusern, erklangen die Instrumente einer Kapelle, leise Walzerklänge wehten durch die Straße, und die Gestalten aus Staub drehten sich wild im flehenden Wind. Der Frühling begann, die Blumen trugen Farben. Ein Engel, ganz aus schwarzem, altem Eisen, hockte auf dem Dach des Stores und winkte ihm, als Mohr Rubyniak hinterherrannte. Er hängte sich bei ihm ein. Drei Sonnen suchten die Mitte seiner Augen. Sie gingen meerwärts, bis sie am Strand waren. Auf der Promenade ließen sie sich auf einer Bank nieder und schauten der Brandung zu. Ein Dampfer lag auf Reede, wie gespalten vom Licht, das Heck in den Horizont gerammt. Weiter draußen riß der Wind Vögel und Wolken vom Himmel. »Ich möchte tanzen«, sagte Mohr.

Er stand auf und machte ein paar unbeholfene Schritte, als hätte man ihm die Stiefel mit Steinen gefüllt. Wenn er die Augen schloß, schwebten Frauen und Mädchen um ihn, Geborene der Lüfte und des Lichts. Haut so weiß wie jungfräulicher Schnee. Schön, so schön, wie sie in einem Geschwader von blauen Blitzen aufstoben und niedersanken. Dann wurde er von Rubyniak gepackt, im Kreis gedreht, das Kratzen ihrer Stiefel im Staub. So tanzten sie bis ans Wasser. Der Boden floß unter ihnen weg. Mohr rutschte tiefer in die Gischt, und seine Stiefel füllten sich mit Sand und Wasser. Ihm war schwindlig. Er wollte fallen. Passanten waren auf der Promenade stehengeblieben, und Rubyniak zog ihn fort, den Strand entlang.

Sie liefen und liefen, liefen wie vor sich selbst davon, und jede Richtung war ihnen egal, jede Sekunde ihres Lebens ein Traum, der unwiderruflich verging. Es glich einer Flucht im Kreis. Irgendwo vor ihnen lag die Grenze und dahinter die nächste Welt mit Kerkern voller Vergessen. Als sie außer Atem waren, lagen sie einander in den Armen. Vielleicht eine Sekunde lang. Kein Wunder, daß es Gott gab.

Mohr zog seine nassen Stiefel aus. Dann knöpfte er sich das Hemd auf und zeigte auf die Stelle, wo sein Herz war.

»Da fängt alles an«, sagte er.

Später gingen sie am Flußufer entlang ins Landesinnere. Mohr trug seine nassen Stiefel.

»Sie braucht Hilfe«, sagte er.

»Wie? Wie willst du ihr helfen? Willst du an ihrer Stelle tanzen?«

»Bin nicht schön genug«, sagte Mohr.

Rubyniak bückte sich und hob zwei große Steine auf. »Wir stopfen dich vorn aus, und dann läßt du dich von jemand zusammenscheißen, bis du braun im Gesicht bist!« Er schubste ihn weg, als Mohr auf ihn losging.

»Gott«, sagte Rubyniak, als er merkte, daß sie am Viehhof herausgekommen waren. Sie gingen langsamer und suchten nach einem Weg, der aus dem Areal hinausführen würde. Der Viehhof bestand aus einer Ansammlung blechüberdachter Korrals am Delta des Swakop Rivier, in denen grobknochige Rinder standen, denen die Haut faltig herabhing und deren Hörner unaufhörlich in die Fliegenschwärme stießen; der Boden unter ihnen gelb, verkrustet. Sie gingen an einer Reihe von Gruben im Ufersand vorbei, in denen die Schlachtabfälle entsorgt wurden; in der Regenzeit trieben ausgewaschene Schädel in der Strömung des Swakop, an den Hörnern faulende Bänder von Schilf. Eine Wolke von Gestank schlug ihnen entgegen, und Mohr, als wäre das wichtig gewesen, fragte sich, wo auf dem Gelände Kaptein Ximenz genächtigt haben mochte, als er an Kaisers Geburtstag Swakopmund besuchte. Hinter der Schlachthalle kam ein Karren hervorgefahren, schaukelnd und schwankend, als hätte er viereckige Räder; das Maultier, das ihn zog, pflügte mit seinen Nüstern durch den Staub. Ein alter Mann saß auf dem Bock, und ein anderer ging neben dem Karren her und traktierte das Maultier mit einem Stachelstock.

»Los, komm!« sagte Rubyniak zu Mohr.

Rief: »He, nehmt uns mit!«

Winkte mit beiden Armen, als er auf sie zulief.

Der Fuhrmann begann das Maultier zu peitschen, das sich mit winzigen, erbärmlichen Sprüngen ins Geschirr warf und trotzdem nicht schnell genug vorwärtskam und schließlich in den Knien einbrach. Der Mann mit dem Stachelstock ging hinter dem Karren in Deckung. Als der Fuhrmann nach seinem Gewehr griff und auf sie anlegte, blieben Mohr und Rubyniak stehen. Der Fuhrmann sprang vom Bock und bewegte sich, rückwärts gehend, vom Karren weg, hielt das Gewehr auf sie gerichtet. Dann kam der andere Mann hinter dem Karren hervor, trug einen Armvoll Gewehre; an einigen Gewehren waren Bajonette aufgesteckt, die Stacheln riesiger Insekten glichen. Mohr erkannte Josephat, und auch der Fuhrmann kam ihm plötzlich bekannt vor, Erscheinungen einer vergessen geglaubten Erinnerung. Schweiß brannte ihm in den Augen und er hielt sich ganz steif und ganz ruhig, und auch Rubyniak war nicht danach, eine falsche Bewegung zu machen.

Josephat entfernte sich, blieb stehen, als ihm eines der Gewehre auskam und sich zwischen seinen Beinen verkeilte, ließ es liegen, als ihm der Alte, weit voraus, etwas zurief, das wie eine Warnung klang. Mohr bückte sich nach dem heruntergefallenen Gewehr, und noch im Laufen zielte er auf die Männer vor ihm, und dann war ihm alles egal, und er drückte den Abzug, und niemand, der ihn getadelt hätte, weil er sie verfehlt hatte. Die Männer verschwanden zwischen den Korrals und den Lagerschuppen, unter ihren Sohlen verpuffende Wölkchen aus Staub. Es gab drei Orte auf der Welt: das Paradies, die Heimat, die Fremde. Und mit ein bißchen Glück konnte man wie ein Kind von einem Ort zum andern springen, egal. Jeder hatte seine eigene Sonne, seinen eigenen Mond. Einen Horizont aus Gold und Tränen.

Er ging zurück zu Rubyniak.

»Warum hast du danebengeschossen?« fragte Rubyniak.

»Bin nicht im Dienst«, sagte Mohr.

»Fahren Gewehre durch die Gegend«, sagte Rubyniak.

Mohr gab ihm das Gewehr und sagte: »Da, knall du sie ab!«

»Das behalten wir«, sagte Rubyniak.

Das Brustgeschirr des Maultiers hatte sich mit Schweiß vollgesogen, war hart und schwer, in den Striemen auf seinem Rücken klebten Dolden weißer Eierchen. Es kniete auf den Vorderbeinen und versuchte hochzukommen. Sie schirrten es aus, um es ihm etwas leichter zu machen. Der Karren war mit Rinderdung beladen, harte, graue Placken, worunter die Gewehre versteckt gewesen waren. Sie kippten den Karren um. Rubyniak wischte sich die Hände an den Schenkeln, sagte: »Wahrlich, wir tun gute Werke!«

Eine Wolke hartleibiger Fliegen stieg aus dem umgestürzten Karren auf, und sie rannten neben den Radfurchen des Baiwegs davon, bis sie nicht mehr konnten und einander festhalten mußten. Mohr spürte das Gewicht des Gewehrs. Es roch nach Dung und er schulterte es einmal links, einmal rechts. Und einmal stach er mit dem Bajonett spielerisch nach Rubyniaks Rücken, der vor ihm ging.

»Müssen wir nicht Meldung machen?«

»Warum?«

Sie versteckten das Gewehr unweit des Wasserturms unter einem Stapel morscher Schwellen. Es geschah wortlos. Ein fernes Gewitter warf Lanzen aus Licht von den Dünen herab. Hinterm Bahngelände gingen sie durch verlassen daliegende Straßen, fühlten sich, als hätten sie etwas Verbotenes getan, etwas Verbotenes, das ihnen gefiel.

Vorm *Voigt'schen Store* stand ein Käfigwagen, und ein Trupp Polizeidiener griff sich die Betrunkenen vom Brettersteig und beförderte sie in den Wagen, in dem sie die Nacht verbringen würden. Sie schauten eine Weile zu, wie die Betrunkenen hinterm Gitter beteten und sangen, sich erbrachen und mit Kotbrocken nach den Polizeidienern schmissen, dann gingen sie Richtung Vineta, wo vor den Häusern Blumen in gemauerten Trögen blühten.

Vor *Caab's Konzert- und Ballsaal* spielte eine Kapelle auf. Die Musiker trugen Lackschuhe und großkarierte Sakkos. Offiziere und Honoratioren schritten mit den Damen der Gesellschaft in einer Art Polonaise übers bröckelnde Trottoir, machten eine Ehrenrunde ums neueröffnete Etablissement und verschwanden wieder darin wie in einem Tempel der Lebensfreude, wo sie die höheren Weihen geordneter Zerstreuung empfingen. Hinter jedem Fenster Luster, schattenhafte Gestalten, die durchs Glas schritten, zierliche Gebilde, zurechtgemacht mit Pomade und Parfüm, angetan mit Zylinder und Säbel. Die Zerstreuung beginnt pünktlich. Ein schwarzer Mond geht auf und jedes Herz zieht eine Bahn durch die Langeweile. Mohr und Rubyniak sahen einander an. Ein Elend, daß sie niemand waren.

»Hm«, machte Rubyniak.

Und Mohr wußte, daß er recht hatte.

Sie waren nicht die einzigen; ein paar andere Kameraden standen herum, wippten im Takt mit der Musik, die zu ihnen heraus auf die Straße drang, und Mohr haßte sie dafür, daß sie gekommen waren, um der zwangsweisen Vorführung Hulettes beizuwohnen, wenn auch nur aus der Ferne. Er dachte die ganze Zeit an das Gewehr und wie gerne er es jetzt bei sich gehabt hätte. Er wäre damit auf die Bühne gegangen und hätte sich ein schwarzes Tuch um die Augen gebunden, so hätte er in den Saal gehalten, blind nachgeladen …

Gerade als sie sich zum Gehen wandten, kam Feldwebel Weibel, im Begriff, seinen Hosenstall aufzuknöpfen, aus *Caab's* herausgetorkelt, querte hastigen Schritts die Straße und verschwand hinter einem Stapel Ziegelsteine. Sie folgten ihm, und Rubyniak sagte so sanft wie ein Engel: »Möchte zu bedenken geben, hier sind Damen, Herr Feldwebel.«

»Schlangen«, sagte Weibel, nestelte untenrum, »vor den Toiletten …«

Als er fertig war, stützte er sich mit beiden Armen an den Ziegelsteinen ab, schluckte heftig. »Um Gottes willen, was hab ich bloß getrunken?«

»Vielleicht zu viel zu schnell, Herr Feldwebel«, sagte Rubyniak.

»Und alles durcheinander«, sagte der Feldwebel, gab sich

einen Ruck. »Darf ich die Herren bitten, mich an meinen Platz zu bringen?«

»Mit Vergnügen«, sagte Rubyniak.

Sie faßten ihn links und rechts unter, gingen den Lichtern entgegen.

Gingen ins Licht …

Sie bahnten dem Feldwebel einen Weg durch die Leute im Foyer. Kellner mit Tabletts kurvten wie Tänzer durch die Menge.

»Brav, Männer!« sagte Weibel bei jedem Schritt, hing schwer zwischen ihnen.

Es roch frisch nach Schmierseife, Bohnerwachs und Achselschweiß. Überall standen die Türen offen, und im Vorbeigehen konnten sie einen Blick in den Ballsaal tun, der mit Girlanden und Lampions drapiert war. Auf einer kleinen Bühne mit nachtblau tapezierten Stellwänden spielte jetzt eine Kombo Walzer und Polka für eine stampfende, scharrende Menge, die sich in einer säuerlichen Wolke abmühte, Ausgelassenheit und Frohsinn zu behaupten. In einem Nebenzimmer war ein Büffet mit Kuchen und Limonaden aufgebaut, hinter einer Batterie irdener Krüge ein Faß Bier aufgebockt, dicht von schwitzenden Männern belagert.

Mohr fragte Weibel, ob das Hottentottenfräulein schon mit seiner Tanzdarbietung drangewesen sei.

»Noch nicht«, sagte Weibel, »eins nach dem andern!« Er gab sich alle Mühe, nicht zu lallen. »Übrigens vortreffliche Idee von unserm Herrn Hauptmann, unsereins mit dem Brauchtum des Feindes vertraut zu machen. Versteht man seine Kultur, versteht man seinen Krieg …«

Lächelnd küßte er seine Faust, und sie mußten ihn loslassen, als er sich durch die Wartenden drängte, die vorm Bierfaß anstanden. Nach einer kleinen Ewigkeit kam er mit zwei Krügen zurück, von denen weißer Schaum troff.

»Meine Herren!«

Sie dankten und taten ihm Bescheid, jeder Schluck ein Gruß aus der Heimat. Wir sind stolz auf euch! Weibel steuerte auf eine Sesselgruppe im hinteren Teil des Tanzsaals zu, zu weit, um ihm mit den tropfenden Krügen zu folgen.

Mohr sah sich dauernd nach Hulette um, und Rubyniak sagte ihm, er solle sich gefälligst benehmen.

Sie hatten noch nicht einmal zur Hälfte ausgetrunken, als sich Artingkofer zu ihnen gesellte und sie, wie sprachlos, von Kopf bis Fuß musterte, bevor er sie fragte, was sie hier verloren hätten.

Nichts!

Obwohl sie austranken, so schnell sie konnten, wurden sie von Hauptmann Suck abgefangen. Ärger weitete seine Pupillen, als sie vorschriftsmäßig grüßten und Habachtstellung annahmen.

»Muß ich etwas sagen?«

»Nein, Herr Hauptmann!«

»Haben Sie mir etwas zu sagen?«

»Nein, Herr Hauptmann!«

»Na dann!«

Das Alphabet hat 26 Buchstaben, das Gebiß 32 Zähne.

Und dann gibt es noch Oben und Unten. Und wer weiß, wie lange.

Pflicht und Trieb.

Die Kugel.

Was für ein Durcheinander!

»Meine Freunde«, sagte Waddie, »meine armen Freunde!«

Er hockte auf dem weißgekalkten Mäuerchen, das sich um *Caab's Konzert- und Ballsaal zog,* und hatte sich an den Eisenzaun gelehnt, hinter dem ein dünner Streifen Rasen gesät war, der sich an den Rändern bräunlich verfärbt hatte. Er trug einen Zylinder und einen Frack wie ein Zirkusdirektor; sein Gesicht war naß und er schwitzte Bäche.

Rubyniak klopfte ihm auf den Zylinder. »Heiratest du?«

»Ich spiele! Wißt ihr das nicht? Ich spiele den Trommelmann, haha! Soll ich nochmal? Bumbumbum! Was ist los mit euch, Deutji? Sie tanzt, und ihr schaut nicht zu? Arme Jungs! Kommt! Kommt mit Waddie!«

Er führte sie am Mäuerchen entlang zur Rückseite des Gebäudes, und dort kletterten sie über den Zaun. Auf der anderen Seite ging Waddie voraus zu einem Nebentrakt. Im Souterrain befand sich ein Vorratsmagazin, worin ein paar schwarze Jungen Flaschen aus Kisten auspackten, die sie mit Holzwolle polierten und in Regale schlichteten; es roch streng nach Rattengift. Von dort gelangten sie in einen Korridor, der hinter der Küche verlief und in der Nähe der Bühne zwischen Garderoben endete. Über eine schmale dunkle Treppe erreichten sie eine Loge, in der die Anstreicher ein paar Leitern abgestellt hatten.

»Sehr schön«, sagte Waddie, »oder?«

Zog den Zylinder vor ihnen und sprang die Stufen hinunter.

Sie mußten nicht lange warten, bis es losging, waren gerade noch rechtzeitig gekommen, um zu sehen, wie Hauptmann Suck die Bühne erklomm und eine launige Ansprache hielt, in der er alle Anwesenden im Namen der Kolonie

Deutsch-Südwestafrika begrüßte. Er sagte, es sei ihm eine Herzensangelegenheit, heute abend *Caab's Konzert- und Ballsaal* einzuweihen, und er sei begeistert, daß die deutsche Kultur damit ein Bollwerk des Kunstgenusses in Swakopmund errichtet habe. Er zog einen Zettel aus der Tasche, las ab: »Nur wo man lernt, ein Mensch zu sein, kann man andere lehren, Menschen zu werden.« Er fügte hinzu, daß er nicht verhehlen möchte, wie enttäuscht er sei, daß Kaptein Ximenz, der alte Herr der Wüste, wie er ihn nenne, seiner Einladung leider keine Folge geleistet habe. Nichtsdestotrotz werde seine Enkelin Hulette – »Beifall, bitte!« – den verehrten Anwesenden einen Barfußtanz darbieten. Es sei ihm eine Ehre durch und durch, Fräulein Hulette begrüßen zu dürfen!

Unter der Haut, wir
schlafen unter der Haut
der Rinder, der Sterne,
die Haut riecht nach Milch,
und die Haut riecht nach Blut,
nach Vater und Mutter.
Oh, meine Heimat!
Wir lieben uns, und wir sterben
unter der Haut, wo
es nach Gras riecht und nach Staub,
der Rücken schützt uns vor Regen,
der Bauch vor Kälte,
die Kinder begraben wir
mitsamt der Wiege.
Oh, mein Volk!
Unter der Haut, da
wachen die Götter, zählen die Herden,

die großen stolzen Herden,
wandernd von Traum zu Traum,
ein Fluß aus Hörnern,
Berge aus Fleisch, Ströme aus Milch
in einem Land ohne Grenzen.
Es gehört uns nicht mehr.
Zäune wachsen kreuz und quer,
und die Schatten der Schande,
fallen tief in unsre Nacht,
wir essen die Häute der Kälber,
blutige Löcher im Herzen.
Meine Heimat! Mein Volk! Oh,
wo ist unser Grab?
Wo ist unser Grab?

Pontok Blues

Hulette, die in der ersten Reihe einen Platz neben Sucks Gattin innehatte, blieb sitzen, als der Hauptmann auf der Bühne die Arme zu einem Willkommen ausbreitete, blieb sitzen, auch dann noch, als sie von Sucks Frau ein paarmal mit dem Ellbogen in die Seite gestoßen wurde, und als das alles keine Wirkung zeigte, erhob sich Frau Suck hochrot von ihrem Platz, nahm Hulette am Arm und geleitete sie zu dem Treppchen, das zur Bühne hinaufführte, während der Hauptmann beschwörend in den Saal winkte, so daß einfachere Gemüter glauben mochten, all das gehöre schon zur Vorstellung. Schließlich schafften sie es mit vereinten Kräften, Hulette auf die Bühne zu bugsieren, wo sie bewegungslos, aber erhobenen Hauptes stehenblieb und sich, selbst als zaghafter Beifall erklang, nicht von der Stelle rührte. Sie war jetzt barfuß und mit einem Kleid aus feiner weißer Baumwolle kostümiert, das sittsam bis zu den Knöcheln hinunterreichte, um den Kopf ein mit Glaskorallen besticktes Tuch, wie es sich die Frauen ihres Volkes an Festtagen umbanden. Sie sah aus wie eine Braut, die zum Sarg ihrer Jugend geleitet wird.

»Kultur!« rief jemand. Ein paar Zuschauer klatschten Beifall, andere buhten. Kaum war wieder etwas Ruhe eingekehrt, sang jemand inbrünstig und falsch: »Tralala«. Und hörte nicht auf. Hörte nicht auf, bis Waddie auftrat, das Gesicht schwarz geschminkt. Er rollte eine bemalte Trommel auf die Bühne, trug den Frack und den Zylinder und war ebenfalls barfuß, Bote einer Macht, die für Psalter und Harfe nicht gerüstet war. Er schlug einen schnellen Wirbel auf der Trommel, aber statt zu tanzen, ging Hulette zu ihm und wischte ihm mit der Hand die schwarze Schminke aus dem Gesicht. Dann schmierte sie sich die Schminke ins Gesicht, gab der Trommel einen Tritt, daß sie fast zersprang.

Dr. Patarga erhob sich von seinem Platz und schritt so aufrecht und würdevoll zur Bühne, wie es nur ging, hielt sich eisern gerade, als er, ohne zu straucheln, die Treppchen zur Bühne erklomm. Dort stellte er sich, milde lächelnd, neben Hulette, verneigte sich.

»Ein schöner Tag! Ein schöner Abend! Unvergeßlich! Trotz allem!« Er machte eine Kunstpause, sagte: »Wir alle hier, die wir in diesem Land leben, hätten es verdient gehabt, in den Genuß einer Darbietung zu kommen, die uns das Wesen der heimischen Völker offenbart hätte. Aber was tun, wenn, vom Lampenfieber innerlich wie verschmort, der Künstler streikt?«

»Auspeitschen!« rief jemand.

»Meine Damen und Herren, *Caab's Konzert- und Ballsaal* ist nicht Feindesland oder, für die Lateiner unter uns, barbaricum! Schon deswegen sollten wir nicht darauf vergessen, daß für einige Völker die Wiege der Zivilisation enger gezimmert war als uns die unsrige. Ich will damit sagen: Was uns das Auge verweigert zu sehen, erfüllt uns mit Vorstellungskraft!«

Feierlich raschelnd entfaltete er ein Blatt Papier, ähnlich wie es Hauptmann Suck zuvor getan hatte, holte Luft, deklamierte: »*Tanz. Wie schwebenden Schritts sich im Wellenschwunge die Paare drehen! Kaum berührt der geflügelte Fuß den Boden. Wie sich leis der Kahn auf silberner Fluth schaukelt, wie der leichte Rauch, von Zephyr gewiegt, in die Luft fliegt, so hüpft der gelehrige Fuß auf des Tacts melodischer Waage. Wie stürmisch und begeisternd hebt das säuselnde Saitengetön den ätherischen Leib! Im wilden Gewirr durcheinander stürzt der zierliche Bau der beweglichen Welt; doch harmonisch kehrt Alles zur harmonischen Ordnung zurück, denn nur mit verändertem Reiz stellet immer die eine Regel sich wieder dar. Wie schön waltet die Ruhe in den bewegten Gestalten! Ein stilles, heimliches Gesetz lenkt das Spiel der graziösen Verwandlungen; des Wohllautes mächtige Gottheit ordnet den tobenden Sprung zum geselligen Tanz und leitet an des Rhythmus goldenem Zügel die seligen Paare!*«

Als er endete, gab jemand laute Schnarchgeräusche von sich, und Waddie schlug die Trommel. »Ruhe, Kaffer!« schrie jemand. Und Waddie fegte sich den Zylinder vom Kopf und zerstampfte ihn.

Schicksalsergeben zerknüllte Dr. Patarga den Zettel und warf den Papierball ins Publikum, als wäre es ihm möglich damit, die Dämonen der Torheit zu steinigen. Und während sich allenthalben Murren erhob, raffte Hulette den Saum ihres Kleides hoch, zeigte die Male der Züchtigung an Waden und Schenkeln, dunkle Striemen, die an manchen Stellen ein grobes Flechtwerk bildeten. Je höher sie den Saum ihres Kleids hob, desto gellender wurden die Laute, die sie von sich gab, die Stimme eines wilden, kranken Tieres, das sich mit den Zähnen die Klauen zerfetzt. Und während sich die Damen im Saal am lautesten empörten, stampfte Hulette auf, als wollte sie die Bühne zum Einsturz bringen. Dann trat sie an die Rampe, ging in die Hocke, schürzte das Kleid um die Mitte und zeigte dem Publikum, vielleicht eine Sekunde lang, ihr nacktes Hinterteil.

Für einen Moment, der ewig schien, herrschte Totenstille. Das Licht verwandelte sich in Glas, und die Nacht draußen war wie noch nicht geboren. Dann sprangen die Zuschauer auf und schrien durcheinander, als ob sie sich an kein menschliches Wort zu erinnern vermöchten. Mohr rief ihren Namen, von Mal zu Mal kraftvoller, bis ihm Rubyniak mit aller Gewalt den Mund zuhielt. Dann klatschte er Beifall, so wild und so laut er konnte, weil ihm der Jubel nicht gelang, und Rubyniak redete auf ihn ein, aber er verstand nicht, was er zu ihm sagte, die Worte verflogen. Sein Herz schlug, schlug so laut, als wollte es heraus und sich ihr zeigen, ihr zeigen, daß er hier war, bei ihr, während Hulette von den herbeigeeilten Offizieren abgeschirmt wurde und im Geglitzer der Epauletten und Portepees unterging.

Auf Sucks Geheiß enterte die Kombo die Bühne und intonierte den *Krokodilmarsch*:

Unten in der Elbe
schwimmt ein Krokodil,
ist doch wohl dasselbe,
was auch schwamm im Nil?
Was will es nur hier,
solch ein böses Tier?

Ach, sie wollten endlich tanzen oder so tun, statt sich Getrommel anzuhören, statt sich den Arsch einer Negergöre anzuschauen, wollten sich erinnern, an wessen Seite sie einst im Glück der Jugend dahingeflogen waren. *Aber bitte endlich!*

Und während Hauptmann Suck, das Gesicht blaß und wächsern, mit der Geste eines Beschmutzten Stäubchen von seiner Uniform klopfte und seine Gattin ihr verrutschtes Ballkleid in Ordnung brachte, hielten die Offiziere Artingkofer zurück, der in einem Anfall von Volltrunkenheit auf die Bühne geklettert war und gegen das Mädchen handgreiflich werden wollte.

»He«, sagte Rubyniak, »he!«

»Ja, ja«, sagte Mohr. Plapperte wie in Zungen.

Es dauerte lange, bis er merkte, daß Rubyniak ihn noch immer festhielt.

Die Jungen im Magazin hüpften zur Tanzmusik, die aus dem Saal herüberdrang, sie stießen verzückte Schreie aus und faßten sich in den Schritt.

Und als Mohr und Rubyniak auf der Straße standen, sahen sie einander an, wie Hunde einander ansehen, wenn sie aus dem Schlaf erwachen und feststellen, daß sie vom gleichen Knochen träumten.

»Ich bin ein Feigling«, sagte Mohr.

»Bist du nicht!«

»Bin ich nicht?«

»Du weißt jetzt Bescheid. Sieh's so! Komm mit nach Amerika!«

»Amerika ist schon voll«, sagte Mohr.

»War nur ein Vorschlag«, sagte Rubyniak.

»Du hast keine Ahnung von Liebe«, sagte Mohr.

»Darum bin ich so glücklich«, sagte Rubyniak.

Unterwegs sprang Rubyniak immer wieder in die Luft und boxte nach links und nach rechts. »So tanzen Helden«, sagte er.

Unter einer Laterne blieb er stehen und zeigte Mohr eine Brieftasche aus gestepptem Rindsleder. In einem Fach steckten ein paar Scheine, die er herausnahm, zählte und einsteckte.

»Weibels«, sagte er.

»Sag, daß das nicht wahr ist«, sagte Mohr.

»Tut mir leid, aber er hat nichts gemerkt«, sagte Rubyniak, zeigte Mohr seine leeren Hände; die Brieftasche hatte er unbemerkt weggeworfen.

Im *Voigt'schen Store* bestellte Rubyniak für Mohr und sich Bier, dann spielte er Voigt vor, wie Waddie getrommelt und Hulette ihr Hinterteil gezeigt hatte. Sie tranken. Mohr dachte: Ich werde nicht wie Sie, Herr Vater! Und kaum hatte er das gedacht, kam Waddie herein und legte wortlos Weibels Brieftasche auf den Tresen.

»Geklaut«, sagte Voigt.

»Lag draußen auf der Straße«, sagte Waddie. Er hatte noch Reste schwarzer Schminke an den Schläfen.

»Klar«, sagte Voigt, »gleich neben dem Sack mit den Golddukaten!«

»Der Mann hat Familie«, sagte Waddie und zeigte ein Hochzeitsfoto von Weibel herum. Dann steckte er die Brieftasche wieder ein, dachte nach und sagte, als wäre es eines seiner Lieblingswörter in deutscher Sprache: »Finderlohn!«

»Geben Sie ihm was zu trinken«, sagte Rubyniak zu Voigt. »Einladung!«

»Hinten«, sagte Voigt.

»Draußen«, sagte Waddie.

Rubyniak bezahlte Waddies Bier. Sie gingen vor die Tür. Plötzlich stand der Mond am Himmel.

»Du hast schön getrommelt«, sagte Mohr zu Waddie.

»Vorsicht, er ist verliebt«, sagte Rubyniak.

»Verstehe«, sagte Waddie. Er prostete Mohr zu, zerschmetterte die Flasche an der Wand. Wie Glühwürmchen zerspritzten die Scherben. Dann ging er, ließ sie einfach stehen.

Eine Weile liefen sie herum und suchten nach ihm.

»Gib mir was von dem Geld«, sagte Mohr.

»Ist zu wenig, um zu teilen«, sagte Rubyniak.

»Ich brauch aber was.«

»Laß dir was einfallen.«

»Mach ich«, sagte Mohr.

Aber ihm fiel nichts ein.

Dann, als hätte er Mitleid mit ihm bekommen, sagte Rubyniak: »Versuchen wir's am Bahnhof!«

Es war spät, die Straße menschenleer.

In der Bahnhofshalle brannte das Nachtlicht, streute gelbe Flecken auf den verwaist daliegenden Vorplatz. Wind kam vom Meer, rüttelte an den weißstämmigen Bäumchen. Das Tor zur Halle war verschlossen. Sie gingen zum Perron auf der Rückseite und probierten dort, ins Innere zu gelangen, aber auch hier war alles versperrt. Sie schauten ungläubig, als die Tür des Pissoirs aufging und Glatzel und Katzenschlager Hand in Hand herauskamen. Sichtlich verlegen richteten sie ihre Uniformen.

»Und wohin verreisen die Herren?« sagte Mohr.

»Ins Land der Träume«, sagte Glatzel.

»Im Land der Träume muß niemand aufs Klo«, sagte Rubyniak.

»Und schon gar nicht zu zweit«, sagte Mohr.

Die beiden gingen den Perron entlang, und Mohr schaute durch den Türspalt ins Pissoir. Drinnen war alles dunkel und es roch stickig, säuerlich.

Sie standen eine Weile herum und atmeten durch.

Dann trat Mohr das Fenster zum Gepäckraum ein; das Geräusch, mit dem die Scherben niederregneten, war noch nicht verhallt, als er durchkletterte und am Billettschalter die Kasse an sich nahm und sie in Händen wog, bevor er sie mit voller Wucht auf den Boden schmetterte. Er wiederholte es, aber der Deckel sprang nicht auf.

»Scheißding«, sagte er.

Als er wieder aufschaute, sah er den Stationsvorsteher und seine Frau hinter der Glasscheibe, die den Schalterraum von der Halle trennte, die Köpfe wie ängstliche Vögel vorgereckt.

Frau Livonius pochte von draußen an die Scheibe und machte eine verscheuchende Handbewegung. Während Mohr und Rubyniak sie noch anstarrten, hatte sich der Bahnhofsvorsteher von hinten herangeschlichen. Er hielt den Stiel einer Signalfahne umklammert, mit dem er wortlos auf Mohr einhieb. Rubyniak ging dazwischen, rammte den Stationsvorsteher, daß er wegkreiselte und stürzte. Er trat ihn in den Bauch, gegen den Kopf, wo immer er ihn erwischte, so lange, bis er liegenblieb, hilflos wie ein Käfer um sich tastend. Dann kam die Frau mit gerafften Röcken in den Gepäckraum gelaufen, kreischend wie ein wahnsinnig gewordener Geist. Das Stöhnen, das Livonius ausstieß, verstummte erst, als die Frau zu ihm gekrochen kam und sich schützend auf ihn legte. Mit nassen, kalten Augen starrte sie Mohr und Rubyniak an, und Mohr dachte, es könnte ebensogut seine Mutter sein, die da auf dem Boden lag. Wie ein

Rasender zerschlug Rubyniak den Fahnenstiel auf dem Boden, und das klang kaum lauter als das Geräusch, das zu hören gewesen war, als er Fleisch und Knochen getroffen hatte. Mohr hob die Kasse auf, sagte: Komm!«

Draußen rannten sie auf den Gleisen in die Dunkelheit, tief hinein in die Dunkelheit. Kein Schritt weit genug. Der Nachtwind packte sie von hinten und wehte sie davon. Der Schotter zwischen den Schwellen schwarz von Ruß. Nächste Station Pappenheim. Mohr war hinter Rubyniak. Für einen Moment drehte sich die Erde gegen ihn, er kam nicht vom Fleck, und sie stellte ihn auf den Kopf. Da war er noch nie gewesen. Morgen war in tausend Jahren.

Am Wasserturm zog Rubyniak das Gewehr unterm Schwellenstapel hervor und nahm das Bajonett ab.

»Gib mir die Kasse«, sagte er.

Mohr gab der Kasse einen Tritt. Er erinnerte sich an kein ähnliches Märchen.

Rubyniak machte einen Schritt zurück, stemmte den Gewehrlauf gegen das Schloß der Kasse. Drückte ab. Sie zogen die Köpfe ein, als ein Metallspan durch die Luft fauchte. Der Deckel hing verbeult in den Scharnieren.

Ihre Beute bestand aus einem Billettblock und etwas Geld, nicht der Rede wert, Scheine, Münzen, gerade so viel, daß man teilen konnte, ohne sich lächerlich zu machen. Rubyniak gab Mohr eine Fahrkarte, sagte: »Nach Pappenheim?«

»Erster Klasse!« sagte Mohr.

Sie versteckten die Kasse und das Gewehr an der alten Stelle unter den Schwellen, und Mohr sagte: »Sollen wir beten?« Er meinte es ernst.

Als die Hunde in der Stadt das Kläffen aufhörten

und alles ruhig blieb, gingen sie zurück. Unterwegs sagte Mohr, er müsse jetzt schlafen. Er legte sich auf die Erde, weil ihm alles durcheinanderkam, tastete nach dem Geld, befühlte es. Rubyniak gab ihm einen Tritt, sanft wie ein Freund, reichte ihm die Hand und sagte: »Pst!«

Vorm Portal des Bahnhofsgebäudes stand eine Sanitätskutsche, auf den Gleisen Leute mit Laternen, die in die Nacht ausschwärmten.

VI. DAS, WAS MAN LIEBE NENNT

Rubyniak war ihm voraus und verschwand in einem Durchgang zwischen *Jauch's Bierhaus* und dem *Voigt'schen Store*, querte im Eilschritt die Brache, die sich auf der Rückseite der Gebäude erstreckte; dahinter eine einstöckige Baracke, die in den Jahren der Stadtgründung das koloniale Vermessungsamt beherbergt und später als Seemannsheim gedient hatte. Jetzt war das *Tingeltangel* darin untergebracht, ein Bordell, von dem die Männer sagten, es sei bis unters Dach mit Matratzen vollgeräumt und rieche, wenn der Wind ungünstig stehe, nach Salzfisch und Eselschweiß. Tempel der Lüste sahen anders aus. Weiße Bürger verkehrten eher selten dort, und auch den Soldaten der Garnison wurde nahegelegt, das *Tingeltangel* tunlichst zu meiden, da es schmutzig sei und die Weibsleute dort aus Feindesland stammten und ihre Kunden mit Geschlechtskrankheiten ansteckten, um das deutsche Blut zu schwächen. Die Aufpasser, die im Haus für Ordnung sorgten, waren jene Krus, die tagsüber die Brandungsboote ruderten. Es kam immer wieder zu Tätlichkeiten zwischen Aufpassern und Freiern, und manchmal lief eines der Mädchen davon und flehte Passanten auf der Straße an, sich seiner zu erbarmen.

»Fünf Minuten«, sagte Mohr.

»Was fünf Minuten?«

»Ich warte fünf Minuten«, sagte Mohr.

»Du bist goldig«, sagte Rubyniak.

»Also vergiß mich nicht«, sagte Mohr.

»Es macht mich ganz traurig, wenn du dich langweilst«, sagte Rubyniak.

»Genieß es einfach«, sagte Mohr.

Rubyniak nickte und klopfte.

Und während sie warteten, erinnerte Mohr sich an seinen ersten Abend in Afrika, als er in *Jauch's Bierhaus* durch die Luke hinausgespäht hatte in die fremde Nacht. Er hatte sich neu und jung gefühlt und ganz am Anfang von allem, erwartungsvoll und zu allem bereit. Und jetzt stand er hier, wartete, daß dieses Haus in seinen Grundfesten erzitterte, so es Gott gefiel. Er hatte den Löwenkopf auf, und Blut lief ihm übers Gesicht.

Die Tür wurde einen Spalt geöffnet. Licht leckte über die Schwelle. Rubyniak zeigte dem Kru, daß er Geld hatte.

»Das ist genug für euch beide«, sagte der Kru.

»Er will nicht«, sagte Rubyniak.

»Er will nicht?« sagte der Kru.

»Er ist verliebt.«

»In dich?«

»Ich bin beliebt«, sagte Rubyniak.

»Ach, komm«, sagte der Kru zu Mohr.

Winkte sie herein.

Im Salon stand eine Gruppe durchgesessener Polstersessel, die mit rotem Samt bespannt waren. Die Tapeten waren gebauscht, als wären sie an die Wände genagelt, die Fensterscheiben mit rosa Papier beklebt; ringsum waren Spiegel angebracht. Petroleumlampen blakten Rußfädchen zur Decke hoch, die dort schwarze Kringel hinterließen.

Omemee, die Hausdame, empfing sie. Sie hatte die schwärzeste Haut, die Mohr je gesehen hatte, glänzend wie Vulkangestein. Sie war eine stattliche Erscheinung mit dicken Armen, stämmigen Beinen und einem massigen, rollenden Bauch. Sie hatte ihre Augen überall, und ihre Zunge war eine Waffe, wenn es darum ging, für ihre Mädchen zu kassieren, Mädchen mit platten Gesichtern und groben Körpern, jung, hart, verloren im Schmutz des Landes. Omemee küßte Rubyniak und Mohr die Hand.

»Willkommen, liebe Herren!«

Die Mädchen musterten Rubyniak und Mohr. Mohr setzte sich in einen Sessel und schaute Rubyniak zu, der die Reihe der Mädchen auf und ab schritt.

»Und dein Kamerad da?« fragte Omemee.

»Hat eine Frau in Deutschland und eine Frau in Afrika«, sagte Rubyniak.

»Oh«, machte Omemee.

»Sind ihm treu und lieben ihn«, sagte Rubyniak.

»Hm«, machte Omemee und nickte, als würde sie es nicht so recht glauben wollen.

»Nimm dir eine, irgendeine!« sagte Mohr zu Rubyniak.

»Welche gefällt dir?« fragte Rubyniak.

»Fünf Minuten«, sagte Mohr.

Rubyniak zeigte auf ein Mädchen.

»Nicht so schnell«, sagte Omemee. »Gib Geld!«

Rubyniak gab ihr Geld, Mohr sah nicht, wieviel. Sie zeigte es dem Mädchen, und das Mädchen erhob sich. Rubyniak verbeugte sich vor ihm, blieb so, bis es kicherte und mit den Fingerspitzen seiner Narbe nachstrich. Dann kam der Kru und sagte zu Rubyniak, er solle mitkommen, und zu dem Mädchen sagte er, er werde vor der Tür warten.

»Du, hab ich dich schon einmal gesehn?« fragte Omemee.

»Bin das erste Mal hier«, sagte Mohr.

»Deutser Burse«, sagte sie.

Lachte, bis ihr die Tränen kamen. Ihre Lippen waren grellrot.

Sie bemerkte seinen Blick, raffte unwirsch ihr Kleid höher.

»Sei ein guter Junge«, sagte sie. »Wie heißt dein Mädchen?«

»Hulette«, sagte er.

»Hat Bumbum gezeigt«, sagte Omemee.

Er lachte mit, aber sein Lachen, das ohnehin nur höflich gewesen war, erstarb, als zwischen den Flaschenregalen eine verspiegelte Tür aufging und Waddie herauskam. Hinter ihm, in einem fensterlosen Zimmer, ein nackter Junge, der bäuchlings auf einem Tisch lag, die Haut bläulich im Lampenlicht. Einen Augenblick lang sah er Mohr mit leeren Augen an. Mohr fühlte sich an Josephat erinnert. Wie er durch die Dornbüsche am Viehhof gerannt war … Waddie ging vor Mohr in die Hocke, packte seine Knie und drückte sie, ein verschlissenes Lächeln im Gesicht.

»Gut, daß du da bist«, sagte er.

»Faß mich nicht an!« sagte Mohr.

»Die Mädchen können das besser«, sagte Waddie.

»Ich weiß nicht, du bist überall«, sagte Mohr.

»Wie dein Schatten«, sagte Waddie. »Hulette ist hier.«

»Nein«, sagte Mohr.

»Sie ist hier«, sagte Waddie.

»Stimmt das?« Er sah Omemee an.

»Ja«, sagte Omemee, »aber sie arbeitet nicht.«

Waddie sagte: »Frau von Suck hat gesagt, sie kommt ihr nicht mehr ins Haus zurück! Basta! Also, wohin? Alle Männer sagen, komm in mein Bett! Aber nicht für immer! Vielleicht fünf Minuten! Und dann? Morgen bekommt sie Farmer Artingkofer für Zucht und Ordnung und so …«

Er fragte Omemee, ob er zu ihr dürfe.

Und als sie zögerte, sagte er: »Bitte!« Ein Wort ohne Wiederkehr.

»Komm mal!« sagte sie.

Er ging zu ihr. Omemee drückte ihn an sich, er versank in einem Geruch aus Schweiß, Zigarrenqualm und Eau de Toilette. Als sie ihn losließ, stand einer der Krus mit einem Ochsenziemer hinter ihm und lächelte achtlos.

»Sind alles gute Mädchen«, sagte er. »Erstklassige Mädchen! Ficken fleißig!«

»Er will ihr nur Ade sagen«, sagte Waddie.

»Extra Preis«, sagte Omemee zu Mohr.

Er folgte dem Kru durch einen Korridor. Türen links und rechts, hinter denen die Mädchen arbeiteten. Die Dielen knarrten, waren rissig wie die Wände. Der Geruch, der durch die wattige Dunkelheit herausdrang, war schlimm, lebender Gestank. Aus einem der Zimmer kam eine Frauenstimme, die ein Lied sang, immer wieder die gleiche Zeile von vorne, wie ein Vogel, der mit einem Flügel zu fliegen versucht. Schließlich blieb der Kru vor einer Tür stehen, trat beiseite.

»Tu ihr nicht weh«, sagte er.

»Ich tu ihr nichts«, sagte Mohr.

»Das sagen alle, und dann vergessen sie's.« Er lachte. »Fünf Minuten!«

Die Kammer, in der Hulette auf einer stockfleckigen Matratze kauerte, war nicht viel mehr als ein aus Brettern zusammengezimmerter Verschlag. Auf einem Stuhl in der Ecke stand eine irdene Waschschüssel ohne Wasser, daneben ein Blecheimer für Abfälle. Eine Fensterscheibe war zerbrochen, und hinter dem gezackten Loch lärmte der

Riese Nacht, wälzte sich wie ein blökendes Tier in Sterngirlanden. Hulette hatte Kopf und Rücken an die Wand gelehnt und sah ihn an; es dauerte, bis sie ihn erkannte. Sie hatte geweint, und auf ihrer Oberlippe klebte ein bißchen Rotz.

»Komm, du«, sagte sie.

Zeigte auf den Platz neben sich.

Als er saß, wischte er ihr den Rotz weg, und sie nahm seine Hand und sah sie lange an.

»Hast du gut gemacht«, sagte er.

»Gut?« fragte sie.

»Ich hab dich gesehn«, sagte er.

»Man hat mich ins Magazin gesperrt«, sagte sie. »Dort war es dunkel. Alle haben was mit mir gemacht.«

»Was?«

»Was man mit Frauen macht.«

»Du mußt hier weg«, sagte er.

»Gib mir Geld«, sagte sie. »Gib mir Geld, und ich fahre nach Deutschland.«

»Hab bloß das«, sagte er, zeigte ihr das Geld aus der Kasse. Sie schlug seine Hand weg, und es zirpte metallisch, als die Münzen am Eimer abprallten. Wieviel Minuten hatte er noch?

»Sie kommen mich holen«, sagte sie. Und dann, als dürfte sie kein Wort mehr verlieren: »Sie bringen mich nach Gunsbewys.«

»In ein paar Jahren bin ich ein freier Mann«, sagte er.

»Fünf Minuten«, sagte sie.

Eine Ewigkeit.

Fast daß es ihm normal vorkam, bei ihr zu sein. Wie unbedeutend war das Wo, das Warum. Eine Sekunde Glück löscht den Schmerz des Augenblicks. Eine Liebe, wenn es eine Liebe ist, dauert länger als das Leben, dauert länger als der Tod.

Ihr Gesicht war wie ein kleiner dunkler Mond, das Haar an der Stirn ausrasiert.

»Ich heiße Crispin«, sagte er. »Weißt du das nicht mehr?«

»Jaja«, sagte sie, rieb ihre Fäuste an der Matratze, als würde sie nachdenken. »Cripsin!«

»Weißt du noch, wie ich mit dem Sattel auf dem Kopf im Kreis rumgerannt bin? Aber es hat mir nichts ausgemacht, daß du zugeschaut hast.«

»Ja, war komisch«, sagte sie. Sie klatschte in die Hände, als sie sich erinnerte.

Nur noch eine Sekunde, ganz schnell.

Draußen auf dem Korridor grölte Rubyniak Mohrs Namen.

»Hau ab!« rief Mohr.

»Wo steckst du? Steckst du gut?«

»Alle ...«, sagte sie.

»Was alle?«

»Ach, nichts!«

»Sag schon, was?«

»Alle«, sagte sie tonlos, »alle haben probiert, mich zu kriegen. Alle diese Männer haben mit mir gespielt. Es hat jedesmal wehgetan.«

»Ich tu dir nicht weh«, sagte er.

»Ich weiß es besser. Sie vergessen es einfach, daß es wehtut.«

»Du mußt mir schreiben«, sagte er.

»Was?«

»Wo du bist!«

»Und dann?«

»Besuch ich dich!«

Sie rutschte auf der Matratze nach vorne und ließ sich zurücksinken, bis sie auf dem Rücken zu liegen kam, bewegte das Becken. Die Innenseiten ihrer Schenkel waren bläulich verfärbt, weiter oben lodernde Nacht. Sie zeigte ihm ihre Brüste, Schatten im Gewebe. Und dann, nachdem er ihr Kleid in Ordnung gebracht hatte, stand er auf. Der Schmutz an der Wand war wie eine Schrift. Und diese Schrift besagte: NIEMAND ENTKOMMT!

Im Salon hatte sich Rubyniak auf zwei zusammengeschobenen Sesseln ausgestreckt. Er hatte sich das Hemd nur nachlässig zugeknöpft und grinste Mohr zufrieden an. Unter dem Gepruste von Omemee und den Mädchen kippte er ihn von den Sesseln herunter. Rubyniak lag am Boden, hielt sich den Kopf, als wäre er ihm zu groß und zu schwer und, vor allen Dingen, zu unbekannt.

Und so war es wohl auch.

Omemee sagte zum Abschied: »Kommen wieder, die Herrn, kommen wieder, o ja!«

Weiß ist der Schmerz.

Draußen hielt Mohr Rubyniak an der Hand wie ein Kind.

»Sie bringen sie nach Gunsbewys.«

»Ein Schwein mehr, das sich freut«, sagte Rubyniak.

Mohr ließ seine Hand los und Rubyniak suchte nach Halt.

»Tut mir leid«, sagte Rubyniak.

»Hast du noch Geld?«

»Nein«, sagte Rubyniak. »Und du?«

»Und was machen wir jetzt?«

In einem ehemaligen Bierwagen wurde die Kapelle von

Caab's Konzert- und Ballsaal zu *Bahr's Hotel Zum Fürsten Bismarck* transportiert, die Gesichter der Musikanten schimmerten im Mondschein unwirklich fett und betrunken. Unterm Baldachin des Hotels eine Reihe Kaleschen, an den Deichseln schlafende Pferde mit hängenden Köpfen. Ein Polizeidiener grüßte mit erhobener Faust. Die Nacht war wie eine fallende Mauer, und hinter ihr ging die Sonne auf in den Farben des Abendrots. Für einen Traum war es viel zu spät. *Kommen wieder. Die Herren.*

»Also, sag schon, was hat sie gesagt?« sagte Rubyniak.

»Ich soll sie besuchen kommen«, sagte Mohr.

»Ist es dann umsonst?«

Mohr starrte ihm ins Gesicht. Unverwandt.

»Nein, wirklich, es ist gut«, sagte Rubyniak.

Als sie die Promenade passierten, saßen Soldaten auf den Bänken zwischen den Palmen und brannten mit ihren Stumpen Löcher in die Nacht. Das schäumende Meer riß Sandschollen aus dem Strand, die wie winzige Inseln untergingen. Glatzel und Katzenschlager kamen ihnen hinterher.

»Laßt uns reden«, rief Glatzel schon von Weitem.

»Haut ab!« sagte Rubyniak und wackelte mit dem Hintern.

Dann drückte er Mohr an sich, als wären sie ein Liebespaar, unzertrennlich.

»Wißt ihr schon, daß man dem Bahnhofsvorsteher die Kasse geklaut hat?« fragte Katzenschlager und legte einen Arm um Mohr. »Also, wir können schweigen«, sagte er.

»Wir auch«, sagte Rubyniak.

»Bei uns kostet es aber was«, sagte Katzenschlager.

Glatzel hängte sich an ihn, zog ihn von Mohr fort.

»Sie wissen es«, sagte Rubyniak, während sie die Steigung zur Feste nahmen, »sie wissen es!«

Er schrie fast, verfluchte Glatzel und Katzenschlager, Idioten, die ihnen in die Quere gekommen waren und wahrscheinlich glaubten, sie beide seien gemachte Leute, scheißreich.

»Vielleicht«, gab Mohr zu bedenken, »tun sie bloß so als ob.«

Aber Rubyniak fing wieder von vorne an und sagte: »Sie wissen es!«

»Und was ist mit dem Stationsvorsteher und seiner Frau? Glaubst du, die haben uns erkannt?«

»Und wenn schon«, sagte Rubyniak, »in Uniform sehen wir doch alle gleich aus.«

Auf halber Höhe kam ihnen eine Kalesche entgegen, leer und in den Kehren krängend. Weil sie nicht schnell genug wegsprangen, holte der Kutscher mit der Peitsche aus, und Rubyniak heulte ihm hinterher wie ein Wolf in der Falle. So spät in der Nacht sah der Staub, den das Gefährt aufwirbelte, silbern aus, und er stieg bis hoch über die Knie, sank ganz langsam nieder, und jeder ihrer Schritte war nach kurzer Zeit wie verweht.

Rubyniak tastete nach Mohrs Schulter, drückte sie wortlos. Dann sagte er: »Hoffentlich haben sie nicht gesehn, wo wir das Gewehr versteckt haben. Ich brauch's nämlich noch!«

»Wozu denn?«

»Wenn ich wegmache«, sagte Rubyniak.

»Bist du verückt?«

»Ich? Ich bin nicht verrückt, ich weiß, warum! Ich laß mir nicht mehr den Arsch aufreißen für nichts und wieder nichts. Beim nächsten Mal geht die Kugel vielleicht nicht vorbei!«

Sie passierten das Tor, und Rubyniak sagte zu den Wachtposten, sie sollten sich vor fliegenden Ratten in Acht nehmen.

Er mußte mit dem Hauptmann reden. Ein Hauptmann war der Vater von vielen. Er mußte wegen dem Mädchen mit ihm reden, auch wenn er vor Angst fast umkam.

Ja, so werde ich mit Ihnen reden, Herr Hauptmann! Hören Sie!

Ich werde dieses Mädchen zu meiner Frau machen.

Nehmen, es heißt nehmen, Reiter Mohr!

Nehmen, Herr Hauptmann!

Brav, mein Lieber!

Auf der Veranda der Kommandantenvilla brannte ein spätes Licht, dessen Schein bis an Lottchens Zwinger reichte. Mohr blieb stehen und Rubyniak drehte sich nach ihm um und sagte: »Mach bloß keinen Scheiß!«

»Ich muß jetzt allein sein«, sagte Mohr.

Rubyniak versuchte ihn in einem Anfall von Rührseligkeit zu umarmen. »Vergiß sie, gibt genug andere«, sagte er.

Mohr machte sich los und ging übern Exerzierplatz zur Kommandantenvilla.

Über ihm fuhren die Sterne durcheinander, ein Schwarm Libellen in Tintenblau.

Er schnalzte, als er am Zwinger vorbeikam, und Lottchen begann zu knurren, dann hörte er Sucks Stimme, die dem Hund etwas zurief.

Der Hauptmann und seine Frau saßen auf der Veranda, hielten Gläser in den Händen, die im Sternenlicht funkelten, und jeder starrte in seine eigene Nacht.

»Jetzt hast du deinen Willen bekommen«, sagte er.

»Es war unerträglich«, sagte sie.

»Was?«

»Das Schauspiel!«

»Welches Schauspiel?«

»Dieser Tanz und das ganze Getue.«

»Sie hat nicht getanzt«, sagte er. »Sie hat mich blamiert.«

Als sie nichts darauf sagte, sagte er: »Sie hat den ganzen Abend ruiniert.«

»Wir sind sie los, und nur das zählt.«

»Erschrick nicht, meine Liebe!« sagte er. »Wenn mich nicht alles täuscht, steht dort ihr famoser Kavalier und hat uns etwas mitzuteilen! Was wohl?« rief er in Mohrs Richtung.

Die Frau des Hauptmanns stieß einen leisen Schrei aus, als sie ihn bemerkte.

Mohr salutierte. »Melde gehorsamst, Reiter Mohr!«

»Da haben Sie meine Frau aber schön erschreckt!« sagte der Hauptmann.

»Mitten in der Nacht«, sagte Frau Suck, vorwurfsvoll.

»Bitte um Pardon, Frau Hauptmann, Herr Hauptmann!«

»Gewährt! Was gibt's?«

Er mußte sich mit einer Hand am Zaun festhalten, so elend fühlte er sich plötzlich. »Darf ich offen sprechen, Herr Hauptmann?«

»Aber warum denn jetzt? Kommen Sie morgen in die Kommandantur und tragen Sie dort Ihr Anliegen vor!«

»Herr Hauptmann, bitte! Bitte hören Sie mich: Es ist wegen Ihrem Mädchen!«

»Schick ihn weg, aber sofort!« sagte Frau Suck zu ihrem Mann.

»Das Mädchen steht nicht mehr in unseren Diensten!« sagte der Hauptmann. »Es geht Sie zwar nichts an, aber ich hab auch noch andere Probleme: Am Bahnhof wurde die Kasse geraubt und der Stationsvorsteher verprügelt, und jetzt behauptet er, es seien Soldaten gewesen – meine Leute!«

Hinter Mohr warf sich der Hund gegen das Gitter seines Zwingers, und Sucks Frau ging ins Haus. »Hören Sie denn nicht, daß der Hund Sie nicht mag?« rief sie von drinnen.

»Wegtreten!« sagte der Hauptmann. »Sofort!«

Mohr grüßte, machte kehrt.

Unter der Tür der Veterinärstation war ein Streifen Licht zu sehen. Er klopfte. Als sich nichts rührte, rief er: »Ich bin's, Mohr.«

Dr. Patarga öffnete.

»Wo hat man Sie denn ausgebuddelt?« sagte er zur Begrüßung, Mohrs ramponierte Uniform musternd. Er schnitt sich gerade die Zehennägel, überall lagen gelbliche, hornige Splitter auf dem Fußboden. Irgendwie lächerlich. »Wenn ich betrunken bin, tut's nicht so weh!« erklärte er, schnippelte ungerührt weiter, sah plötzlich auf. »Ich wähnte Sie verloren«, sagte er dann, klopfte mit der Hand neben sich auf die Ottomane.

»Wann ist man ein Mensch, Doktor, können Sie mir das sagen?«

»Vielleicht«, sagte Dr. Patarga, »aber nicht mitten in der Nacht!«

»Ich war auf dem Ball.«

»Hab Sie gar nicht gesehn.«

»Aber ich Sie.«

»Dann haben Sie offenbar alles gesehn.«

»Das Mädchen hätte Sie gebraucht. Irgendeinen Menschen, der ihr beisteht.«

»Wie sollte ich das können? Ich bin kein Seelendoktor. Alles, was ich weiß, ist, daß Sucks Frau das Mädchen loswerden will, weil es den Männern den Kopf verdreht, einschließlich dem eigenen. Aber sagen Sie, wie fühlt sich das eigentlich an, mit verdrehtem Kopf durch die Weltgeschichte zu stolpern?«

»Der Kopf«, sagte Mohr, »ist das wenigste.«

»Ach, Sie täuschen sich. Aber das ist immer so, wenn man etwas nicht versteht.«

»Das Mädchen soll zu den Artingkofers«, sagte Mohr.

»Da ist dann nichts zu machen«, sagte Dr. Patarga.

»Nichts?«

»Ja, hab ich gesagt! Nichts! Hören Sie auf zu träumen. Das hier ist kein Land für Träumer. Sie, das ist durchaus zu schätzen, stellen sich sozusagen den großen existenziellen Fragen des Lebens – aber in Wahrheit haben Sie keine Ahnung von nichts! Und irgendwann gibt es das nächste Gemetzel, und Sie reiten los und erschießen Menschen mit oder ohne Befehl – und das ist dann die Kehrseite der Liebe. Außerdem ist das Mädchen unzweifelhaft anders als wir! Vielleicht gibt es gar keine Liebe unter den Kiphkhas? Vielleicht ist ein Kuß eine Strafe für sie?«

»Sie haben schön gesprochen, Doktor!«

»Des Wohllautes mächtige Gottheit ordnet den tobenden Sprung zum geselligen Tanz und leitet an des Rhythmus goldenem Zügel die seligen Paare!«

»Das war das Schönste!«

»Leider nicht von mir! Gute Nacht, ich muß jetzt schlafen.«

Als Mohr sich nicht rührte, sagte er: »Warum wenden Sie sich nicht an den Feldkaplan? Soviel ich weiß, ging das Mädchen manchmal zum Singen zu ihm, er wollte ihr Lieder lernen. Gottgefällige Lieder. Ich glaube, wenn überhaupt, dann hat er sie von uns allen am besten gekannt, weil er sich um ihre Seele gekümmert hat. Und jetzt ab mit Ihnen, Soldat!«

Und dann stellte er sich auf die nackten Zehenspitzen und versuchte Mohr irgendwie freundschaftlich zu umarmen, so wie man einen Schutzbefohlenen umarmt. Diese Umarmung, so nebenbei sie geschah, währte eine Sekunde zu lange und endete damit, daß die Lippen des Doktors sein Kinn streiften, weil Mohr im letzten Moment den Kopf wegdrehte; sie hinterließen einen Speichelfilm auf seiner Haut, der elend langsam trocknete.

»Woanders hätte man sie totgeschlagen«, sagte Dr. Patarga, als Mohr hinausging.

Die Luft war geschwängert vom Nachtschweiß der Männer und den Alkoholfahnen derer, die das flüchtige Glück gehabt hatten, betrunken gewesen zu sein. Als er sich niederlegte, faßte er sich zwischen den Beinen an. Alles in allem kam er sich menschlich vor, ein Mann, vollkommen allein unter Männern. Er bekam noch mit, wie es anfing draußen hell zu werden, dann träumte er. Er ritt im ersten Morgengrauen zum Bahnhof. Am Vorplatz wartete er auf die Wagonette mit den Artingkofers, und als sie kam, saß Hulette hintendrauf, beim Gepäck. Sie winkt ihm schon von weitem zu, springt vom Wagen. Schnell jetzt! Er zieht sie zu sich hoch in den Sattel, einen Augenblick schwingt sie wie ein Engel an seinen Händen. Eine Umarmung. Die Lüge im Traum. Sie reiten den Perron entlang, reiten Artingkofer nieder, der sich ihnen in den Weg stellt. Der Zug, sagt er, fährt ohne sie ab! Beim Anrollen drückt es eine Rußwolke unter die mahlenden Räder, die Waggons beginnen zu rattern und zu klappern, bald hat der Zug die letzten Hütten hinter sich gelassen und kriecht durch die staubige Ebene, verschwindet wie ein eiserner Wurm im Bauch des Himmels. In Frieden, in Frieden dahin! Er lachte. Es gab tausend Gründe dafür.

Weg, Gott!

Jesus!

Auch du!

Kaiser und Reich! Weg damit!

Kam zu sich, als ihm Rubyniak den Mund zuhielt. »Maul, mein Freund!« sagte er, fast flehentlich. Saß am Rand von Mohrs Matratze, schaukelte schlaftrunken, vor und zurück. Mohr sah seine Mutter durchs Schlafquartier kommen. Besuch, sagte sie. Bist mein Junge, mein guter Junge! Du mußt es beichten, an was du denkst, Crispin, und alles wird gut, mußt alles gestehen, und alles wird gut! Singen wir! Sie sang:

Ich hab Böses heut getan,
lieg schlaflos in der Nacht der Braven,
bet zu Gott, ob er verstehen kann,
daß ich ein Lamm bin unter Schafen.

Ihre Stimme viel zu hoch. Als das Lied zu Ende war, kamen Glatzel und Katzenschlager an sein Bett. Sie legten ihm die verbeulte Kasse auf den Bauch und klappten den Deckel hoch. In der Kasse waren Fotos von Männern, die einander küßten. Erst beim zweiten Blick sah er, daß sie nackt waren und Waffen trugen. Dann weinte er.

Gerda Suck
Garnison Swakopmund
An Theodora Artingkofer
Bahr's Hotel Zum Fürsten Bismarck

Ach, Sie meine gute, liebe Theodora Artingkofer,

finden Sie auch so wenig Schlaf wie ich? Ich habe es versucht, aber ich kann einfach nicht, also schreibe ich Ihnen lieber noch schnell einen Brief, bevor Sie sich auf den Weg zum Bahnhof machen. Über die hinter mir liegende Nacht lasse ich lieber langes Gras wachsen, Gras, bis es mir über den Kopf reicht und die Erschöpfung in meinen Augen verbirgt! Ich stehe noch immer unter gelindem Schock. In *Caab's Konzert- und Ballsaal* bringen mich so schnell keine zehn Gäule mehr! Ach, ich vermisse Sie, ich vermisse Sie so sehr, es war so schön, daß Sie da waren und ich Sie endlich kennenlernen durfte! Und was für bezaubernde, wohlerzogene Töchter Sie haben! Welch ein Genuß, in ihrer liebenswerten Gesellschaft gewesen zu sein! Mein Gatte unternimmt zwar alles, um mir den Aufenthalt in der Garnison so angenehm als nur möglich zu gestalten, aber er ist leider dienstlich oft unabkömmlich, währenddessen ich das Haus zu hüten habe. Aber die nächste Zeit habe ich wohl zu tun mit der Suche nach einem weißen Dienstmädchen, nachdem Sie mir mein schwarzes, verzeihen Sie mir mein Scherzchen, zu »entführen« gedenken. Ich würde mir wünschen, Sie eines nicht allzu fernen Tages auf Farm Gunsbewys besuchen zu dürfen, schon weil Sie eine mir verwandte Seele sind! Gute Heimfahrt!

Ihre Gerda

Theodora Artingkofer
Bahr's Hotel Zum Fürsten Bismarck
An Gerda Suck
Garnison Swakopmund

Liebe Gerda,

soeben hat mir der Page Ihr Kuvert auf den Frühstückstisch gelegt. Wir sind die ersten im Speisesaal und genießen die Ruhe nach dem gestrigen Tumult, aber auch den Luxus, der uns umgibt. Beruhigen Sie sich, meine Werteste! Die Dinge nehmen ihren Lauf, und es wird alles gut, Sie werden schon sehn. Mein Mann gibt allerdings zu bedenken, daß Kaptein Abramus Ximenz diese »Wanderbewegung« seiner uns Anvertrauten nicht ohne Mißbilligung aufnehmen wird. Auch möchten wir uns dagegen verwahrt wissen, daß dieser verrückte Josephat wieder hier aufkreuzt und uns Scherereien macht! Zacharias wundert sich übrigens, wieso ein Kundschafter wie Waddie nicht fähig ist, diesen Tunichtgut dingfest zu machen. Trotz der dritten Tasse Kaffee fallen mir die Augen zu! Es war eine lange Nacht. Nur die Aufgedrehtheit meiner Töchter hält mich wach. Auf Gunsbewys könnte ich aufstehen und hinausgehen, meinen Schatten malen, aber Zacharias würde das nicht verstehen. Er ist unterwegs, das Mädchen zu holen.

Immer Ihre Theodora

Die Welt steht nicht still. Das hat sie noch nie getan. Sie dreht sich. Manchmal in einer Sekunde hundert oder tausend Mal. Sie rollt über Herzen und Sterne. Es gibt keinen nennenswerten Unterschied. Sie macht uns zu Fahrenden der Ewigkeit. Niemand weiß, daß wir schon einmal tot waren. Bevor wir geboren wurden, haben wir schon alle Verbrechen und Sünden begangen, die wir hier wiederholen. Tag und Nacht. Auch im Schlaf.

Theodora und Zacharias Artingkofer
Bahnhof Swakopmund
An Gerda und Konrad Suck
Garnison Swakopmund

S. g. Gerda u. Konrad,

bevor wir abreisen, diese kleine »Vollzugsmeldung«: Wir haben uns nach dem Frühstück das Mädchen ins Hotel kommen lassen und in Empfang genommen. Sie wurde von zwei Krus begleitet, die alle Hände voll zu tun hatten, sie zu bändigen. Freiwillig wäre sie wohl kaum mit uns gekommen, aber unsere wackeren Töchter haben nett auf sie eingeredet und Zacharias um Sanftmut angefleht. Es war uns allen etwas peinlich, mit dieser störrischen Hottentottin in der Öffentlichkeit gesehen zu werden, so daß wir uns schon vor der Zeit zum Bahnhof bequemten, wo wir leider draußen auf dem Vorplatz warten mußten, weil der Bahnhof noch gar nicht geöffnet hatte. So fahren wir nun alle trotz allem mit einem guten Gefühl von hier ab und behalten unsere Begegnung in guter Erinnerung. Jetzt schnell eingestiegen – und Abfahrt!

In Verbundenheit Theodora u. Zacharias

Die von Militär- und Polizeibehörde anberaumte Gegenüberstellung fand um die Mittagszeit statt. Eine Sanitätskutsche ratterte durchs Tor der Feste und hielt vor der Kommandantur, ein Gendarmeriekommissar stieg aus und half dem Stationsvorsteher und seiner Gemahlin aus der Kutsche. Eine Tragbahre wurde bereitgestellt, auf die sich Livonius mit geschmerzter Miene niederließ; er legte sich seine Uniformmütze auf den Bauch, weil sie nicht auf seinen mit Binden umwickelten Kopf paßte.

Die Ankömmlinge waren vom Hauptmann und den diensttuenden Offizieren erwartet worden. Auf Sucks Kommando trat die versammelte Mannschaft zum Appell an, richtete sich in Reih und Glied aus. Suck beriet sich kurz mit Gendarmeriekommissar Reuben, ehe er eine Ansprache hielt: »Soldaten! Überall gibt es schwarze Schafe. Nicht nur bei den Negern. Während wir gestern unsern Offiziersball feierten, um ein Beispiel zu geben, daß auch Vorgesetzte nach Dienstschluß Menschen aus Fleisch und Blut sind, haben zwei männliche Personen im Bahnhof die Billettkasse geraubt – eine Tat, die, so wahr uns Gott helfe, nicht ungeahndet bleiben möge, da auch Personen dabei zu Schaden gekommen sind! Herr Livonius, ehrenwert, unbescholten, wurde von den Tätern niedergeschlagen, ebenso seine Gattin alles andere als damenhaft behandelt. Frau und Herr Livonius meinen, gesehen zu haben, daß die Täter die Uniform der Schutztruppe getragen hätten. Um den guten Ruf meiner Männer besorgt, würde ich mir ausbitten, daß sich Frau und Herr Livonius geirrt haben mögen! Niemand begeht im Rock des Kaisers ein Verbrechen an den Bürgern seines Reiches!«

»Was habt ihr mit dem Geld gemacht?« fragte Katzenschlager hinter Mohr und Rubyniak.

»Ruhe im Glied!« rief Weibel.

Mohrs Herz fühlte sich an wie ein stechender Klumpen, als Befehl gegeben wurde, Reihe um Reihe Mann für Mann am Stationsvorsteher und seiner Gemahlin vorbeizudefilieren. *Schau mich nicht so an!* Unter der unbändigen Wucht der Sonne nahmen die Männer weiter vorne ihre Kopfbedeckungen ab, und der Stationsvorsteher musterte ihre Gesichter und bedankte sich bei jedem, den er wegschicken konnte.

»Vielleicht war es unser Herr Hauptmann«, sagte Rubyniak zum Gendarmeriekommissar, als er an der Reihe war. Hatte die Lacher auf seiner Seite.

»Ihr Name« sagte Reuben.

»Rubyniak«, sagte Rubyniak.

»Vorname?«

»Mietek.«

»Was ist denn das für ein Name?«

»Meiner«, sagte Rubyniak, und die Männer lachten wieder.

»Und?« sagte Reuben zu Livonius, und als die Antwort ausblieb, sagte er: »Weiter! Der Nächste!«

Wie ein müder Gott.

Mohr grüßte vorschriftsmäßig, blickte geradeaus, dachte an die Farm und sah sich seinen Namen in die Tafel kerben, nannte Rang und Namen: »Reiter Mohr!«

»Du meine Güte«, sagte Reuben, »wie kommt man denn zu so einem Namen? Und was ist das für ein Dialekt? Hier geboren oder wie?«

»Ein Franke«, sagte der Hauptmann.

»Franken kenne ich. Stadtwurst!«

»Pappenheim«, sagte Mohr.

»Ein Pappenheimer«, sagte Reuben.

»*Ich kenne meine Pappenheimer*«, zitierte Hauptmann Suck.

»Goethe, glaube ich«, sagte der Gendarmeriekommissar.

»Klassiker«, sagte Suck.

»*Niemand ist mehr Sklave, als der sich für frei hält, ohne es zu sein*«, sagte der Gendarmeriekommissar.

»Sieht ihm ähnlich, diesem Goethe«, sagte der Hauptmann.

»Bitte, meine Herren!« sagte Frau Livonius. Ihrem Gatten sickerten Rinnsale dunklen Schweißes durch den Kopfverband. Er hatte Mohr kaum noch wahrgenommen.

Mohr wurde weitergewunken, machte einen Schritt, dann den nächsten. Es war ganz einfach. Nicht rückgängig zu machen. Wir kommen bis nach Afrika. Und wir bleiben dort.

Hinter ihm kam Waddie dran. Als ihn Frau Livonius zu lange anstarrte, nahm er seinen Hut ab und setzte ihn sich verkehrtherum auf.

»Wissen Sie, mein Mann war ein bißchen beschwipst«, sagte Frau Livonius. »Der Ball!«

»Frau Stationsvorsteher«, sagte Hauptmann Suck mit gezügelter Verachtung, »ein Mann ist nicht beschwipst: Ein Mann ist betrunken oder gar nichts!«

Der Gendarmeriekommissar nahm seine Schirmkappe ab, sein Schädel war wie aus Kreide geschnitzt. Er winkte die Männer jetzt schneller durch. Nur noch aus der Sonne! Dann, endlich, gab Feldwebel Weibel das erlösende Kommando: »Rührt euch! Kompanie wegtreten!«

In den Schatten.

Die Männer balgten sich am Tränketrog, spritzten sich naß, waren wie Kinder.

»Wir müssen hier wegmachen«, sagte Rubyniak zu Mohr.

Mohr tauchte seinen Kopf unter Wasser, blieb so lange unten, wie er es aushielt. Es war gut, nichts mehr zu hören, nichts mehr zu sehen, außer das ferne, stille Licht, das von oben durchs Wasser drang. Es ging tief hinab in ihm. Er hatte nicht gewußt, daß es so tief hinabging. Als er wieder hochkam, blies er sich ein paar Tropfen von den Lippen.

»Zu den Portugiesen«, sagte Rubyniak.

»Zu den Portugiesen?«

»Oder zu den Engländern«, sagte Rubyniak.

»Wir können auch heimfahren«, sagte Mohr.

»In Ketten und im Käfig«, sagte Rubyniak.

Sie schwiegen, als Glatzel und Katzenschlager an sie herantraten, als hätten sie jeden Blick, jedes Wort abgesprochen.

»Die Herren wollen uns also verlassen«, sagte Glatzel.

»Könnt ihr Portugiesisch?« fragte Katzenschlager. »Oder Englisch?«

»Wir«, sagte Rubyniak, »wissen nur, wie Kameradenschwein auf deutsch heißt.«

»Dreh nicht gleich durch«, sagte er. »Wir haben gute Chancen.«

»Gute Chancen, in den Bau zu wandern«, sagte Mohr.

»Die ahnen bloß etwas, aber wir wissen Bescheid«, sagte Rubyniak.

»Und in welcher Richtung wohnen die Portugiesen?«

»Meeraufwärts«, sagte Rubyniak.

»Meeraufwärts«, sagte Mohr.

Rubyniak nickte wie eine Maschine. »Genau«, sagte er, »ganz genau!« Dann stand er von der Bank auf und streichelte im Hinausgehen Glatzel und Katzenschlager, als wären sie seine Hunde.

Kaum daß er gegangen war, erhoben sich die beiden und kamen zu Mohr an den Tisch.

»Unser Krimineller«, sagte Glatzel.

»Schwuchtel«, sagte Mohr, aß weiter.

»Mensch«, sagte Katzenschlager, »ihr habt's dem armen Kerl aber ordentlich gegeben! Man meint fast, er hat sie nicht mehr alle, sonst hätte er euch bestimmt erkannt.«

Mohr stand auf und ging. Nach ein paar Schritten waren sie neben ihm, drängten sich gegen ihn und hakten ihn unter.

»Wir«, sagte Glatzel, »können schweigen.«

»Leck mich!« sagte Mohr.

»Gern«, sagte Katzenschlager, »aber nur gegen Bezahlung.«

Theodora Artingkofer
Farm Gunsbewys
An Gerda Suck
Garnison Swakopmund

Liebe Gerda Suck,

die Rückreise von Swakopmund nach Gunsbewys geriet abenteuerlich, weil dieses Mädchen, Hulette, an jeder Station aus dem Zug springen wollte. In Mamelodi gelang es ihr, und sie versteckte sich im dortigen Pionierpark. Ach, bis wir sie wieder hatten! Das Mädchen benimmt sich zwar noch immer ein bißchen bockig, aber mein Mann hat es im Griff. Ich könnte mir vorstellen, daß Sie sich gerne selbst ein Bild von ihrem Aufenthaltsort machen möchten, und deshalb würden wir Sie mit Freuden in unser karges Paradies einladen! Bestimmt haben Sie noch nie in Ihrem Leben so viele Sterne gesehen wie an unserem Himmel. Wie Tropfen aus blauem Feuer schauen sie aus. Wir haben hier auf der Farm einen mit Süßwasser gespeisten Badeteich angelegt, und oft ist uns das unser liebstes Vergnügen, uns dort zu erfrischen. Manchmal braten wir Fleisch vom Lamm im Freien und futtern uns so richtig satt, aber so ganz ungestört ist es leider nie, weil die Farmhelfer die wilden Tiere fernhalten müssen, die vom Fleischgeruch angelockt werden, Hyänen, Schakale und wie sie alle heißen. Jeden Sonntag liest mein Mann zur Feier des Tages den Leuten aus der Bibel vor. Ihr Feldkaplan könnte es gewiß nicht besser machen! Selbst jene, die frisch abgestraft wurden, hängen mit Tränen in den Augen an seinen Lippen. Man hat natürlich seine liebe Plage mit dem Personal. Die Weiber kriegen Kinder, ohne daß man es merkt. Plötzlich sind sie da, sterben von heute auf morgen. Die Leute, die bei uns auf der Farm arbeiten, sind alle von der Nation der Kiphkha, und die harte Arbeit ist wie eine himmlische Strafe für ihre Angriffe, denen wir anfangs ausgesetzt waren. Aber nun, da, wie Zacharias zu sagen pflegt, der Frieden ausgebrochen ist, können Sie ohne Gefahr an Leib und Leben reisen und uns besuchen kommen. Sagen Sie Ja, meine Liebe! Und bitte sofort!

Ihre Theodora Artingkofer

Es war jedesmal ein kleines Freudenfest für die Männer, wenn sie am Monatsletzten nach Dienstschluß beim Zahlmeister in der Schreibstube anstanden, der streng und gleichermaßen verschwenderisch die Schatzkammer eines fernen Reiches verwaltete. Der Nächste! Name? Rang?

Im Korridor erwarteten ihn Glatzel und Katzenschlager, drückten ihn in einer gespielten Umarmung gegen die Wand. Ihre Hände waren überall, ihre Griffe fordernd, ihr

Atem so nah, Gegeifer. Rubyniak drängte sich zwischen die beiden.

Draußen gingen sie von Schatten zu Schatten, und es schien, als wäre durch jeden Schatten eine Grenze gezogen worden. Mohr spendierte einen Stumpen, brach ihn in der Mitte durch, der Tabak war trocken, bröselte. Er rauchte mit Andacht. Im Vergleich zu ihm war Rubyniak ein freier Mann.

»Besser, du gehst ihnen aus dem Weg«, sagte Rubyniak.

»Wie?«

»Gute Frage«, sagte Rubyniak.

»Ich könnte sie erschießen«, sagte Mohr, »und es würde mir nichts ausmachen.«

»So kenn ich dich gar nicht!«

»Du kennst mich überhaupt nicht«, sagte Mohr.

»Dann sind wir schon zu zweit«, sagte Rubyniak.

Er holte eine Münze aus seiner Hosentasche, versengte dem Kaiser mit der Stumpenglut den Zwirbelbart.

»Nimm mich mit!«, sagte Mohr.

»Und das Mädchen?«

»Kann nachkommen!«

»Hochzeitsreise«, sagte Rubyniak.

»Du hast mich erwischt«, sagte Mohr.

»Eben«, sagte Rubyniak.

»Mußt mir schreiben, wo du bist«, sagte Mohr.

»Ich schreib keine Briefe«, sagte Rubyniak, schluckte den Rauch.

»Aber ich muß doch wissen, wenn du eine Farm in Amerika hast«, sagte Mohr.

»Warum?«

»Damit ich das alles glauben kann!«

Es war zu heiß in der Sonne. Fliegen trudelten durch die Hitze. Schön und sinnlos war alles, schon immer gewesen. Mohr dachte an ein Haus voller Kinder, an ein Haus ohne Dach.

Er verlegte sich auf Bitten und Betteln. »Das geht nicht, verstehst du, das geht nicht! Ich hab mich an dich gewöhnt, und das war nicht ganz einfach. Wir sind doch Freunde. Ich kann dich nicht abhalten, und ich kann dich nicht aufhalten, aber tu mir den Gefallen und komm nicht zurück, komm bloß nicht zurück, ich könnte dir nicht mehr in die Augen schauen. Was, wenn sie dich kriegen? Hast du daran gedacht? Ich würde dich nicht besuchen kommen, wenn man dich einfängt. Und wenn man dich hinrichtet nicht! Ich könnte höchstens deinem Pferd erzählen, was für ein Arschloch du gewesen bist! Da«, sagte er, drückte ihm Geld in die Hand, »fahr mit dem Schiff!«

Rubyniak packte Mohrs Kopf mit beiden Händen und drehte ihn in schneller Folge nach links und nach rechts, küßte ihn, laut schmatzend, auf die Stirn. »War nett mit dir«, sagte er und lachte, als Mohr auf ihn losging. Sie waren fast schon am Tor.

»Laß mich los«, sagte Rubyniak.

»Und dann?«

»Dann mach ich runter in die Stadt.«

»Und dann?«

»Dann trinke ich eine Flasche Schnaps. Und dann …«

»Was?«

»… dann nehm' ich Abschied!«

»Mach schon«, sagte Mohr.

»Mensch«, sagte Rubyniak.

»Selber Mensch«, sagte Mohr.

»Von Geburt Aff«, sagte Rubyniak.

Er ließ Mohr den letzten Zug tun, dann setzte er sich in Bewegung, den Kopf hoch erhoben, als würde er einem lockenden Ruf folgen, der aus den Urwäldern der Kindheit zu ihm herüberdrang, aus diesem Dickicht, in dem das Herz für immer gefangen bleibt. Mohr blieb stehen, als würde er Rubyniak den Vortritt lassen wollen, und Rubyniak ging einfach weiter, als würde der Horizont auf ihn warten – und alles, was dahinterlag.

Ging durchs Tor, hinaus.

Mein lieber Sohn,

am Postamt in Pappenheim hat man gemeint, wo Du bist, gibt es nur Flöhe und Dornen. Gerne würde ich kommen, aber ich glaube, es ist zu weit, zu weit und zu teuer. Die Reise dauert einen Monat, hast Du mir geschrieben: einen Monat auf dem Wasser. Also, man kann nicht einfach aussteigen und zurückfahren, wenn es einem zuviel wird. Dort, wo Du bist, würde ich mich schon nützlich machen können, so alt bin ich noch nicht. Auf einer Farm braucht man jede Hand, weil Arbeit gibt es vorn und hinten das ganze Jahr über. Du hast mir geschrieben, daß du eine Farm gesehn hast und daß sie vielleicht gar nicht so teuer wäre. Vielleicht zeigt Dir Gott der Herr einen Flecken Erde, wo seine Liebe Früchte trägt. Vater ist krank, er hat Wasser, obwohl er zeitlebens nur Bier getrunken hat, hat Gicht und brüllt in der Nacht. Erst wenn er tot ist, kann ich ihn allein lassen. Welche Mutter möchte nicht zu ihrem Kind? Ich kenne keine!

Er hätte am liebsten geheult, als er auf seiner Matratze lag. Manchmal war ihm zumute, als kehrte Rubyniaks Schatten zurück, um noch eine Weile bei ihm zu bleiben. Er hatte das Geld unters Kissen gestopft und rührte sich nicht vom Fleck, bis es draußen ganz dunkel geworden war. Dann stand er auf, nahm das Geld an sich und ging hinunter in die Stadt, den Lichtern entgegen, die wie schimmernde Flecken auf dem Ozean trieben. Überall Soldaten und Polizeidiener. Ein Tollhaus die Stadt. Schwarze Löcher zwischen den Häusern. *Jauch's Bierhaus* in einer Wolke aus Schweinsbratenduft, der *Voigt'sche Store* von Betrunkenen belagert, die bis hinaus auf die Straße standen. Rubyniak war nirgends mehr zu sehen. Rubyniak war im *Tingeltangel* und nahm Abschied von allen Mädchen, die er kannte, tanzte mit Omemee und fragte die Krus, wie es da aussähe weiter die Küste runter. Und die Krus nickten bedeutungsvoll, weil sie wußten, was da unten kam oder schon davon gehört hatten – jedenfalls nichts, was es nicht hier schon gab, Sand, Steine, und irgendwo eine Grenze, scharf bewacht, als würde es tatsächlich jemand schaffen, durch die Wüste zu kommen.

Mohr wußte nicht, daß die Hölle keine Tore hat, sondern daß man wie durch Wurmlöcher in die Höfe des Feuers kriechen muß, um sich mit der Wahrheit des Himmels vertraut zu machen. Und als er dann den Bahnhofsvorplatz vor sich sah, auf dem die Bäumchen stillstanden wie erstarrte Rekruten, zwang er sich, weiterzugehen und das Naheliegende zu tun. Er kontrollierte das Pissoir. »Schweine«, sagte er ins Dunkel. »Gottverdammte Schweine!« Als er vom Perron auf die Gleise sprang, war ihm jeder Atemzug wie eine Offenbarung.

Er ging durch die Finsternis zum Wasserturm. Dort hockte er sich auf den Schwellenstapel und wartete, bis alles ganz ruhig in ihm war. Die Geräusche der Stadt drangen nicht bis hierher, hier war die Stille einer alten Zeit, die sich aus dem Schweigen der Gestirne nährte. Dann kniete er nieder, zog die Kasse heraus, der Deckel klemmte, und er wußte sich nicht anders zu helfen, als das Gewehr herauszuholen und ihn mit der Klinge des Bajonetts aufzuhebeln. Dann legte er seinen Sold in die Kasse und schob sie wieder zurück an ihren Platz, vergewisserte sich, daß das Gewehr geladen war. Der feine Glanz der Patronen, fast spürbar auf der Haut, ließ ihn den Atem anhalten. Er legte an und richtete den Lauf hinauf in den nachtdunklen Himmel über ihm, als könnte er ein Stück aus dem Mond schießen. Gott hob die Hände und segnete ihn. Ich bin überall, sprach er. Bin auch in dir und überall.

Er stellte sich Rubyniak entgegen, als er angeritten kam, wich keinen Schritt zur Seite. Bleib da! sagte er zu ihm. Am liebsten hätte er abgedrückt, nur um zu sehen, was passiert und wie es passiert.

Livonius und seine Frau steinigten ihn mit Schotterbrocken. Deine Mutter kann tanzen, sagte eine schwarze Stimme in ihm. Er leckte am Lauf des Gewehrs. Der Geschmack von Waffenfett. Jetzt machte es ihm nichts mehr aus, sich den Lauf in den Mund zu schieben, eine Bewegung, und er konnte sich damit jeden Traum ins Herz und aus dem Kopf schießen. Und wo war die Heldenhaftigkeit? Nur so viel, daß man kein Feigling blieb? Daß man stehenblieb, als würde man an das ewige Leben glauben und nicht gleich fallen? Nimm's mit! sagte die Stimme von vorhin, diesmal hatte sie ihn angesprungen wie ein goldfarbenes Tier, das vor Wärme dampfte. Nimm's mit und laß nicht mehr los! Du brauchst es bis zuletzt. Es ist gut, etwas zu haben, etwas, das einem allein die simple Mechanik einer Waffe zu geben vermag. Du trägst den Tod im Arm wie ein dürres Kind, und er durchbohrt dir das Herz mit einem kalten Lächeln. Ja, dachte er, als er das Bajonett an sich nahm, ja. Ihm war, als könnte er damit Sonne und Mond durchbohren.

Und jedes andere Ding auf Erden.

Wie fing gleich alles an? *Da hinten waren Weiber!* Er wischte die Klinge sauber und verbarg das Bajonett unter seinem Uniformrock. Dann schob er das Gewehr zurück an seinen Platz, scharrte Sand und Schotter drüber.

Er lief auf dem Gleis zurück zum Bahnhof. Drüben auf dem Perron, wo sich Mückenwolken um einen Petroleumkandelaber ballten, standen zwei Soldaten und winkten ihm. Sie setzten sich auf die Bank, die dort stand, und einer von ihnen, der eine Flasche in der Hand hielt, tat so, als würde er ihm zuprosten. Als Mohr stehenblieb, rief er: »Versteck dich nicht!«

»Ich versteck mich nicht«, sagte Mohr.

»Was machst du da? Warum kommst du nicht ein bißchen zu uns?«

»Hab kein Geld!«

»Mensch, Mohr, das sagst du dauernd!«

Mohr kletterte auf den Perron, und Glatzel und Katzenschlager rückten beiseite, als er sich neben sie setzte.

»Ich liebe diesen Tag«, sagte Katzenschlager. »Alle betrunken. Alle verliebt. Alle wie nicht gescheit. Jeder hat Geld. Einer mehr, einer weniger. Zwei nicht genug.«

»Er denkt über alles nach«, sagte Glatzel.

Sie rochen nach Schnaps und Pissoir.

»Du«, sagte Katzenschlager, »kannst machen, was du willst, aber du kannst nichts gegen uns machen. Denn wir sind bei dir und ganz sicher nicht bis ans Ende unsrer Tage.«

»Ganz sicher nicht«, sagte Glatzel.

»Also, was hast du da draußen gemacht?« fragte Katzenschlager. Als Mohr nicht antwortete: »Geheimnis?«

Mohr stand auf.

»Oh, bleib bei uns!« sagte Katzenschlager.

»Warum laßt ihr es nicht gut sein?« sagte Mohr.

»Aber es ist doch alles gut«, sagte Katzenschlager. »Der Mond scheint die Sterne an, und wer weiß, ob wir je wieder nach Hause kommen werden: jung, glücklich, reich. Ich möchte das gerne. Du nicht?«

»Ich geh jetzt.«

»Er geht jetzt«, sagte Glatzel.

Folgte Mohr und legte einen Arm um ihn. Und als Mohr sich losmachte, stieß ihn Katzenschlager gegen die Tür des Pissoirs. Dann zerrten sie ihn über die Schwelle, schlossen die Tür. Er breitete die Arme aus, als ihm die Beine unterm Leib weggetreten wurden, kroch davon, spürte überall Nässe, ertastete eine geteerte, glitschige Rinne, und seine einzige Angst galt dem Bajonett – Angst, daß es ihm abhandenkam. Er duckte sich unter den Schlägen und Tritten, kroch auf Händen und Knien zur Tür, die im Wind schlug, lachte, erbrach; es war ein weiter Weg in die Zukunft. Noch weiter in den nächsten Augenblick. Sie zogen ihn hinaus auf den Perron und warfen ihn hinunter auf das Gleis. Er fiel hart und spürte, wie ihm die Bajonettklinge ins Bein stach. Jeder Schmerz war neu und ganz anders als der vorhergegangene, und keinem wollte er nachgeben. Er nahm alle Kraft zusammen, stemmte sich hoch, aber noch während er sich erhob, bekam er einen Tritt an den Kopf, der ihn ein paar Schritte wegtrieb.

Komm! sagte seine Mutter. Du mußt schreien!

Er muß schreien, sagte die Hebamme, aber er schrie nicht.

Selbst als sie ihn an den Beinen packte, hochhob und kopfunter hielt, schrie er nicht. Oh, komm, meine Zukunft, komm mit Liebe und Glück!

Er kam zu sich, verlor sich, kam zu sich und verlor sich. Er atmete die Nacht ein, blieb immer wieder stehen, hielt sich im Schatten.

Als er sich, ein taumelnder Geist, die Straße hinauf zur Feste quälte, fuhr er sich mit einer derart ruppigen Bewegung über die Augen, daß alles um ihn herum zu zerfallen schien. Er legte sich hinter einen mit stachligem Gras bewachsenen Felsblock und blieb eine Weile dort. Er hatte alle Zeit der Welt, genug für die Ewigkeit. *Nimm mich mit!* Er verbuddelte das Bajonett neben dem Felsblock, schlief ein. Aufkommender Wind, der ihm Gneis unter den Kragen seines Uniformrocks wehte, weckte ihn, also stand er auf, trieb im Licht des Monds, fand zurück.

Einer der Torposten geleitete ihn zum Krankenbau und weckte den diensttuenden Sanitätssoldaten.

Während sie warteten, fragte er Mohr: »Wer war das?«

»Wir«, sagte Mohr, »ich glaube, wir.«

Der Torposten war so durcheinander von Mohrs Anblick, daß er ihm gesunde Genesung wünschte

Die nächsten zehn Tage verbrachte er in einer Krankenstube mit einem Pferdebiß, einem Leistenbruch, einem ausgekugelten Knie und einem Kameraden, der sich beim Waffenreinigen ein Ohrläppchen abgeschossen hatte. Sie alle waren weit weg und drangen nicht ins Reich seiner Befindlichkeit vor.

Er hatte, wie es so schön heißt, Glück im Unglück gehabt. Der Sanitätsrat, der ihn behandelte, hatte Prellungen an Rücken und Brust, Verstauchung eines Nackenwirbels, eine Spaltung der Unterlippe seitlich links, den Verlust eines Backenzahns und eine Fleischwunde am linken Oberschenkel festgestellt – schlimm, aber nicht unheilbar, wie er sagte. Ein paar Tage Bettruhe würden das Ganze zum Abheilen bringen.

Er lag herum, phantasierte. Es war langweilig.

Am zweiten oder dritten Tag hatte ihn ein Militärpolizist an seinem Krankenlager aufgesucht und ihn vernommen. Er hatte sich ein paar Notizen gemacht und ein Protokoll angefertigt. Mohr hatte ihm unbewegt zugehört und so getan, als könnte er sich an nichts mehr erinnern.

»Waren Sie betrunken?«

»Es war Nacht!«

»Wieviel waren es?«

»Keine Ahnung. Drei oder vier.«

»Drei oder vier was?«

Was was?

Die letzte Frage: Ob es Kiphkhas gewesen waren?

»Elefanten. Aber sie haben deutsch gesprochen.«

»Hab ich mir gedacht«, hatte der Militärpolizist gesagt.

Kurze Zeit später gelang es ihm, im Bett zu salutieren und nach den Faltern zu schlagen, die das Nachtlicht anlockte. Und bald darauf waren die Prellungen größtenteils abgeklungen; auf seiner Lippe hatte sich Schorf gebildet, der in der Hitze unsäglich kribbelte. Der Pferdebiß führte ihn die ersten Schritte durch die Stube, Fenster, Tür und zurück zum Bett, und das Ohrläppchen kam noch einmal zu Besuch und wünschte ihm alles Gute.

Am Tag, als er entlassen wurde, fühlte er sich eher als Veteran denn als Rekonvaleszent.

Nachdem er eine Runde um den Exerzierplatz gegangen war, betrat er den Stall. Er versprach Perilo ein Stück Zucker, striegelte ihn, und die Arbeit tat ihm gut, sie kräftigte ihn, und er fühlte sich gewappnet.

Im Quartier fiel ihm als erstes auf, daß das Bettzeug auf Rubyniaks Matratze fehlte. Eine Weile sah er die nackte Matratze an. Rubyniak ritt zwischen Meer und Wüste, frei, glücklich. So ungefähr mußte es sein, wenn man am Leben hing. Es war gar nicht so schwer, sich den Oranje vorzustellen, ein still sich in den Ozean ergießender Fluß. So viele Wolken und Gipfel hatten sich in seinen Fluten gespiegelt, daß er wie bedeckt war mit ihren Bildern. An seinen Ufern grasten Rinder mit grauen Hörnern, die nicht aufsahen, als Rubyniak zwischen ihnen in den Fluß ritt und den Himmel grüßte, während sein Pferd unter ihm den Grund verlor und zu schwimmen begann. Und als die Strömung zunahm, braun von Sedimenten und Reliquien der Fruchtbarkeit, drehte es sich ein paarmal im Kreise und wußte nicht mehr, wohin …

VII. MÜDE DIE KÄMPFER AM ABEND

Am Abend war Mohr nach draußen gegangen, um Elchlepp abzupassen, wenn er aus der Schreibstube kam, wo er arbeitete, wollte ihn fragen, warum er ihn nicht im Krankenhaus besucht habe – und so war er Zeuge geworden, wie Waddie Rubyniak zurückbrachte.

Er kam durchs Tor geritten, ein lediges Pferd mit sich führend, auf dessen Rücken, wie ein Bündel Lumpen festgebunden, Rubyniak lag. Arme und Beine hingen herab, manchmal schnappte Sucks Hund danach, der an langer Leine neben den Pferden ging.

Mietek! dachte Mohr.

Rubyniak hatte auf dem Ritt Stiefel und Mütze verloren. Die Farbe seiner Uniform war verblichen, sie wirkte wie eine brüchige Hülle aus Staub und Schweiß.

Waddie parierte sein Pferd vorm Krankenbau, und der Hund hockte sich dankbar in den Staub und hechelte mit roter Zunge, bis Hauptmann Suck gelaufen kam und ihn lobte und streichelte. Dann ließ er sich einfach umfallen.

Waddie stieg ab und löste die Stricke, mit denen Rubyniak fixiert war. Rubyniak rutschte in einer fast gemächlich wirkenden Bewegung vom Pferd. Seine nackten Füße waren unförmig angeschwollen und blutverkrustet, und mit zwischen den Beinen hängender Hose wurde er von einem Krankenpfleger in den Krankenbau geschleift. Mohr sah zu, wie Waddie die Pferde in den Stall führte.

Waddie war beim Absatteln, als Mohr ihn packte und ihn anspuckte.

»Komm schon!« sagte Waddie.

»Wie weit ist er gekommen?«

»Hast du weit gesagt?«

»Ja«, sagte Mohr.

»Nicht weit genug«, sagte Waddie. »Und der Hund hätte ihn ohne mich noch schneller gehabt. Hat ein Messer dabeigehabt. Hat mich fast erwischt. Hat sich gewehrt. Aber mit was? Mit sich! Ohne Wasser wird man blind. Da unten, sag ich zu ihm, kommen Feinde – aber er weiß schon nicht mehr, was er sagt, sagt, da unten kommt Amerika! »

»Amerika«, sagte Mohr.

»Amerika«, sagte Waddie. »Er war dein Freund.«

»Er ist mein Freund. Und du bist der Kaiser von Afrika, der Kaiser von ganz Afrika!«

»Schau mich nicht so an! Er ist ein Deserteur! Wir haben ihn gekriegt und basta!«

Gefällt dir Amerika? Man kann dort von Ozean zu Ozean reiten, vom Eisberg zum Kakteenhain. Büffelherden, Eisenbahnen, Städte, die so groß sind wie ein ganzes Land. Und Ortschaften, wo nur Franken und Bayern wohnen, fast wie daheim. Gib mir Antwort, damit ich noch an etwas glauben kann! Du verdammter Narr, ich bin doch dein Freund, oder nicht? Wie kannst du so zurückkommen, so elend? Als ob es Amerika gar nicht gäbe? Nicht einmal in irgendeinem Traum.

Er ging zum Krankenbau und bat darum, Rubyniak sehen zu dürfen. Der Krankenpfleger wollte ihn wegschicken, aber Mohr weigerte sich, zu gehen.

»Wie geht's ihm?«

»Das weiß im Moment niemand. Komm morgen wieder.«

»Was versteh ich jetzt nicht?«

»Er ist nicht bei Besinnung.«

»Aber er wird nicht sterben, oder?«

»Ich sag gar nichts.«

»Bitte«, sagte Mohr.

»Wollen wir hoffen«, sagte der Krankenpfleger.

Eines Tages würde er sich auf den Weg zum Oranje machen, nur so, den Hufspuren von Rubyniaks Pferd folgend, wie es sein Herz befahl, eine Spur so zart und verloren wie die eines Tänzers im Sturm. Er würde den Weg bis zum Ende zurücklegen, nicht um Rubyniak zu beschämen, sondern um zu sehen, wie es auf der andern Seite war, wo vielleicht schon Wein an den Dornbüschen wuchs.

In der Baracke sprachen sie alle von Rubyniak und am meisten darüber, daß er es nicht geschafft hatte und wie man es hätte besser machen können, und Mohr ließ sie reden. Rubyniak war ihm näher gewesen als jeder andere, nicht nur ein Kamerad, sondern ein Freund, und etwas wie Dankbarkeit überkam ihn.

Jetzt kamen sie zu ihm.

Glatzel und Katzenschlager.

Er sagte nichts, sah sie nur an.

»Kein Rubyniak mehr, der dir beisteht«, sagte Glatzel.

»Schöner Platz!« sagte Katzenschlager, klopfte auf Rubyniaks Matratze.

»Schon vergeben«, sagte Elchlepp hinter ihm.

Breitete sein Laken und seine Decke aus.

»Danke«, sagte Mohr. »Weißt du was von Rubyniak?«

»Ein Wunder, daß er noch lebt. Das ist doch schon was!« sagte Elchlepp.

»Das ist gut.«

»Nein«, sagte Elchlepp. »Er bekommt einen Prozeß.«

Elchlepp mußte es wissen. In letzter Zeit arbeitete er in der Schreibstube der Kommandantur, weil er eine schöne Schrift und Bücher gelesen hatte.

»Er wird hundert«, sagte Mohr.

»Bei Wasser und Brot«, sagte Elchlepp.

»Danke«, sagte Mohr nochmal, als sie auf ihren Matratzen lagen.

»Einmal genügt«, sagte Elchlepp.

Noch vor dem Wecken war Mohr auf und ging zum Krankenbau. Gerade als er anklopfen wollte, trat Feldkaplan von Wilhelmi ins Freie, lächelnd, als wäre er in den Mund gebissen worden.

»Du hast schon lange nicht mehr gebeichtet, mein Sohn! Hast du es tatsächlich so lange ohne Sünde ausgehalten?«

»Wissen Sie etwas von Rubyniak? Wie geht's ihm?«

»Komm grad von ihm, hab ihm die Hände gefaltet, die Augen zugedrückt. Ging gar nicht so leicht, aber Gott wollte es so.«

Gott wollte es so, dachte Mohr. Gott wollte es so. Aber so kam man nicht nach Amerika, indem man einfach starb, nur weil Gott es so wollte. Mietek, dachte er, was für einen Fehler hast du gemacht? Hast dich fangen lassen von einem Hund und einem Kerl wie Waddie. Ich hab's dir so gewünscht, auf die andere Seite zu kommen.

»Warum ist er gestorben?«

»Du meinst, woran?«

»Egal«, sagte er.

Wandte sich ab.

Gefällt dir Amerika?

Er hatte ein schlechtes Gewissen, weil er nicht hineinging und ihn besuchte, hatte Angst und wollte keinen Toten kennen. Der Tod war etwas für Alte, für Feinde, nichts, was ihn betraf. Der Tod war in den Strohpuppen, in die er sein Bajonett rammte, war in den Tieren der Wildnis, die vor ihm Reißaus nahmen, als witterten sie die Waffen, die er trug. Er war sich einfach zu jung, um zu sterben, war voll unbedingter Hoffnung, daß er noch für unendlich lange Zeit auf der besseren Seite des Schicksals stand, auf jener Seite, die der Hoffnung zugeneigt war. Von Elchlepp erfuhr er später, daß Rubyniak noch am selben Tag wegen der zur Zeit herrschenden Temperaturen im Militärkomplex des Swakopmunder Friedhofs bestattet worden war, streng abseits, wie es das Reglement für einen Deserteur vorschrieb, doch immerhin im Beisein des Feldkaplans, der die Einsegnung vorgenommen hatte, so daß niemand hätte sagen können, man habe ihn wie einen Heiden verscharrt. Mohr fragte Elchlepp, wo der Friedhof liege, und Elchlepp sagte, weitab vom Schuß. Draußen in Vineta, nicht gerade der schönste Platz, um für immer dort zu liegen.

Am nächsten Abend nach getanem Dienst zog er inmitten einer Horde von Kameraden hinunter in die Stadt, eingehüllt in eine Schleppe aus Staub und Gelächter und bis zum Zapfenstreich erlöst von der Fron des Gehorsams. Die untergehende Sonne warf ein orangerotes Licht auf die Mole und die Palmen, die Luft schmeckte nach Salz und dem Ruß aus den Schornsteinen der Dampfer. Das Stück Strand zwischen Meer und Dünen sah aus wie eine Rennbahn, auf der Abertausende Reiter dahinjagen konnten.

Und allen voran Rubyniak. Knochen aus Licht, die durch seine Haut schienen. Amerika! schrie er, und sein Pferd flog. Wenn man nur wollte, war jeder sein eigener Herr, konnte tun und lassen, was ihm beliebte, in jeder Sekunde dieses dahinjagenden Lebens – denn das wahrhaftige Leben spielte sich irgendwoanders ab, in einer anderen Welt, die für sie hier keine Gültigkeit hatte. Hier, wo sie sich befanden, berührten sich die winzigen, flüchtigen Landmarken ihrer Existenz wie schwarze Inseln aus Eis auf dem Flammenmeer der Geschichte.

An der Promenade trennte er sich von dem Haufen und ging eigene Wege. Er suchte den Friedhof in Vineta.

Der Friedhof erstreckte sich hinter Werkstätten und Futtersilos, und die Grabsteine waren grau wie die Erdhügel auf den Gräbern. Er ging außen an der Mauer entlang ums Geviert und blickte übers Gräberfeld, und als er ans Tor kam, ging er weiter. Er bückte sich nach einem Stein und warf ihn über die Mauer.

Rubyniak.

In hundert Jahren ist alles vorbei!

Er glaubte ihm kein Wort. Nicht einmal in seinem Kopf.

Dann senkte sich die Nacht auf die Stadt, feucht, flimmernd, und nach und nach leerten sich die Straßen. Die Soldaten stürmten die Lokale, und all die hübschen Mädchen blieben zuhause, von ihren Müttern bewacht, während die Väter am Fenster standen, bereit hinauszustürzen, sobald sich einer von ihnen näherte und Anstalten machte, sich unschicklich zu benehmen.

Als es dunkel genug war, ging Mohr zum Versteck am Wasserturm. Die Kasse und das Gewehr lagen nicht mehr dort, und er grub und scharrte, bis ihm die Nägel brannten.

Dann umrundete er einige Male den Schwellenstapel, machte die Kreise größer. Rubyniak, dachte er, als er die Gleise querte, die Schienen kupfrig gefärbt vom Licht des Mondes, Sand und Schotter zwischen den Schwellen. Aber es war sinnlos, jetzt an ihn zu denken. Er wartete, bis er seinen Atem wieder hörte, und das dauerte einige Zeit, hörte, wie sein Herz schlug, schneller und härter als je zuvor. Mach einen Schritt! Vergiß diesen Platz! Besser so. In Ewigkeit Amen. Zwischen Kohlebunker und Reparaturschuppen waren Geräusche von tastenden Schritten, und der Wind brachte Laute mit sich, die wie von Tieren klangen, sie schienen aus jeder Richtung zu kommen und immer näher. Er ging in die Hocke, hielt den Atem an und lauschte. Etwas schmatzte und kicherte, und als er die Hände ausstreckte, griff er in ein Gesicht, fühlte Lippen, Zähne. Sprang auf.

»Guter Soldat«, sagte jemand, hielt ihn fest. Die Stimme kam ihm bekannt vor, fast ein Singen.

Er konnte zwei, drei Kiphkhas erkennen, die sich um ihn geschart hatten, in einer klickenden, schnalzenden Sprache redend, zwischen jedem Wort ein alles verschlingender Abgrund, jeder Laut wie vom Gipfel eines Berges gesungen. Er spürte ihren Atem über ihn wehen.

Und dann sagte Josephat: »Du da, du bist das, du hast das Gewehr mitgenommen. Er«, sagte er dann zu den anderen, »hat auf mich geschossen.«

»Daneben«, sagte Mohr.

Sie lachten und wiederholten, was er gesagt hatte.

»Hast du Tabak?«

»Nein«, sagte er.

»Hast du Suppi?«

»Nein.«

»Geld?«

Mohr lachte.

Einer sprang ihn von hinten an, zog ihn nach unten, bis er auf dem Rücken lag, und Josephat stieß ihn mit dem Fuß unters Kinn.

Lachte trotzdem.

Sie durchwühlten die Taschen seiner Uniform, rissen an den Knöpfen.

»Wo Geld?«

»Ich hab nichts«, sagte er. »Kein Geld. Kein Gewehr …«

Josephat kniete auf ihm, steckte ihm ein Messer in den Mund. Er schluckte ein paar Tropfen Blut. Das Messer glitt ein Stück tiefer, erstickte ihn fast. Währenddessen zogen ihn die anderen aus, schüttelten Hemd und Unterhose, als hätte er geheime Verstecke überall am Leib. Als sie nichts fanden, ließen sie von ihm ab.

»Daneben«, sagte Josephat.

Er betrat *Jauch's Bierhaus* und sah sich um. In einer Ecke saßen Glatzel und Katzenschlager an einem Tisch. Sie hatten volle Krüge vor sich und Braten auf ihren Tellern. Als er näher kam, brachten sie ihr Besteck in Fechtstellung. Er griff nach dem angeschnittenen Knödel auf Glatzels Teller, tunkte ihn in die Soße, leckte sich die Finger und steckte sie in Katzenschlagers Krug, rührte ein bißchen darin herum. Auf einen Wink Katzenschlagers kam ein Kellner an den Tisch, packte Mohr im Genick und führte ihn durch die Gaststube zur Tür. Im Hinausgehn grüßte Mohr den Löwenkopf.

Draußen ein schneller Schnitt durch Himmel und Erde.

Vorm *Voigt'schen Store* hockte ein Pulk Eingeborener im Straßenstaub. Sie zeigten mit den Fingern auf ihn, als er vorbeiging. Wie ein Hund, der Angst vor der Straße hat, dachte er, kehrte um und schlug dem erstbesten den Hut vom Kopf.

Später stand er eine Weile vorm *Tingeltangel* herum, hinter den Fenstern dieses rote Licht, das er von damals kannte, wandernde Schatten darin, die weder tanzten noch schwebten, sondern, wie gefällt von ihren Lüsten, dem Erdboden entgegensanken. Er dachte an Hulette und versuchte ihr zu sagen, daß sie nicht vergessen war und daß er immer an sie dachte und nicht aufgab, an sie zu denken, jede Sekunde geteilt von Verlangen und Sehnsucht. Ein Kru kam zu ihm und sagte: »Hereinspaziert!«

Und er sagte: »Nein.« Nein.

Auf der Promenade saßen Soldaten auf Bänken unter Palmen und sangen:

Bald gras ich am Neckar,
bald gras ich am Rhein,
bald hab ich ein Schätzel,
bald bin ich allein.

Ihr Gesang begleitete ihn, er klang heimatlich, auch wenn ihre Stimmen manchmal im Donner der Brecher untergingen.

Mit schnellen Schritten nahm er die Kehren hinauf zur Feste. Der Himmel wölbte sich über ihm und die Sterne zersplitterten unwirklich grell. Er kniete hinter dem Felsbrocken und grub das Bajonett aus, eine leichte Übung. Als er mit dem Daumen über die Schneide strich, schnitt er sich leicht und war zufrieden. Er steckte das Bajonett in seinen Stiefelschaft und saß reglos da, während alle Zeit verging, sank immer tiefer in die Dunkelheit, sah Kameraden heimkehren, die im Rausch gestützt werden mußten, hörte von weiter oben das Gelächter der Torposten, vom Nachtwind leicht verschliffen. Als der Zug der Heimkehrenden allmählich ausdünnte, machte er sich bereit.

Es schien, als hätte ihn Lottchen erwartet, denn sie kroch grollend aus ihrer Hütte, als sie ihn witterte. Gelb glommen ihre Augen im lohfarbenen Gesicht, und wie zur Übung tänzelte sie hinterm Gitter des Zwingers, zeigte ihm ihre Muskeln unterm gefleckten Fell und duckte sich, als er herantrat und das Bajonett in Position brachte. Hart atmend schob er die Klinge in ihre Richtung, bis sich der Arretierknopf im Gitter verhakte. Wetzen von Stahl auf Stahl. Lottchen blickte in schneller Folge links und rechts an der Klinge vorbei, und er zog, um sie zu reizen, das Bajonett zurück. Seine Hände zuckten vor Anspannung. Als er das erste Mal zustach, wich sie aus. Er kniete nieder, preßte sein Gesicht ans Gitter, und sie kam wieder näher, immer noch scheuend. Beim zweiten Versuch streifte die Klinge ihre Schulter, und sie schnappte danach, verbiß sich darin, schlitzte sich die Lefzen auf, als er das Bajonett mit aller Kraft zurückzog, weiter lauerte. Laß alle schlafen, träumen, sterben, Herr, damit niemand kommt, dachte er. In Ewigkeit Amen! Er spuckte nach ihr. Und bei diesem Geräusch verlor sie ihre Vorsicht und stürzte sich auf ihn, das Maul eine grimmig sabbernde Wulst, in die er jetzt den Stahl stieß und schob und drückte, bevor sie abblocken und zurückweichen konnte. Er hatte sie, verkantete die Klinge im Gitter und bog sie mit aller Kraft nach oben, bis Lottchen wie an einem Haken hing. Sie trommelte mit den Vorderpfoten gegen das Bajonett, und er drehte es ein paarmal in ihrem Schlund hin und her, und als es herausglitt, hockte sie sich benommen auf ihre Hinterläufe und leckte das Blut auf, das auf den Boden tropfte, dem Schmerz lauschend, der sich in ihr auszubreiten begann. Dann erhob sie sich und wankte schwerfällig einmal um sich selbst, als gäbe es etwas hinter ihr, das sie loswerden wollte, fiel um und zitterte nur noch ruckhaft mit dem Schädel.

Er legte das Bajonett unter die Verandatreppe von Sucks Villa und ging ins Quartier. Lag wach. Schweißtropfen wie winzige Funken zwischen seinen Augenlidern. Schlaf wäre ihm wie eine Vergeudung vorgekommen, wie ein Sieg ohne Trost, und auf eine gewisse Art war er fast dankbar, als gegen Morgen Stimmengewirr durch die Fenster hereindrang und alles aufstand und hinausschwärmte ins fahle Licht der ersten Dämmerung, wo die Sonne ihren Kampf gegen den Mond aufnahm.

Im Zwinger stemmte Feldwebel Weibel eine Laterne über Dr. Patarga, der ungelenk neben Lottchen kniete und ihr ins Maul schaute, aus dem rosiges Blut rann. »So grausam, wie keine Kreatur es verdient!« rief Frau Suck. Vor Entrüstung schwoll ihr der Busen unterm Mieder, und ihre Wangen blähten sich. Sie stampfte ein paarmal in den Staub, als läge dort schon der Kopf des Täters. Hauptmann Suck und Feldkaplan von Wilhelmi versuchten den Hund am Boden zu halten, aber der Hund war zäh und wehrte sich. Die ersten Männer gingen wieder hinein, weil es so lange dauerte. Mohr hielt sich im Hintergrund. Ein Lamm unter Schafen. Er blieb, bis der Doktor sich auf die Beine helfen ließ und Sucks Frau die anwesenden Herren um ein Taschentuch bat, dann ging er zurück und legte sich nieder.

Er schluckte Blut.

Wie der Hund.

Dr. Patarga hatte Lottchen mit einer vom Hauptmann bewilligten Dosis Morphium eingeschläfert, und Suck hätte am liebsten Trauerbeflaggung angeordnet, so getroffen war er von dem »feigen Verbrechen«, wie er es nannte. Wenig später hingen überall Plakate aus, auf denen er eine Belohnung zur Ergreifung des Täters aussetzte. Als nächstes ordnete er einen Appell an, bei dem jedes Truppenmitglied seine vollständige Ausrüstung zu präsentieren hatte, und der Unmut darüber hielt sich merkwürdigerweise in Grenzen. Die Inspektion wurde vom Zeugwart durchgeführt – und erfolglos beendet. Jedenfalls war Lottchens Tod eine willkommene Sensation im Garnisonsalltag, und die Männer zerrissen sich die Mäuler und schmückten die Schlachtung noch blutrünstiger aus, als sie gewesen war. Es wurde von einem Geistesgestörten gesprochen und gemutmaßt, daß sich irgendein verrückter Kiphkha Zugang zur Feste verschafft haben könnte, um sich am Hundefleisch gütlich zu tun. Am Ende wußte niemand, wo der Kadaver abgeblieben war, und ein paar Spötter setzten das Gerücht in Umlauf, Lottchen stehe ausgestopft im Schlafzimmer der Kommandantenvilla.

Theodora und Zacharias Artingkofer
Farm Gunsbewys
An Gerda und Hauptmann Konrad Suck
Garnison Swakopmund

Hochverehrte, liebe Familie Suck,

wir grüßen aus der Ferne und suchen Ihre Nähe. Jeden Tag denken wir daran, wie schön es wäre, Sie endlich einmal hier zu haben! Und deshalb möchten wir, falls noch nicht geschehen, unsere Einladung an Sie »unerbittlich« erneuern. Wir sind von deutschem Geist, Pioniere, Patrioten und haben es, wenn auch nur ungern, mit jeder Form erlaubter Züchtigung probiert, sogar mit gut Zureden und Geduld – leider erfolglos! Das Mädchen Hulette schleicht umher wie ein kleines Tier auf der Lauer und scheint Tag und Nacht auf jemand zu warten. Manchmal geht es nicht anders, als daß sie für ein, zwei Tage und Nächte in den Krankenkral gesteckt wird. Sie, liebe Frau Suck, Sie, lieber Herr Hauptmann, sollten uns endlich besuchen kommen! Wir würden auch Kaptein Ximenz dazu einladen, falls es Ihnen recht ist. Eine gewisse Militärpräsenz dürfte wie gewöhnlich abschreckend wirken und die Kiphkhas in die Schranken der Zivilisation weisen. Verköstigung und Unterbringung der Truppe werden selbstverständlich von Farm Gunsbewys gewährleistet, so daß Ihr Etat geschont bleibt. Wir hier möchten beileibe nicht den Eindruck von Ängstlichkeit erwecken, aber seitdem jemand unseren Rindern auf der Weide die Bäuche aufschlitzt, sodaß die armen Tiere ihre Gedärme hinter sich her schleppen, wären zur Abschreckung einige Armeepatrouillen durchaus angebracht. Im Moment ist es sehr schön hier auf Farm Gunsbewys, weil das Gras noch ein bißchen grün ist und es nächtens noch nicht gar so warm ist. Je mehr wir Ihnen schreiben und je länger Sie brauchen zu lesen, desto später kommen Sie an …

Herzlichst, Ihre Artingkofers

Es war Sonntag.

Der wievielte?

Er wurde davon geweckt, daß Elchlepp das Buch herunterfiel, in dem er gelesen hatte. Im Morgenlicht sah Mohr den Staub verpuffen, der vom Fußboden hochstieg.

»Du redest wirklich im Schlaf, weißt du das?« sagte Elchlepp.

»Und was red ich?«

»Ziemlich durcheinander«, sagte Elchlepp.

»Ich träum nur von Geld«, sagte Mohr.

»Und von der Liebe.«

»Mußt nicht zuhören!«

»Schreit und schwitzt!«

»Hauptsache, dir geht's gut!«

»Hab, was ich brauche!«

»Ich träum nicht zu deiner Unterhaltung«, sagte Mohr, spürte den Geschmack von altem Blut, der seine Kehle hochschoß.

Er betrachtete die anderen Schläfer, und keiner von ihnen sprach im Schlaf. Sie sahen aus, als versuchten sie den Rest ihrer Träume zu fangen, ein bißchen Haut und Haar und Fleisch, einen Tropfen Lust, von Phantasie veredelt. Sie waren wie die Kinder eines wilden Landes, die ihre Grausamkeit im Schlaf verbargen.

Nach dem Sonntagsgottesdienst kehrte er zurück ins Quartier, legte er sich wieder auf sein Bett und sah denen zu, die sich fertigmachten, in die Stadt hinunterzugehen.

Als sich das Quartier geleert hatte, waren nur noch er und Elchlepp übrig, der in seinem Buch las. Mohr nahm die Briefe, die ihm seine Mutter geschrieben hatte, aus den brüchig gewordenen Kuverts. Alte Zeiten, uralte Worte, hundertjährige Erinnerungen. *Lieber Crispin, Hauptsache, Dir geht es gut, da unten unterm Egwator! Paß auf Dich auf, damit Du nicht krank wirst. Und wenn es einen Krieg gibt, kommst Du zurück, aber gleich! Mein lieber Sohn, nichts ist billiger geworden hier. Nicht umsonst heißt es »teure Heimat«. Manchmal sehe ich Seffie. Sie haben jetzt ein Automobil, deshalb sehe ich sie immer nur ganz schnell. Deine Mutter, die Dich liebt!*

Um etwas zu sagen, sagte Mohr: »Kommst du mit?«

»Wohin?«

»Runter in die Stadt. Jauch oder Voigt.«

»Ich trink nicht gern!«

»Mußt du nicht«, sagte Mohr. »Aber ich könnte anschreiben lassen, dann hast du's billiger.«

»Ich weiß nicht.«

»Ich tu dir nichts.«

»Sagt jeder.«

»Wo ist das Problem?«

»Es gibt kein Problem!«

»Umso besser!«

»Aber du hast ein Problem – in deiner Akte.«

»Welches?«

»Darf ich nicht sagen.«

»Wir haben doch alle Probleme, oder?«

»Ich als Schreiber in der Kommandantur kann dir ja verraten, daß du in deiner Akte einen Vermerk wegen Gehorsamsverweigerung hast.«

»Und du bist normal, oder?«

»Geb mir alle Mühe!«

»Ich auch«, sagte Mohr.

»Ich wünsche Ihnen von ganzem Herzen viel Glück auf Ihrem weiteren Lebensweg«, sagte Elchlepp und lachte.

»War nett, daß du mir mit Glatzel und Katzenschlager geholfen hast«, sagte Mohr.

»Hab gesehn, wie's dir geht!«

»Trotzdem«, sagte Mohr.

»Seit einer von uns den Hund umgebracht hat, sind alle vorsichtig geworden. Niemand will den Falschen kennen!« Als Mohr nicht gleich antwortete, sagte Elchlepp: »Ich weiß nicht, ich könnte keinen Hund umbringen. Mir hat der Hund auch nicht gefallen, aber ihn deswegen umbringen?«

»Die Belohnung hätt ich gern: soviel Geld für einen toten Hund!«

»Lottchen war eine Kreuzung aus Blut- und Schäferhund, deutsche Zucht!«

»Was du alles weißt«, sagte Mohr. »Ich dachte, wir reden über Menschen?«

»Tun wir ja«, sagte Elchlepp, »tun wir ja! Ich war übrigens bei Rubyniaks Begräbnis.«

»Hat jemand am Grab gesprochen?«

»Der Feldkaplan. Hat gesagt, daß jedes Grab, das einsam ist wie ein Stern am Himmel, ein verlorenes Grab ist«, sagte Elchlepp, »oder so ähnlich.«

»Du bist mir einer«, sagte Mohr.

»Mit dir sind wir zwei«, sagte Elchlepp.

»Was liest du da?« fragte Mohr.

»Flora und Fauna zwischen dem 17ten und 29ten Breitengrad«, sagte Elchlepp.

»Ist das, wo wir sind?« fragte er.

»Brav! Setzen!« sagte Elchlepp.

Sie hatten sich feingemacht und schritten den von Hufen und Rädern planierten Abhang hinunter, wo ein paar Ziegen und Schafe zwischen Steinen weideten. Die Posten auf den Galerien duckten sich im Wind und schleppten ihre Gewehre hin und her. Bei jeder Kehre dachte Mohr, wie oft er mit Rubyniak hier gegangen war, aber er sprach es nicht aus.

Sie setzten sich auf eine Bank an der Promenade und ließen sich vom Wind umströmen. Sie redeten nicht viel miteinander, es ging auch so. Wenn ein Offizier vorbeikam, standen sie auf und salutierten, und hinterher sahen sie einander an und schnitten Grimassen. Ein gelber Glanz lag auf dem Wasser, ließ es metallisch schimmern. Ein paar Leute in Badekostümen spielten Ball am Strand.

»Ich bin gern draußen«, sagte Elchlepp. »Ich brauch die Natur.«

»Was für eine Natur? Das ist doch nur Sand und sonst nichts«, sagte Mohr.

»Weil du das Leben nicht siehst«, sagte Elchlepp. »Weil es zu klein ist und weil du nicht hinschaust.«

»Magst du dein Leben?«

»Mir gefällt es ganz gut!«

Mohr schwieg wieder, wollte sich keine Blöße geben. Rubyniak hätte ihn auf Händen zu Jauch oder Voigt getragen.

»Was machst du, wenn du fertig gedient hast?«

»Will hierbleiben.«

»Wo hier?«

»Hab da eine Farm gesehn, die hat mir gefallen.«

»Oh«, machte Elchlepp.

»Ein wirklich schöner Fleck Erde. Der richtige Platz, um was vom Leben zu haben.«

»So wie du reden andere von Frauen«, sagte Elchlepp.

»Aber es ist doch schön, wenn es schön ist, oder nicht? Willst du wirklich nichts trinken?«

»Ich brauch nichts«, sagte Elchlepp. »Um welche Farm geht's?«

Mohr erzählte ihm von Rossmund und seinem großen Wunsch, die Farm zu erwerben; es platzte richtig aus ihm heraus, und ihm war, als würde er dadurch jedem Traum und jeder Wahrheit näher kommen. Und trotzdem klangen seine Worte immer noch schwach und blaß. Beinahe hätte er Elchlepp davon erzählt, daß er auf Rossmund die Tafel mit dem Farmnamen aufgestellt hatte, als würde ihm schon alles gehören, so weit das Auge reicht.

»Dipl. col. Landwirt«, sagte Elchlepp.

Zog die Mütze.

»Weitab vom Schuß«, sagte er dann.

»Ich will keine Nachbarn neben mir«, sagte Mohr.

»Hast du dich schon an die Kolonialverwaltung gewandt?«

»Ich hab noch viel Zeit vor mir«, sagte Mohr.

»Es gibt hier in der Stadt einen Vertrauensmann vom Hauptverband Deutscher Auswanderer«, sagte Elchlepp. »Wenn du dort um Ansiedlungsbeihilfe ansuchst, kriegst du sie sicher bewilligt.«

»Und woher weißt du das?«

»Weil ich in der Schreibstube arbeite, da erfährt man einiges. Zurzeit werden Regierungsländereien zu günstigen Preisen verkauft, bei Ratenzahlung auf lange Fristen. Ehemalige Schutztruppenangehörige kommen sogar in den Genuß einer unentgeltlichen Überweisung von Farmen. Ist das was?«

»Du mußt mich besuchen kommen.«

»Mach ich!«

»Und was machst du später? Amerika?«

»Zu einsam dort ohne unsern Freund! Entweder schlage ich die Offizierslaufbahn ein, oder ich geh nach Brasilien.«

»Brasilien?«

»Warum nicht? Wir sind überall!«

»Wenn das was wird mit der Farm, dann nenn ich meinen erstgeborenen Sohn nach dir, abgemacht!«

»Elchlepp?« sagte Elchlepp.

Sie lachten, es war so einfach, zu lachen, einfach und leicht.

»Sag schon, wie heißt du?«

»Otto«, sagte Elchlepp.

»Otto«, sagte Mohr.

»Immer der Reihe nach: erst die Frau, dann das Kind!«

Mohr schaute den Wolken nach, die ins Land hineinflogen. Der blaue Himmel schien durch sie. Er ging übern Hof zum Haus und klopfte an die Tür. Hulette öffnete ihm, gab ihm das Baby zu tragen. So vergaß er, ein Fremder gewesen zu sein. Aber Befreiung und Erfüllung, das ahnte er, waren nicht dasselbe. Er hielt sich die Augen zu, um dem Sog der Wolken zu entgehen.

»Wo sind wir gleich wieder?« fragte er Elchlepp.

»Hier, wo sonst?«, sagte Elchlepp. »Irgendwo zwischen dem siebzehnten und dem neunundzwanzigsten Breitengrad.«

Sie standen auf und gingen bis ans Ende der Promenade, blickten auf die Küstenlinie, die sich in ausufernden Bögen dahinwand. Nichts, das noch an Rubyniak erinnert hätte. Der Nebel vorm Horizont hatte die Farbe von Vogelkot. Ein früher Stern zauberte sich in ihre Blicke. Für einen Moment verlor Mohr die Erde unter seinen Füßen, sein Kopf tanzte in der Luft.

Aufgepaßt!

»Warum so früh?« sagte einer der Wachtposten, als sie durchs Tor kamen.

In der Kommandantenvilla standen alle Fenster offen. Mohr bemerkte eine Frau mit einer weißen Haube, die im Haus geschäftig hin und her eilte, kleinwüchsig, behende. Er spürte sein Herz, es trommelte wie ein Idiot. Als er stehenblieb, kam sie heraus auf die Veranda, hielt einen Mop wie eine Lanze vorgereckt.

»Komm!« Elchlepp.

Zog ihn am Ärmel weiter.

Sie wuschen sich die Füße und legten sich auf ihre Betten, und Elchlepp las in seinem Buch, und Mohr fühlte sich, als wäre er erhört worden, lag da, umflossen vom Licht, das wie goldener Staub durch die Fenster fiel.

»Lies mir was vor«, sagte er.

»*Der Nebeltrinkerkäfer lebt an der meerzugewandten Seite der Wüste*«, sagte Elchlepp von oben herab, »*und wenn er Durst hat, reckt er sein Hinterteil aus seiner Sandhöhle und nimmt die Feuchtigkeit des Nebels auf.*«

»Hast du schon einen gesehn?«

»Nur im Buch.«

Später, als Mohr wieder aufwachte, weil die ersten Kameraden aus der Stadt zurückgekommen waren, sah er nach Elchlepp. Das Buch lag auf seiner Brust. Er nahm es ihm herunter. Es war kein Bild auf dem Umschlag.

Jeder, dachte er, kommt früher oder später aus dem Tritt, wenn er nur geradeaus marschiert.

Gerda und Hauptmann Konrad Suck
Garnison Swakopmund
An Theodora und Zacharias Artingkofer

Hochverehrte, liebe Artingkofers!

Meine liebe Frau hat mir, wie die Dichter sagen, Papier und Feder in die Hand gedrückt und mich an den Schreibtisch eskortiert, wo ich jetzt sitze, während sie mir diese Zeilen diktiert. Aber sobald dieser Brief beendet sein wird, setzen wir uns unverzüglich in Bewegung gen Gunsbewys, wenn auch nicht in voller Stärke, da mein Lottchen einem Attentat – bin ich versucht zu sagen – zum Opfer gefallen ist. Das Kommando, das ich innehabe, dient dazu, den Schutz der Zivilbevölkerung zu gewährleisten, und somit bedarf es keiner Ermunterung Eurerseits, an Eurer Seite nach dem Rechten zu sehen. Wir werden, damit Ihr nicht aus allen Wolken fallt, ein neulich eingetroffenes Geschütz mit uns führen, das wir unterwegs im Gelände zu testen vorhaben, weil das zu tun in Stadtnähe zuviel Aufsehen erregen würde. Wie die Dinge liegen, schätzen wir uns überaus glücklich, einer Einladung für wert befunden worden zu sein, und werden uns der Ehre würdig erweisen. Ich sehe gerade, daß Gerda zu packen beginnt, und beeile mich zu schließen. Mit großer Freude auf unser baldiges Wiedersehen grüßen Euch erwartungsvollst –

Eure Sucks

Der Anfang der Woche verging mit Gefechtsübungen im Gelände. Immer dann, wenn Feldwebel Weibel ihnen den Rücken zuwandte, hoben Glatzel und Katzenschlager ihre Gewehre und nahmen Mohr ins Visier, als gälte es, einen Feind zu erlegen. Am Ende der letzten Übung gab der Hauptmann bekannt, daß ein Teil der Truppe in einigen Tagen gen Gunsbewys abrücken werde. Es gab ein paar Hochrufe, denen sich Mohr anschloß. Dann ging es zurück zur Feste, unter einem strafend schönen Himmel blau und heiß. Nach seiner Rückkehr hatte Mohr nichts Eiligeres zu tun, als Elchlepp in der Schreibstube aufzusuchen

»Ich will da mit!«

»Glück gehabt«, sagte Elchlepp, »ich auch!«

Er hatte Wort gehalten. Mohrs Name befand sich auf der Liste derer, die sich für den Ritt nach Gunsbewys bereitzustellen hatten. Er konnte Elchlepp gar nicht sagen, wie dankbar er ihm war.

Elchlepp sagte: »Da wird sie aber Augen machen!«

»Hoffentlich«, sagte Mohr.

Es ging ihm wie jedem Verliebten.

»Ich bleib dein Freund«, sagte Mohr.

»Wach nicht auf unterwegs!«

Wie immer, wenn man einen Traum zu oft träumt, verblaßte die Wahrheit neben ihm.

So finde sich zurecht der unbescholtene Mann!

Am letzten Abend vergnügten sich die Offiziere auf Sucks Veranda bei einem Abschiedstrunk, zu dem der Hauptmann geladen hatte. Während sie Sucks Frau hochleben ließen und ihre Heldenhaftigkeit nicht genug würdigen konnten, weil sie beschlossen hatte, ihren Gatten nach Farm Gunsbewys mitten durchs wildeste Feindesland zu begleiten, saßen Mohr und seine Kameraden vor der Baracke im kühlenden Schatten der Nacht und beobachteten Leutnant Houilliez, der mit einem Glas Rheinsekt in der

Hand herumstolzierte. Er inspizierte die neue Haubitze, die neben dem Kamelpferch massig und grau aus der Dunkelheit ragte, stolperte über einen herumliegenden Jochbalken, verschüttete Sekt und ging zurück zu der Gesellschaft auf Sucks Veranda, um sich nachschenken zu lassen. Der Hauptmann schickte das neue Hausmädchen nach einer weiteren Flasche. Als der Korken knallte, schrien sie alle auf, als wären sie maßlos erschrocken.

»Warum die Kanone?« sagte einer.

»Kommt Krieg?« sagte ein anderer.

»Würde mir gefallen!«

Glatzel oder Katzenschlager.

Mohr ging hinein.

In der Nacht, bevor sie aufbrachen, träumte er zum ersten Mal davon, mit Hulette zu schlafen, und er wußte nicht, wie er sich verhalten sollte, denn dieser Traum war in seinen Ursprüngen nicht viel anders als jene Träume gewesen, die er von Seffie geträumt hatte: eher Wunsch als Verlangen und immer endend damit, daß ihm der Schlaf, während dies geschah, wie eine Haut aus Einsamkeit vorkam. Im Traum nahm Hulette seine Hände und legte sie sich auf ihren Leib, und er roch Süße aus jeder Pore und hätte nichts lieber getan, als sein Gesicht eine Ewigkeit lang an ihren Bauch zu legen, denn es ging so leicht, zu knien, einander zu umarmen, zu sinken, als gäbe es für das Glück einen Himmel unten und oben. Der Leib war der Inbegriff der menschlichen Natur, Verblendung und Offenbarung in einem, wie Licht, das aus einem Brunnen steigt, und letztendlich war auch das Herz aus Fleisch und Blut, wissend und irrend. Es war einfach zu schön.

Draußen schien noch der Mond wie eine kleine, fahle Sonne, als die Trillerpfeife des Feldwebels ertönte und die Männer aus ihren Betten scheuchte. Mohr holte als erstes die Schneekugel aus dem Spind, die er Hulette mitbringen würde.

He, sagte er. Keine Angst!

Keine Angst! sagte sie.

Schön, sagte er. Schau!

Zeigte ihr die Schneekugel, schüttelte sie. Schnee.

Half ihr, das Wort auszusprechen.

Fällt vom Himmel, sagte er. Zeigte ihr, woher. Wenn es kalt ist!

Kalt?

Der Regen wird zu Eis oder so ungefähr, sagte er. Und dann fällt Schnee. Gefällt sie dir?

Sie schüttelte die Schneekugel, als müßten der Braut der Schleier und dem Bräutigam der Zylinder herunterfallen.

Er steckte die Schneekugel in einen Socken, verstaute sie in seinem Tornister.

Nach Malzkaffee und Graubrot gingen sie schlaftrunken durch die Frische des frühen Morgens zum Stall, während ringsum dicker Nebel über die Wälle kroch. Als Mohr Perilo den Sattel auflegte und die Gurte festzog, spürte er die Wärme seines geäderten Bauchs und war wie benommen von der Gewißheit, daß er zu den Auserwählten gehörte; zuletzt befestigte er Kinnkette und Kandare und schnallte seinen in Öltuch gewickelten Woilach hinter den Sattel. Dann führte er Perilo hinaus auf den Exerzierplatz, wo die Armeefuhrwerker schon auf ihren Kutschböcken saßen, nach den ersten Fliegen schlugen und auf den Befehl zum Abmarsch warteten. Die Frachtkarren waren mit Wasserfässern, Futterballen, Proviantsäcken und Munitionskisten beladen. Ganz am Ende der kleinen Kolonne wurden das Kamel und die Haubitze mitgeführt, vor deren Lafette vier Maultiere gespannt waren, die zu grinsen schienen, wenn sie die Zähne bleckten und nacheinander schnappten.

Es dauerte noch eine Weile, bis Hauptmann Suck auf der Veranda der Villa erschien. Er trug eine sandfarbene Korduniform mit blauem Besatz, braune Reitstiefel, die ihm fast bis zum Knie reichten, einen Brandenburger Tropenhut mit rechts hochgeschlagener Krempe und einen Patronengurt um die Mitte, der ihm ein kriegerisches Aussehen verlieh. In der Hand hielt er eine geblümte Hutschachtel, die seiner Gattin gehörte. Angesichts der vielen Männer und Tiere, die ihr entgegenblickten, versteckte sie sich hinter ihrem Gemahl. Gegen Staub und Sonne hatte ihr das Dienstmädchen eine Art Turban um den Kopf gebunden und unterm Kinn mit einer enganliegenden Halsbinde befestigt. Zögerlichen Schrittes ging sie zur bereitstehenden Kutsche, einem viersitzigen Landauer mit Verdeck, den Feldkaplan von Wilhelmi und Dr. Patarga schon bestiegen hatten – der Feldkaplan, um die Missionsstationen am Weg mit Bibeln zu versorgen, der Doktor, um neue Impfstoffe an Artingkofers Rindern zu erproben.

Nachdem der Hauptmann seiner Frau hinaufgeholfen und sie Platz genommen hatte, hielt er eine kleine Ansprache: »Wir, Männer, werden da draußen durchs Hinterland patrouillieren und dabei Farm Gunsbewys und Ximenz' Werft Hopadessa einen Höflichkeitsbesuch abstatten, schon weil, wie allseits erforderlich, der Schatten des Kaisers wieder über Land und Leute fallen und die Geschichte weiter und weiter geschrieben werden muß, wenn nötig mit Säbel und Kanone. Der Vater in Berlin gedenkt seiner

Völker, und Freundschaft ist ein gar kostbar Gut! Wohl dem, der bereit ist, Freundschaft ohne Rücksicht auf Verluste zu erlangen! Nehmt es nicht als Freibrief, wenn ich hier und jetzt sage, daß ich stolz auf euch bin! Und wenn wir dann zurückgekehrt sind, möchte ich noch stolzer auf euch sein!«

Er grüßte, saß auf und ließ abrücken.

Für manch einen von ihnen mag es ein erhebender Anblick gewesen sein, einem alten Gemälde ähnlich, durch das die Stille der Zeit fließt, als Roß und Reiter, vom Morgenlicht krakeliert, den Hang hinuntersetzten. Teppiche aus Staub unter den Bäuchen der Pferde und Ochsen. Seeschwalben über ihnen, Wolken aus Federn. Der Hauptmann und Waddie ritten an der Spitze der Kolonne, langsam, fast gemächlich, damit der Troß mithalten konnte. Die Bagagewagen kamen schwer voran und die Vorspannochsen schaukelten auf schwindelerregende Weise in den Kehren. Das Kamel ging hinter der Kanone, blickte sich immer wieder um.

Sie hielten in Richtung Swakop Rivier, ritten durch die still daliegende Eingeborenenvorstadt, kamen am Friedhof in Vineta vorbei. Für die Reiter bildete das mit Wüstengräsern bewachsene Mauergeviert kein Hindernis, und jeder von ihnen wurde auf die Gestalt aufmerksam, die dort zwischen den Kreuzen hüpfte. Waddie stieß einen scharfen, fast flehentlich klingenden Schrei aus und scherte aus der Reihe. Im Galopp jagte er zum Friedhof und durchs Tor. Josephat warf den Kopf zurück und heulte wie eine Hyäne, kletterte über die Mauer und rannte in Richtung Viehhof davon. Der Hauptmann hatte seinen Karabiner aus dem Gewehrschuh gezogen und auf ihn angelegt.

Die Geste mußte genügen. Sie sahen ihn kleiner und kleiner werden, und als er merkte, daß Waddie ihn nicht verfolgte, trottete er hinaus ins weglose Land.

Als sie die Brache zwischen Stadt und Land erreichten, war es, als passierten sie die Trennlinie zwischen Zivilisation und Wildnis, und irgendwie war es auch die Grenze zwischen Frieden und Krieg, die sie überschritten.

In Zweierreihe folgten sie dem Baiweg landeinwärts. An den Wegrändern kaputte Räder, Karkassen von Pferden und Rindern, die Aschehaufen erloschener Biwakfeuer, von Stürmen verwehte Planen, morsche Fässer, verdorrter Kot von Mensch und Tier.

Als Mohr sich noch einmal umblickte, lag die Stadt weit hinter ihm, unter einer fahl gewordenen Schicht aus Verlorenheit und Bedeutungslosigkeit, erloschen das Licht in den gläsernen Augen der Fenster.

So glitten sie unendlich langsam dem Saum der Wüste entgegen und verschwanden im aufgetürmten Sand der Dünen.

Irgendwann kam Waddie an seine Seite geritten.

»War das Josephat?«

»Er folgt uns. Er wird kommen.«

»Wohin?«

»Wo wir sind, egal.«

»Glaubst du wirklich?«

»Man hat ihm sein Mädchen genommen. Das gefällt ihm nicht.«

»Warum holst du ihn dir nicht endlich?«

»Zu gefährlich«, sagte Waddie und lachte. Er kratzte sich im Gesicht. »Mohr, weißt du was? Jetzt weiß ich, was Mohr heißt!«

»Dann weißt du mehr als ich«, sagte Mohr.

»Mohr heißt Kaffer«, sagte Waddie. »Bist du einer? Ist weiß und heißt Mohr!«

»Du mußt mir nicht sagen, wie ich heiße«, sagte Mohr. »Ich hab kein Glück mit dem Namen gehabt und du kein Glück mit der Hautfarbe.«

»Mohr«, sagte Waddie.

»Was?«

»Wach auf!«

»Bin wach!«

»Bist du nicht!«

»Sondern?«

»Du träumst den falschen Traum.« Sein Gelächter ging unter im Lärm der Räder und Hufe.

Am Abend, als die Dämmerung zuschlug wie eine weiche, warme Faust aus grauer Watte und der Himmel um die sinkende Sonne herum giftgrün zu leuchten begann, lenkten die Fuhrwerker die Wagen vom Baiweg und bildeten ein Karree, in dem die Truppe biwakierte, geschützt vor Wind und Staub und allem, was da draußen war, jagte und liebte, lebte und starb. Für die Gattin des Hauptmanns wurde ein weißes Pultzelt aufgestellt und dahinter eine private Damenlatrine ausgeschachtet, abgeschirmt von einem Blickfang aus Baumwolltuch, das im Sternenwind hin und her wehte. Die ganze Nacht brannte ein Windlicht in ihrem Zelt, und die Soldaten waren dahingehend belehrt worden, sich außer Sichtweite zu begeben, wenn Frau Hauptmann ein menschliches Bedürfnis ankomme.

Mohr hatte sich in seinen Woilach gewickelt und sich die Feldmütze aufs Gesicht gelegt. Wind kam auf und riß ein paar ferne Sterne vom Himmel, ließ die Planen der Wagen knattern, fuhr durch Mäntel und Decken, bis tief hinein ins müde Fleisch. Mohr schätzte sich glücklich, daß er den letzten Wachtdienst hatte: So würde er den Sonnenaufgang sehen und fühlen, wie jung er war.

Das Hornsignal ertönte, die Männer schälten sich aus ihren Decken. Sie fütterten die Pferde, tranken an der Feldküche Kaffee, der den Speichel bitter machte. Das Zelt des Hauptmanns fiel zusammen und wurde auf den Landauer verladen. Und dann setzte sich der Zug der Berittenen in Bewegung, und die Karren, auf den Bodenwellen rumpelnd, folgten ihm. Verwitterte Kalknadeln, unter einem Bewuchs von Flechten, säumten ihre Spur, dahinter terrassenartige Geröllfelder, bestanden mit verholztem Gestrüpp, abrupt vor hoch aufragenden Tafelbergen endend.

Im Laufe des Tages traten die ersten Diarrhöfälle auf, und in einer gewissen Regelmäßigkeit mußte angehalten werden. Es erging Weisung, beim Verrichten der Notdurft stets in Sichtweite der Nachhut zu bleiben, um nicht von wilden Tieren angefallen zu werden.

Während eines solchen Halts stiegen die Reiter ab, und Katzenschlager kam an Mohrs Seite.

»Hast du uns vergessen?«

Mohr suchte nach Schatten. Als ihm Katzenschlager folgte, drehte er sich um und spuckte ihm vor die Füße.

Und dann schlug er ihm mit der Faust ins Gesicht, daß Katzenschlager zu Boden ging, trat ihm gegen den Kopf.

»Glatzel!« schrie Katzenschlager.

Glatzel blieb stehen, als ein Schuß fiel.

Leutnant Houilliez hatte einen Aasgeier vom Himmel geholt, der mit stiebenden Federn auf den Boden prallte.

Der Schuß und der herabfallende Vogel hatten Sucks

Frau dermaßen erschreckt, daß sie eine kurze Rast einlegen mußten. Als Elchlepp heranritt und bestellte, der Herr Hauptmann würde sich verbitten, daß sich die Herrschaften des Offizierskorps benähmen, als wären sie auf einem Jagdausflug, zog Leutnant Houilliez seinen Hut, wie um Gestank wegzuwedeln.

Die Sonne tauchte alles in flüssiges Gold, und wie sphärischer Schmuck zierten durchscheinende Wölkchen den Himmel. Später zeigte der Himmel Farben, als hätte Gott versucht, ein Stück der Ewigkeit sichtbar zu machen. Der Transport der Haubitze erwies sich als beschwerlich, immer wieder sanken die Räder in sandige Mulden ein, und die Reiter mußten absteigen und sie mit vereinten Kräften zurück in die Spur hieven. Von den Bergen rückten Schatten gegen sie vor. Wenn es über felsiges Terrain ging, war es, als zerspränge die Erde unter den Hufen der Pferde.

Abends biwakierte die Kolonne, und die Männer machten sich mit Putzketten und Putzstäben an die Reinigung ihrer Waffen. Die Fuhrwerker waren entlang des Baiwegs ausgeschwärmt und in die nackten Bäume geklettert, hatten dürre Äste und Zweige abgehackt, mit denen das Feuer unterm Fouragekessel geschürt wurde. Man ließ die Pferde und Ochsen noch eine halbe Stunde unter Bewachung weiden, dann wurden die Tiere in den Seilkorral getrieben. Wie massige Schatten standen sie vor der Nacht, und ihre Stimmen klangen, als klagten sie dem Mond, der in ätherisch schimmerndes Gelb gehüllt am Himmel schwebte, ihr Leid.

Nachdem sie Essen gefaßt, gegessen und ihre Eßgeschirre ausgewischt hatten, standen sie ums Feuer herum, Schatten in Schatten, und Leutnant Houilliez ließ sie ein Lied singen, um die Frau des Hauptmanns zu erfreuen und, wie er launig bemerkte, die wilden Tiere zu verjagen, die dort draußen, jenseits der kärglich glimmenden Feuer, lauern mochten.

Und als das Lied verklungen war, schien es für einen Moment tatsächlich so, als rückte der ganze Kontinent mit all seinen Tieren und Dämonen gegen das Biwak vor.

Mohr rollte sich in die nach Pferdeschweiß riechende Decke und versuchte den Traum weiterzuträumen, den er in der Nacht vorm Abmarsch gehabt hatte, träumte von einem Ehering aus Gold an ihrem Finger. Der Himmel auf Erden war einer zu wenig. Er hätte warten können, aber sie küßte ihn auf den Mund. Er schreckte hoch, als ihm jemand mit der flachen Hand auf den Bauch klopfte. Eine Gestalt hockte neben ihm. Waddie.

»Mohr«, sagte er. »Kaffer Mohr.«

»Was ist?«

»Ich halte Wache. Damit dir nichts passiert.«

»Ich paß schon auf mich auf.«

»Es ist besser, ich passe auf.«

»Mir passiert nichts.«

»Lügner, du!« sagte Waddie. »Du bist wie das Kamel. Zu fremd! Nein, du hast wirklich keine Ahnung. Warum reiten wir zu Artingkofers Farm? Sag's mir! Weißt du's nicht? Sie wollen die Kanone ausprobieren! Gibt Krieg, Mohr, kleinen Krieg. Du bist dabei! Wie heißt es: Liebet eure Feinde! Liebst du mich?« Er machte einen Schritt zwischen die Bündel der Schlafenden, die, verpuppt in ihren Decken, auf der Erde lagen, war verschwunden.

Mohr horchte in sich hinein. Kaskaden pulsierenden Blutes. Aber da war keine Angst, nichts, was man Angst hätte nennen können. Im schlimmsten Fall war des Kaisers

Rock ein Totenhemd. Dies für den Fall, daß man sie alle, wie sie hier waren, nicht nackt begrub.

Er schreckte auf und dachte, Waddie sei zurückgekommen. Es war Glatzel. Er kroch auf allen Vieren heran.

»Du weißt, daß wir warten?«

Mohr stellte sich schlafend.

»Wehe, du vergißt uns!« Glatzel ließ eine Handvoll Dreck auf Mohrs Augen rieseln. »Staub zu Staub«, sagte er.

»Amen«, sagte Mohr.

»Nix Amen!« sagte Glatzel.

Mohr schlug die Decke zurück, legte die Arme um Glatzels Hals. »Ich brauch mein Geld für mich«, sagte er.

»Dein letztes Wort?«

»Nein«, sagte Mohr, »mein erstes! Mein erstes überhaupt!«

Noch vor Tagesanbruch wurde zum Wecken geblasen, sie schnallten ihre Packen auf die Pferde, und die Fuhrwerker schirrten die Ochsen paarweise zusammen und jochten sie an die Fuhrwerke, eine Stunde später erfolgte der Abmarsch. Sie hinterließen niedergebrannte Feuer, Blechkanister mit Resten von Graupensuppe, zerrupfte Futtersäcke, abgegangene Hufeisen, die notdürftig zugeschaufelte Damenlatrine. Bald hatte jeder seinen Traum vergessen.

Unter der weißlich lodernden Sonne kostete selbst das Atmen Kraft. Im Laufe des Tages wurde das Trinkwasser für Mensch und Tier rationiert, und immer öfter zügelte einer der Reiter sein Pferd, hängte sich seitwärts und kotzte vor Erschöpfung. Der Atem von Mensch und Tier war das lauteste Geräusch im weiten Umkreis.

Alles Taumel, Verwehn.

Kein Gedanke an Rückkehr.

Ständig ging es bergan, hinan.

Das Paradies der Erinnerung: ein kaltes Meer mit Inseln aus purem Eis.

Gegen Mittag, als von Leutnant Houilliez auf Sucks Geheiß der Befehl zum Absitzen gegeben wurde, gingen sie neben ihren Tieren, führten sie am Zügel, bis sich die Pferde, reiterlos, erholt hatten, ein torkelig wirkender Zug durch die Hitzeseen der Ebene. Mohr war verwundert über den Gehorsam seiner Füße. Während sich die Muskeln in seinen Waden knotig verhärteten, stellte er sich vor, er ginge jetzt am Ufer der Altmühl durch die nassen Wiesen, schmeckte Nebel und Tau. Das Wasser war glatt, träge, die Hügel spiegelten sich in der ruhevollen Strömung.

Gleich kommt der Zug!

Ein Sarg aus Eisen und Blech.

Der über alle Wolken jagt.

Der in die Erde rollt.

Vorm Tor zum Paradies wachen Engel aus Lumpen und Stroh.

Gleich kommst Du!

Über spärliche Grasfluren näherten sie sich dem Gebirgsstock des Dybmannmassivs, dessen südliche Flanke vom Baiweg durchschnitten wurde. An den Hängen wuchsen Balsambüsche und wilde Feigenbäume. Der Kamm des Massivs bestand aus einem domförmigen Plateau, das sich gleich einer rosa leuchtenden Woge hoch in den Himmel hob. Beim Durchqueren eines versandeten Flußbetts stürzte einer der Zugochsen im Geschirr, als er mit dem Fuß in einem Geflecht verrotteter Wurzeln hängenblieb. Unter seinem Gewicht preßte es brackiges Wasser aus dem Boden, und sie sahen zu, wie seine Zunge im Schlamm leckte. Leutnant Houilliez trieb sein Pferd die Uferböschung hinunter ins Flußbett, wo ein Fuhrwerker auf Knien den Ochsen ausspannte; er zeigte auf ein Stück Knochen, der aus dem Fell ragte. »Erschießt ihn vielleicht endlich jemand?« brüllte der Leutnant.

Als sich niemand freiwillig meldete, sagte er: »Feiglinge! Kopf oder Zahl?«

»Hab kein Geld«, sagte Mohr.

Alle lachten.

Houilliez gab ihm seine Pistole. »Sie haben einen Schuß«, sagte er.

Mohr nahm die Pistole und dankte.

Das Gelächter der Männer ängstigte den Ochsen, und so nahm er Mohr gar nicht wahr, sondern drehte sich unendlich langsam auf die Seite, wobei ihm jede Bewegung Schmerzen zu bereiten schien. Mohr roch den Atem des Tieres, ein Geruch wie fauliger Speichel.

»Das wird nichts mehr mit dir«, sagte er.

Hielt die Pistole mit einer Hand verdeckt, als sollte der Ochse sie nicht zu sehen bekommen.

»Beten können Sie später«, rief Houilliez, als Mohr sich hinkniete.

Er dachte an das Kamel und daran, daß er es schon einmal fertiggebracht hatte, ein Tier zu erschießen. Der Mensch war ein Werkzeug und er, Mohr, Gehilfe des Schicksals. Kein Grund zu lügen. Keine Sekunde währt ewig. Dann tat er es, schob den Lauf, so tief es ging, ins Ohr des Ochsen, wartete auf ein Wunder, das letzte, dann drückte er ab, und es dauerte fast eine Sekunde, bis er den Rückschlag spürte, und noch länger, bis der Hall des

Schusses in ihn fuhr. Bohrte nach, schoß noch einmal, damit es genügte. Das Ohr des Ochsen knallte wie ein winziges Segel, er hatte die Zunge wie einen rosa Speer herausgestreckt.

Als Mohr aufstand und einen Schritt zurück machte, kniete Waddie auf dem Hals des Ochsen, zog sein Messer mit einem schnellen Schnitt durch die Halsschlagader. Er trank direkt aus der Wunde. Blut tropfte ihm aus dem Mund, als er Mohr anlächelte. Mohr gab Leutnant Houilliez die Pistole zurück.

»Sie haben Schneid«, sagte Houilliez.

»Danke, Herr Leutnant«, sagte Mohr.

»Aber Sie haben zwei Kugeln gebraucht? Warum?«

»Damit eine weniger für mich übrigbleibt«, sagte Mohr.

Als der Ochse zerlegt und verladen worden war, ritten sie weiter. Waddie drängte neben ihn.

»Gut gemacht«, sagte er.

»Befehl ist Befehl«, sagte Mohr.

»Deutscher Ochse«, sagte Waddie, ließ sich zurückfallen.

Von der anderen Seite schloß Katzenschlager auf. »Du bist ein Held, weißt du das?« sagte er und fegte ihm die Feldmütze vom Kopf.

Mohr parierte Perilo.

Hinter ihm kam die Kolonne zum Stillstand.

»Du hast was verloren«, sagte Waddie.

Er war vom Pferd gestiegen und reichte Mohr die Feldmütze.

»Danke«, sagte Mohr.

Abends speisten die Sucks Ochsenfleisch vor ihrem Zelt, und die Männer wurden Zeuge, wie sich Frau Suck weigerte, weiterzuessen, weil das Fleisch nicht ganz durchgebraten und innen blutig war.

Am nächsten Tag kamen sie an eine Stelle in der Nähe von Vrunsje, wo marodierende Hottentotten die Gleise mit Felsbrocken blockiert hatten. Suck erteilte Befehl, die Schienen zu räumen. Seine Frau ging einstweilen ungeduldig im Schatten auf und ab und benahm sich, als wäre sie auf einem anstrengenden Picknick. Aus dem Ort kamen Eingeborene herbeigelaufen, klatschten auffordernd in die Hände und riefen ihnen »Arbeit, Arbeit, Arbeit!« zu, so lange, bis sich die Soldaten in Schützenlinie aufstellten, die Gewehre anlegten.
Gutwetterdorf, Drachensturz, Liebes Elend, Alkbad, Rosenhag … Stationen an der Strecke, Ortschaften mit Wassertanks und aus Bruchstein errichteten Kirchen, der Vergessenheit anheimgefallen. Und weiter, weiter, als gäbe es so etwas wie ein neues Ende der Welt. Kurz vor Beginn der Dämmerung kam schließlich ihr Etappenziel, die Feste Terbent, in Sicht.

Der Komplex war in den Anfängen der Kolonialisierung auf Kaptein Ximenz' Hoheitsgebiet errichtet worden. In der Folge war es zu erbitterten Auseinandersetzungen zwischen Kiphkhas und Schutztruppen gekommen, ehe die Besatzung abgezogen wurde und ein Pionierkommando damit begonnen hatte, die Bastionen zu schleifen, ein Unterfangen, das, wie sich bald herausgestellt hatte, zu langwierig und zu kostspielig war, sodaß man das Bauwerk dem stillen Wüten der Zeit überließ. Mit seinen bröckelnden Zinnen sah es aus wie ein verrotteter Backenzahn aus rotem Tuffstein. Das Tor bestand nur noch aus morschen Balken, der einstige Exerzierplatz war mit Büscheln stachligen Grases bewachsen und von herabgefallenen Mauerbrocken gesäumt, die Dächer hatten Löcher und die Treppen, die zu den Galerien hinauf führten, waren teilweise durchgebrochen.

Sie bezogen Quartier in den ehemaligen Unterkünften. Der Wind aus der Ebene heulte in den Dachsparren. Sie fühlten sich wie in einem Mausoleum, das an die Wildnis verloren war.

Die andern schliefen noch, als Mohr sich von seinem Lager erhob. Er stieg über die Körper seiner Kameraden hinweg, als er hinausging. Das erste graue Licht der Morgendämmerung zeigte sich auf den Galerien. Von oben hatte er einen weiten Blick, aber er wußte nicht genau, ob er voraus- oder zurückblickte, so endlos erstreckte sich das Land unter ihm und so schön, als würde Gott an der Erschaffung der Welt weiterarbeiten. Wie ein blauer Schatten lag der Himmel auf der Ebene, herabgesunken. Kaum hatte er sich sattgesehen, drang von dort Kreischen und Winseln herauf, und er konnte ein Rudel Tiere ausmachen, Schakale oder Hyänen, die im Rudel jagten.

Verrostete Patronenhülsen knackten unter den Schritten von Hauptmann Suck, der mit seiner Gattin über die Galerie auf ihn zukam.

»Keine Angst«, sagte Suck zu ihr.

Sie hing etwas unwillig an seinem Arm und ließ den Saum ihres grauen Unterrocks wippen, als sie Mohr gewahrte; sie hatte sich den Turban um den Kopf geschlungen, um ihre Frisur vorm Wind zu schützen.

Mohr grüßte vorschriftsmäßig.

Hauptmann Suck dankte mit einem Kopfnicken. »Letzte Wache?«

»Frühaufsteher, Herr Hauptmann!«

»Da unten sind Tiere. Siehst du sie?« sagte der Hauptmann zu seiner Frau.

»Ja«, sagte sie, sah Mohr an.

Der Hauptmann reichte ihr den Krimstecher.

»Ja, jetzt sehe ich sie! Können sie uns etwas tun?«

»Wollen Sie auch?« sagte der Hauptmann, hielt Mohr den Krimstecher hin.

Mohr dankte.

»Schakale oder Hyänen«, sagte der Hauptmann. »Weiß bloß nicht, was… Kann die verdammten Viecher nicht auseinanderhalten.«

Das Rudel hatte sich jetzt etwas zerstreut, und von weitem sah es aus, als trügen die Tiere auf ihren Rücken den Morgendunst mit sich davon. Sie wurden schneller, als in der Ebene eine halbnackte Gestalt auftauchte, die in weitausholenden Sprüngen ein Gewehr wie eine Keule schwang, ehe sie in die Knie ging und einen Schuß auf die Galerie abgab.

Sie duckten sich, drückten die Frau nieder.

»Das Schwein schießt auf Damen«, sagte Suck. »Bist du getroffen, meine Liebe?«

Frau Suck war viel zu erschrocken, um zu antworten, kniete im Schmutz. Atemlos warteten sie auf den nächsten Schuß. Mohr, der nicht feige erscheinen wollte, wagte einen schnellen Blick über die Brüstung. Die Gestalt kniete noch immer da unten, winkte ihm zu, und an der Art, wie sie plötzlich aufsprang und auf der Stelle hüpfte, glaubte er, Josephat zu erkennen. In diesem Moment blies der Hornist im Hof der Feste Alarm, und der Hauptmann richtete sich auf und feuerte mit seiner Pistole hinab in die Ebene.

Mohr hatte sich ebenfalls aus seiner Deckung begeben und sah Josephat, wie er in der Staubschleppe der geflohenen Tiere springend und tanzend aus der Schußlinie rannte. Sengendes Licht ergoß sich über ihn, als würde die Ebene in Flammen stehen.

»Alles gutgegangen«, sagte der Hauptmann.

»Gar nichts ist gutgegangen«, sagte seine Frau. »Du hast nicht einmal getroffen.« Sie schluchzte, schämte sich, als sie Mohrs Blick bemerkte.

In aller Eile wurde Waddie losgeschickt, um die Verfolgung aufzunehmen; er ritt in gestrecktem Galopp durchs Tor, und sein Pferd flog über Wolken aus Staub. Am Horizont wurden Pferd und Reiter von einer Woge grellen Lichts begraben.

»Männer, Kameraden«, sagte Hauptmann Suck, »jetzt haben wir die erste Feindberührung hinter uns und wissen, daß der Feind sogar auf Frauen schießt. Die Missionare haben versagt – und das Militär muß es wie üblich ausbaden.« Er verbeugte sich einen Deut zu devot in Richtung des Feldkaplans und fuhr fort: »An einem Tag wie diesem ereilt uns der Ruf der Heimat auch und gerade hier, und ich verneige mich vor diesem Ruf, der da besagt, daß wir stark bleiben müssen! Und das werden wir! Wer es wagt, sich an unseren Frauen und Kindern zu vergreifen, der hat sich aller Gnade und allen Mitleids entzogen, den trifft unser heiliger Zorn!«

»Meine Worte!« sagte von Wilhelmi. »Sie nehmen sie mir aus dem Mund.«

Die Männer brachen in Hochrufe aus, aber man hörte ihnen an, daß es für hehre Gefühle einfach noch zu früh war. Sie wollten einen Becher Kaffee.

Sie warteten mit dem Abmarsch, bis Waddie zurückgekehrt war. Er kam allein, machte ein undurchdringliches Gesicht, als er absaß und dem Hauptmann Meldung erstattete.

»War nur einer«, sagte er.

»Und? Hast du ihn erwischt?« fragte Hauptmann Suck.

Waddie starrte ihn an, dann sagte er: »Hat zuviel Vorsprung gehabt, mein guter Herr Hauptmann!«

»So wird das nie was«, sagte Suck.

»War einfach zu schnell«, sagte Waddie.

»Brauchen wir einen neuen Kundschafter?« fragte der Hauptmann in die Runde.

»Sie haben schon den besten, mein lieber Herr Hauptmann!« sagte Waddie.

Er ging zur Zisterne und spuckte seinem Pferd Wasser in die Nüstern, so daß es hochstieg und mit den Vorderbeinen in der Luft ruderte.

Dann rückten sie ab, eine Raupe aus Soldaten, Ochsen, Pferden und Bagagewagen, ließen die Feste Terbent hinter sich und zogen weiter im Glutkreis der Sonne. Die Hitze war wie ein alles betäubendes Lied, das die verbrannte Erde sang. Die Natur eine Illusion Gottes.

Während einer Rast fragte Mohr Elchlepp, ob er wisse, was der Unterschied zwischen Schakalen und Hyänen sei?

»Alles weiß ich auch nicht«, antwortete Elchlepp.

»Und wie weit ist es bis zur Grenze?«

»Kommt ganz drauf an, ob dir ein Schakal oder eine Hyäne hinterher ist«, sagte Elchlepp.

Ein Stück vor Gunsbewys kamen sie an die Abzweigung, die nach Rossmund führte. Der Weg sah so unberührt aus, als hätte ihn, seit Mohr dort war, niemand mehr genommen. Mehrmals drehte er sich im Sattel um und blickte zurück. Tief in seinem Innern wußte er, er würde wiederkommen, mit Hulette an seiner Seite, und alles würde so sein, wie es noch nie zuvor war: Er würde sein eigener Herr sein, und sie würden arbeiten und sich lieben und das würde das ganze Leben dauern, also für immer. Das alles konnte er ihr bieten: sein Herz und einen Platz, der dem Himmel auf Erden nahe kam, schöner als jedes Amerika. Kinder kamen auf die Welt, wuchsen schneller als das Gras auf der Weide, die Liebe blieb die Liebe. *Wie jung wirst du am Ende sein?*

Der Himmel zeigte sich orangerot, tief und weit, die Sonne ein wabernder Ball mit glosenden Zacken, an denen, wie urzeitliche Tiere in glühenden Panzern, Wolken aufgespießt waren. Einmal, er wußte nicht, warum, erinnerte er sich an den Gestank von Seffies Hunden.

Ihre Stimmung besserte sich und Erwartung machte sich breit, als sie vom Baiweg abbogen und einer in südöstlicher Richtung verlaufenden, weniger tief gefurchten Wagenspur folgten, die mit Schotter aufgefüllt war. Sie kamen gut voran jetzt und fühlten sich ihrem Ziel nahe. An tiefer gelegenen Stellen wuchsen Kameldornbäume am Wegrand, warfen niedrige Schatten. An einer Wegkehre auf einer Hügelkuppe stand eine roh gezimmerte Holzbank, als gäbe es Wanderer hier draußen, die sich zum Verweilen niederlassen würden. Man hatte gute Sicht auf das Almalital und die Farm Gunsbewys, die in einer grünen Senke lag, Bollwerk gegen den schweifenden Blick. Eine Bergkette am Horizont schob einen blauen Schatten über die Dächer der Gebäude. Eine gekieste, tamariskengesäumte Allee führte zum kremfarbenen Haupthaus, das mit Schindeln und Schilf gedeckt war. Etwas abseits davon ein Teich, von weißlackierten Staketen umzäunt, um die Tiere der Nacht davon abzuhalten, dort zur Tränke zu gehen. Stallungen, Schuppen und Scheunen waren ringförmig um das Haupthaus angeordnet. Hinter dem Wasserturm und dem Windrad bildeten die Hütten des Gesindes, in den Farben des Himmels gestrichen, eine kleine Siedlung, die sich an die steinzernarbte Flanke eines Hügels schmiegte. Oben auf dem Hügel ragten ein paar Kreuze empor. Neben den Wegen, die zu den Kamps führten, waren Terrassengärten angelegt, in denen Gemüse und Obst gedieh, auf einigen entfernt liegenden Parzellen hatte Artingkofer Sisal und Luzerne anbauen lassen. Die Weiden waren mit gutem Gras bestanden, durchbrochen von vorsintflutlichen Felsformationen. Die Rinder standen gut im Futter. Mohr hatte das Gefühl, ihm würde ein Stück Heimat gezeigt.

Nachdem Sucks Gattin ein Viertelstündchen auf der Bank geruht und den Rundblick genossen hatte, trieb der Hauptmann die Kolonne wieder an. Vor Freude sang seine Frau ein Lied auf ihrem Wagen. Ihre Stimme klang schwach, trotzdem ließ sie die Männer lauter atmen.

Am äußeren Gatter wurden sie schon vom Overseer erwartet, einem stämmigen Mann mit einem rundlichen, nackten Kopf. Waddie redete mit ihm, dann warfen sie beide ihre Hüte in die Luft und lachten, als sie sie im nächsten Augenblick wieder auffingen. Schließlich verbeugte sich der Overseer vor der Truppe und sagte: »Willkommen, liebe Leute! Deutsches Land!«

Öffnete das Gatter und ließ sie durch.

Die erste Ahnung.
Vom Himmel auf Erden.

Aus der Siedlung kamen ihnen Kinder entgegengelaufen, die Kleinsten fast nackt, sie schauten zu, wie die Ankömmlinge absaßen, sich in Reih und Glied aufstellten.

Sie salutierten, als Artingkofer mit seiner Familie aus dem Haupthaus trat und sie mit erhobenen Armen willkommen hieß. Dann wurden die Offiziere ins Haus gebeten.

Sie sattelten ab und führten ihre Pferde auf eine Koppel, die ihnen vom Overseer zugewiesen wurde, dann schleppten sie Sättel und Tornister in den Schuppen, der ihnen während ihres Aufenthalts als Quartier dienen sollte. Nachdem er sich einen Platz gesucht hatte, ging er wieder nach draußen, wo ein paar seiner Kameraden die Haubitze in die Remise schoben und das Kamel in den Kuhstall brachten.

Ich bin da, dachte er.

Winkte den Kindern zu, die zurückwinkten. »Hulette«, sagte er zu einem kleinen Mädchen. Aber die Kleine starrte ihn nur mit großen Augen an.

Nach einer Weile kamen die Artingkofers und die Sucks mit Badetüchern aus dem Haus und gingen barfuß zum Teich, ihre Arme und Beine weiß wie Gips, traten durch das Türchen im Zaun und wateten, sich an den Händen fassend, ins Wasser, wo sie sich niederhockten und mit den Armen ruderten, als würden sie jeden Moment von einer Brandung umgeworfen werden.

»Welch Wohltat«, sagte Elchlepp, als hockte er mitten unter ihnen, bis zum Hals im Wasser.

»Das Paradies«, sagte Mohr.

Nachdem die Gesellschaft ihr Bad genossen hatte, gab Leutnant Houilliez bekannt, daß sie nun die Erlaubnis hätten, sich alle im Teich der Artingkofers zu erfrischen. Aus Gründen der Schicklichkeit und um die Damenwelt nicht in Verlegenheit zu bringen, hätten sie allerdings zu warten, bis es dunkel genug sei.

Dann war es endlich dunkel genug, und sie hängten ihre Uniformen an den Zaun, der den Teich umgab, wateten bis zu den Knien ins Wasser und spritzten sich Sterne ins Gesicht, ein köstliches Gefühl, wie Kinderregen, der die Luft süß und schwer macht. Am Ufer wuchs Schilf, und das Erinnern hörte nicht mehr auf. In tropfenden Unterhosen marschierten sie zurück in ihr Quartier, wie nach einem Besuch im Paradies, dessen Pforten von der Nacht geschlossen wurden.

Aus dem Küchentrakt drang der Geruch von Gebratenem, und es dauerte nicht lange, da trugen Eingeborenenfrauen Reinen mit Speck und Maisbrei zu ihnen hinaus in den Hof. Sie füllten ihre Eßgeschirre und aßen, an die Wand des Schuppens gelehnt. Katzenschlager setzte sich neben Mohr, leckte seine Gabel ab.

»Wenn du einen Schutzengel hast«, sagte Katzenschlager, »dann kriegt er viel zu tun!«

Mohr stand auf und spülte seinen Napf in einem Bottich voll lauwarmen Wassers, in dem sich das weiße Gesicht des Mondes spiegelte. Du gibst nichts, dachte er. Wie kämpferisch das klang, vermochte er nicht zu sagen, sein Herz schlug zu laut, die Rippen ein Käfig.

Nach dem Essen kamen Suck und Artingkofer aus dem Haupthaus. Der Hauptmann trug seine Paradeuniform und Artingkofer einen karierten Anzug mit Krawatte und Busennadel. Nachdem die Männer Haltung angenommen hatten, begrüßte er die zuvorderst stehenden mit Handschlag und rief herrisch: »Schnaps für alle!«

Sogleich kamen Frauen aus der Küche in den Hof, darunter seine Töchter. Sie trugen Tabletts mit Flaschen und Gläsern und kredenzten jedem Mann ein Gläschen Schnaps, und als es nicht rasch genug vonstatten ging, waren sich selbst Frau Artingkofer und Frau Suck nicht zu vornehm, bei der Bewirtung der Mannschaft mitzuhelfen.

»Damit ihr Kerle das Krokodil besser verdaut«, sagte Artingkofer und hob sein Glas.

Die Männer riefen Hurra und tranken auf das Wohl der Damen, wie es sich gehört.

»Singt uns ein Lied!« sagte er dann.

Die Frauen riefen: »Jaja!«

»Ein Lied!« befahl Leutnant Houilliez.

Und sie sangen:

Heil dir im Siegerkranz,
Herrscher des Vaterlands!
Heil, Kaiser, dir!

Es trug gut in die Nacht. Die Frauen lächelten, Stolz im Gesicht. Unter prächtigen Sternen, die blau blitzten, spendeten sie Beifall. Draußen auf den nachtschwarzen Weiden muhten Rinder. Mohr und seine Kameraden hätten gerne weitergetrunken und hatten gehofft, daß nachgeschenkt werden würde, aber die Freigiebigkeit Artingkofers war nicht annähernd so ausufernd wie sein Bedürfnis, Reden zu halten. Und so leckten sie ihre leeren Gläser aus, stellten sie zurück auf die Tabletts und schickten den Frauen einsame Blicke hinterher.

Es war zu finster im Schuppen, um die Schneeflocken zu sehen. Mohr hatte die Schneekugel ausgepackt. Schüttelte sie, irgendwie hilflos. Sie erinnerte ihn an Winternächte, in denen Schnee den Himmel weiß gefärbt hatte. Kälte wie blauer Atem überm Fluß und in den Weiden. Vorsichtig, um die Kameraden neben ihm nicht zu wecken, stand er auf und zog draußen seine Stiefel an, die noch immer warm und feucht waren. Er ließ es schneien und hielt sich die Schneekugel vor Augen, und es war fast so, als schneite es auf Farm Gunsbewys. Schnee lag auf den Hörnern der Rinder, weiß die Weide. Dort in der Nacht war Hulette, aber die Nacht gab sie nicht preis. Es war verstiegen, zu glauben, sie käme zu ihm, nur weil er an sie dachte, nur weil er hier war, endlich, in die Nacht starrend, hoffend, ihre Stimme zu hören, die da riefe: Crispin!

Oder Cripsin. Egal!

»Huh«, machte Waddie und schnappte nach ihm wie einer der Hunde, die oben am Hang kläfften. »Kannst du nicht schlafen?«

»Schön hier«, sagte Mohr.

»Bei Nacht«, sagte Waddie, »nur bei Nacht. Zeig, was hast du da?«

»Nichts für dich«, sagte Mohr.

»Ein Geschenk? Was hast du ihr mitgebracht?«

»Geht dich nichts an!«

Waddie griff nach der Schneekugel und bekreuzigte sich, als er die darin gefangenen Figuren sah, halb versunken im Weiß.

Im Haupthaus standen alle Fenster und Türen weit offen, und Lichter brannten in allen Räumen, die späte Nacht war erfüllt von Schatten und Stimmen. Frauen schritten durch den Lichtschein, weiß und schwarz. Hulette war nicht unter ihnen. Im Zypergras am Badeteich lärmten Zikaden.

Er nahm den Weg, der hinauf zur Siedlung führte. Im Mondlicht schimmerte er kreidig, seine Schritte waren viel zu laut. Vor den Hütten brannten Kochfeuer, jedes ein Auge, in dem die Sonne schlief. Männer und Frauen saßen an den Feuern, unterhielten sich in einer Sprache, die er nicht nachzuahmen imstande gewesen wäre. Als sie ihn kommen sahen, verstummten sie. Er stieg weiter aufwärts. Der Weg endete an einer Pforte, die im Schatten zweier Lorbeerbäumchen lag. Hinterm Gitter erstreckte sich ein Areal mit Holzkreuzen, und er kehrte um.

Wieder in der Siedlung, kam er an einem weinenden Kind vorbei, das vor einer der Hütten auf der Erde saß und mit einem Stein im Lehm kratzte; es mochte vielleicht zwei, drei Jahre alt sein. Er wartete eine Weile, und als niemand aus der Hütte kam, ging er zu ihm, und es begann noch lauter zu weinen. Er hob es hoch, herzte es unbeholfen. Wie aus dem Nichts war ein Mann neben ihm.

»Bitte«, sagte der Mann.

»Hat geweint«, sagte Mohr.

»Ist nicht dein Kind«, sagte der Mann, streckte die Arme aus.

Mohr gab ihm das Kind.

»Ja, jetzt weiter!«

»Gut, gut«, sagte Mohr.

»Geh!« sagte der Mann. »Weg! Kein Schnaps, keine Mädchen!« Er nahm den Hut ab. »Bitte!« sagte er.

Die Art, wie er deutsch sprach, beruhigte Mohr. Er holte einen Stumpen aus der Brusttasche und zündete ihn an. Im Schein der Glut erkannte er den Overseer, der sie bei ihrer Ankunft am Gatter empfangen hatte. Der Geruch von Rauch und Schweiß, der von ihm ausging, erinnerte Mohr merkwürdigerweise an seine Zeit im Stall des Grafen von Pappenheim, wenn er von den Landsknechten träumte und die Damen, zum Ausritt gekleidet, ihre Gesichter hinter parfümierten Tüchern verbargen, sobald ein Pferd in ihrer Nähe Wasser ließ.

»Crispin«, sagte Mohr. »Bin heute gekommen!« Er streckte ihm die Hand entgegen.

Der Overseer nickte, sagte: »Dedem.«

»Dedem«, sagte Mohr, gab ihm den Stumpen. Dedem sog einmal daran, löschte ihn.

In der Hütte war jetzt die Stimme einer Frau zu hören, die irgend etwas rief. Dann kam die Frau heraus, zupfte an ihrem Rock, als sie Mohr sah. Sie hatte große, weiße Zähne und dunkel gekerbte Lippen. Mohr verbeugte sich. Die Frau nahm das Kind an sich. Als sie zurück in die Hütte gehen wollte, sagte er: »Hulette.«

»Nein, nein, mein Herr«, sagte sie schnell.

»Sucht das Mädchen«, sagte Dedem zu ihr.

»Hab da was für sie«, sagte Mohr.

Er zeigte ihnen die Schneekugel. Das Kind griff danach. Machte große Augen, als es in den wirbelnden Schnee schaute.

»Schnee«, sagte Mohr. »Gibt es bei uns, im Winter.«

»Und was macht ihr damit?« fragte Dedem.

»Nichts«, sagte Mohr.

Im nächsten Augenblick ließ das Kind die Schneekugel fallen. Sie hatte einen Sprung bekommen, und der Keramiksockel war zerbrochen, die Figuren lagen einen Moment losgelöst voneinander im Glasflitter, bevor ihn der Wind wegblies. Mohr bückte sich und klaubte sie auf. Er gab die Figuren dem Kind, das vor Schreck zu schluchzen begonnen hatte, wandte sich zum Gehen.

Die Frau sagte: »Hulette krank. Drei Tage fort. Auge blau.« Sie machte eine Faust. »Groß blau. Jetzt krank! Verstehst du? Heute warten, morgen gut.«

Ehe er sie fragen konnte, wo Hulette war, zog Dedem die Frau mit dem Kind in die Hütte.

Sterne lagen auf dem Dach, Licht und Glut und alles durcheinander. Kein Schnee.

Am Fuße des Hangs warf Mohr die Reste der Schneekugel ins Gebüsch. Er dachte an das Brautpaar, beide steif und starr. Mann und Frau. Vater, Mutter. Gott tanzt mit den Engeln. Und die Engel tanzen um ein kleines Kind. Er war ihr so nah und war sich selbst so nah, jeden Augenblick mußten sie sich berühren. Jeden Augenblick einer im andern sein.

Als er schlief, kroch das Kind auf allen Vieren durch den Schnee. Mama, Papa, sagte es, als es das Brautpaar tanzen ließ. Nicht so schnell, dachte er, im Traum.

VIII. AUF, AUF! MARSCH, MARSCH! VORAN, IHR SCHÖNEN TIERE!

Suck und Artingkofer waren wie Brüder im Geiste, wenn es darum ging, öffentlich in Erscheinung zu treten. So war es auch an diesem Morgen nach ihrer ersten Nacht auf Gunsbewys. Als der Hauptmann die zum Appell angetretene Truppe instruiert hatte, daß sich noch heute eine Abordnung nach Werft Hopadessa in Bewegung setzen würde, um Kaptein Ximenz eine förmliche Einladung nach Gunsbewys zu überbringen, ergiff Artingkofer das Wort:

»Wir danken unserem Herrn für diesen herrlichen Tag! Diejenigen, die die Felder bestellen, sind die Auserwählten Gottes, spricht der Herr in der Heiligen Schrift! Ihr habt bestimmt schon einmal vernommen, was uns die Kaufleute predigen: Handel statt Krieg! Nun, manchmal ist aber der Menschheit beschieden, daß Krieg vonnöten ist, wenn er nur den Zweck erfüllt, daß Friede einkehrt. Schaut euch um! Ohne uns und ohne euch wäre hier Wüste, blanke Wüste! Das Manna fällt woanders runter. Missionare sind die Kostgänger Gottes, und die Farmer die Proviantmeister des Militärs.«

»Amen!« rief von Wilhelmi.

»Warten Sie, bin noch nicht fertig!« Er sagte: »Meine Herren, eins merkt euch: Die Frauen und Mädchen werden in Ruhe gelassen! Und das gilt für jede Hautfarbe! Hier geht es gesittet zu! Zucht und Ordnung treten nicht außer Kraft, nur weil ein Weiberrock vorbeiflattert. Haben wir uns verstanden?«

Sie schwiegen, schauten starr geradeaus. Niemand konnte von ihnen verlangen, daß sie mit verbundenen Augen herumliefen. Sie kannten die Bibel nicht so gut, um zu wissen, ob Adam und Eva es bereits im Paradies miteinander getrieben hatten, aber Gott hatte Männer und Frauen gemacht, weil sie einander brauchten, um sich die Erde untertan zu machen. Auch in der Liebe.

Hinterher fragte Elchlepp: »Willst du mitkommen?«

Er nickte. Nichts lieber als das! Er würde alles besser verstehen, wenn er wußte, wo sie herkam, wie sie gelebt hatte, ein Bild hinter einem Bild.

Elchlepp ging zu Leutnant Houilliez und sprach mit ihm.

Dann kam er zurück und sagte: »Mach dich fertig, es geht los!«

Während sie packten, erzählte Elchlepp, daß es Gerüchte gebe, denen zufolge sich Artingkofer ab und zu mit einer Flasche Schnaps auf sein Pferd hockte und bewaffnet die Grenzen seiner Ländereien abritt. Was er dort draußen in der Wildnis trieb, wußte niemand so recht. Möglich, daß er nicht nur Tiere, sondern auch Eingeborene jagte, Altäre aus glühenden Steinen errichtete und Jungfrauenblut trank, das weiß wurde, sobald er es an seine Lippen führte. »Er ist ein falscher Hund«, sagte Elchlepp abschließend. »Trotzdem: Warum fragst du ihn nicht?«

»Nach was?« sagte Mohr.

»Nach was? Du fragst mich, nach was? Du bist doch diesem Mädchen hinterher, oder?«

»Bete und arbeite!« sagte Mohr.

»Liebe, leide!« sagte Elchlepp.

Sie gingen ihre Pferde holen.

Perilo blickte drein, als gefiele es ihm nicht, von der Koppel genommen zu werden.

»Nur ein kleiner Ausflug«, sagte Mohr zu ihm. »Morgen abend bist du wieder hier.«

Sie legten ihren Pferden die Sättel auf und führten sie zur Farm. Feldwebel Weibel, Waddie und zwei weitere Kameraden hielten sich schon bereit. Leutnant Houilliez indes verspätete sich, er war im Haupthaus und verabschiedete sich von Artingkofers Töchtern mit Handkuß. Endlich kam er heraus und sprang auf sein Pferd, das Weibel bereitgehalten hatte.

In leichtem Trab entfernten sie sich auf der Allee. Mohr wagte keinen Blick zurück.

Der Overseer öffnete das Gatter und nickte, als Mohr ihn grüßte.

»Ich liebe dieses Land«, rief Elchlepp. »Hier wird man wenigstens wie ein Herr behandelt.«

»Mäßigen Sie sich!« sagte Feldwebel Weibel.

»Du weißt, daß wir wegen Ximenz hier sind? Ximenz ist Artingkofers nächster Nachbar. Und beide leben von der Rinderzucht«, sagte Elchlepp zu Mohr. »Kapiert?«

Mohrs Zunge war dick und trocken, er schwieg lieber.

»Artingkofer braucht mehr Weideplätze, braucht Ximenz' Land.«

»Was du alles weißt«, sagte Mohr. »Und was haben wir damit zu tun?«

»Wir sind die Vorboten«, sagte Elchlepp.

»Die Vorboten«, sagte Mohr. »Und was kommt nach uns? Die Kanone?«

»Pst!« machte Elchlepp, grinste und legte sich einen Finger auf die Lippen. »Wie gefallen dir die Töchter?«

»Nichts für mich!«

»Tu doch nicht so!«

»Wie tu ich?«

»Als hättest du die Wahl.«

»Ich brauch noch lang nicht jede«, sagte Mohr.

»Ach, ein Liebhaber ferner Frauen«, sagte Elchlepp.

»Nein«, sagte Mohr. »Aber ich werde sie finden.«

»Und dann?«

»Dann frag ich sie.«

»Was?«

»Was man halt so fragt!«

Dann schwieg er, weil sie auf der Hügelkuppe anlangten, von wo aus er zum ersten Mal das Almalital gesehen hatte.

Mohr rief: »Bitte um Halt!«

»Stattgegeben!«

Er stieg aus dem Sattel, stellte sich an den Wegrand, während die anderen weitertrabten und hinter der nächsten Wegkehre verschwanden.

Der Himmel schien ob all der Fruchtbarkeit grün am Horizont, und er wünschte sich nichts sehnlicher, als daß er eines Tages in Rossmund den gleichen Himmel sehen würde. Er zeigte in die Richtung und tat, als hielte er Hulette im Arm, bevor er sie küßte. Ungefähr so, sagte er, ungefähr so ähnlich wird es sein.

Dann hob er ein Steinchen auf…

…und warf es Elchlepp ins Genick, als er wieder aufschloß.

Nach ein paar Stunden scharfen Ritts kamen sie ins Gebiet der Kiphkha, durchquerten Wäldchen aus Salzzedern und Dornakazien und hielten auf eine von Wolkenschatten gefleckte Basaltklippe zu, auf der, wie emporgehoben aus den Niederungen der Geographie, die Werft Hopadessa lag, eine Ansammlung braungrauer Buckel, die über eine Umfriedung aus Dornenhecken ragten, verschwimmend im wabernden Dunst des Abendrots. Es ging jetzt steil bergan, vorbei an Steinhalden und dürrem Gestrüpp; auf dem Plateau verlor sich der Weg zwischen einer Ansammlung von Pontoks, wabenähnlicher Gebilde, die aus ineinandergeflochtenen Ästen und Zweigen bestanden, mit Häuten und Fellen bespannt, die Überlappungen mit Lehm verfugt. Ein Geruch von Alaun und Dung ging von ihnen aus, und Elchlepp fühlte sich bemüßigt zu erläutern, daß es sich um halbnomadische Behausungen handle. Wären sie aus Schnee und Eis gewesen, hätten sie auch am anderen Ende der Welt stehen können, wo sich die Wölfe selbst zerfleischten, um sich an ihrem Blut zu wärmen. Hinter den Pontoks, auf Pfählen in krummer Reihe, standen Körbe voll Kaffernkorn, und noch weiter dahinter erstreckte sich ein Schammasfeld, durch das fette Hunde streunten.

Etwas abseits befand sich ein Bau aus Lehmziegeln mit einer ringsum verlaufenden Bohlenveranda. Waddie hielt darauf zu. Sie warteten und wunderten sich, daß sich niemand zeigte, scheuchten die Hunde weg, die sich auf die Hinterbeine gestellt hatten, um ihre Stiefel zu beschnuppern.

»Hm«, machte Leutnant Houilliez, gab sich einen Ruck und rief: »Freunde!«

Niemand antwortete. Er stieg ab, rückte seine Uniform zurecht. Dann betrat er die Veranda, klopfte, geduldig, an die Tür, aber ihm war anzumerken, daß er am liebsten dagegengetreten hätte.

Er machte einen Schritt zurück, als die Tür aufschwang und Kaptein Ximenz herauskam: leicht gebückt gehend und von fahler Gesichtsfarbe; er hatte eine speckige Melone auf dem Kopf und trug einen zu engen Anzug, dazu

Schlips und Manschetten. Er erinnerte an einen noblen Herrn, der sich als Bettler verkleidet hatte. Grußlos ging er an Leutnant Houilliez vorbei und stieg von der Veranda herunter, bückte sich, erstaunlich behende, und hob einen Stein auf, den er nach Waddie warf. Der Stein traf Waddies Gaul am Kopf.

»Keinen Bastard«, rief Kaptein Ximenz, »keinen Bastard!«

»Kaptein, ich bitte Euch!« sagte Houilliez.

»Dieser Mann da«, sagte Kaptein Ximenz, »ich weiß, mein Freund, er steht unter deinem Schutz. Aber hier, hier ist er nicht erwünscht! Soll gehn, soll gehn!«

Im nächsten Augenblick breitete er die Arme aus – *WILLKOMMEN, ICH ERGEBE MICH* –, und nach anfänglichem Zögern folgte Houilliez seinem Beispiel. Keiner machte den ersten Schritt.

Der Kaptein klatschte in die Hände. »Laß deine Leute und die Tiere ans Wasser«, sagte er. Ließ sich nicht davon abhalten, die Ankömmlinge zur Zisterne zu begleiten, sah ihnen zu, wie sie tranken und ihre Pferde tränkten. Immer wieder klatschte er in die Hände und sagte ein ums andere Mal »Kiphkhawasser«, so stolz, als hätte er die Zisterne mit eigenen Händen aus dem Fels geschlagen.

Als Mensch und Tier getrunken hatten, wandte er sich wieder an Houilliez: »Und was hast du mir mitgebracht?«

»Aber ja«, sagte Leutnant Houilliez und gab Feldwebel Weibel einen Wink.

Der Feldwebel entnahm seiner Satteltasche eine Flasche Branntwein, deren Hals mit einem weißen Schleifchen versehen war.

»Nur eine?« sagte Kaptein Ximenz, er nahm sie und wartete weiter.

»Auf Gunsbewys gibt es noch viel mehr«, sagte Houilliez. »Der Hauptmann möchte Euch persönlich ein paar Fläschchen verehren, wenn Ihr seiner Einladung Folge leistet.«

»Und warum kommt er nicht nach Hopadessa?«

»Er bittet untertänigst um Verzeihung: der Weg! Zu beschwerlich für seine Frau«, sagte Houilliez.

»Man hat mir gesagt, ihr führt das große Rohr mit euch« sagte Ximenz.

»Das ist richtig«, sagte Houilliez.

»Und wozu?«

»Um es auszuprobieren«, sagte Houilliez.

»Wo?«

»Wo es nicht anders geht«, sagte Houilliez.

»Wie weiß ich, in welche Richtung es schießt?«

»Ganz einfach: Wem wir die Kanone von hinten zeigen, ist unser Freund! Die Artilleristen haben ihr Handwerk gelernt. Und wenn der Kaiser befiehlt, endlich Schluß zu machen mit diesen Marodeuren, die an der Bahnlinie ihr Unwesen treiben, dann müssen wir schießen, denn Befehl ist Befehl! Am besten, Ihr besprecht das alles mit Eurem Freund, Hauptmann Suck.«

»Dann«, sagte Ximenz, »muß es wohl so sein.«

Für ihr Biwak bekamen sie einen Platz an der Zisterne zugewiesen, und es wurde ihnen nahegelegt, wegen der Hunde nicht im Freien zu schlafen.

»Bedankt euch!« rief Houilliez. Und sie riefen:

»Danke!«

Der Kaptein faßte den Leutnant am Ellbogen.

»Ich habe zu essen und zu trinken im Haus«, sagte er, »und im Schatten können wir unsre Augen besser sehn.«

Houilliez trug Ximenz die Flasche hinterher. Dann sah man ihn lange Zeit nicht mehr.

Hauptmann Konrad Suck
Farm Gunsbewys
An Kaptein Abramus Ximenz
Werft Hopadessa

Hochverehrter Freund und Kaptein Ximenz,
endlich bin ich in Deiner Nähe und bitte Dich von Herzen, daß Du nach Gunsbewys kommen mögest, damit wir das langersehnte Wiedersehen begehen können. Zu diesem Zweck habe ich als Mitbringsel ein paar Kisten Branntwein und Tabak mitgebracht! Uns werden die Sterne ins Glas scheinen!
Es grüßt Dich mit offenen Armen
Dein Freund und Hauptmann Konrad Suck

Die Zelte waren aufgebaut, die Pferde gefüttert. Sie saßen herum, fühlten sich merkwürdig verloren und vergessen. Drüben bei den Pontoks war der Rauch von niedrigen Feuern, manchmal drang Essensgeruch zu ihnen herüber. Unter den ersten, die sich näher an sie herantrauten, waren Kinder. Dann kamen junge Männer und stellten sich um ihren Lagerplatz, sie trugen kreisrunde Schirmmützen, und die Mädchen, die ihnen bald darauf folgten, hatten sich bunte Tücher um den Kopf gewickelt. Die Sonne sank.

Im letzten Licht wurden sie mit einer dicken Suppe bewirtet, die von ein paar Frauen in einem Eisenkessel gebracht wurde, von dem der Ruß abblätterte. Die Suppe schmeckte ein bißchen nach Gras und Kräutern, aber sie war nahrhaft. Am Ende der Mahlzeit sagten sie Danke, zigmal Danke, und die Frauen kicherten und wiederholten das Wort, während sie den Kessel forttrugen. Einen Augenblick später waren Mohr und seine Kameraden von den Männern der Werft umringt und wurden um Tabak und Branntwein angebettelt, aber was sie letztendlich geben konnten, war zu wenig und genügte nicht, um die Gebete zu vergessen, die sie von den Missionaren gelernt hatten. Sie trugen zum Zeichen, daß sie getauft worden waren, Rosenkränze um den Hals, und die Älteren entblößten ihre Körper, zeigten alte Narben und machten dazu die kämpferischen Bewegungen von Kriegern, aber keiner von ihnen trug eine Waffe. Ein alter Kiphkha wollte Mohr eine Taschenuhr verkaufen, auf deren emailliertem Zifferblatt das Heidelberger Schloß abgebildet war, aber das Gehäuse war zu zerschrammt und verbeult. Mohr gab ihm die Hälfte von einem Stumpen, damit er ihn in Ruhe ließ, und der alte Kiphkha streichelte ihm dankbar die Wange. Mohr wischte seine Hand weg, und der Alte nickte bekümmert, sagte etwas in seiner Sprache, es klang, als würde seine Zunge auf den Zähnen spielen.

Der Mond war ein weißer Ball, als sie sich schlafen legten. Mohr und Elchlepp teilten sich ein Zelt. Im Zelt erzählte Elchlepp ihm etwas über die Hottentotten. Zum Beispiel, daß sie gar nicht so hießen, sondern sich selbst Gelbgesichter nannten. »Es heißt«, sagte er, »daß sie sich mit Kaldaunen schmücken und die Genitalien ihrer Ochsen und Hunde verzehren, aber ich weiß nicht, ob das wirklich stimmt oder ob das früher einmal so war. Wenn sie weiße Bänder an den Hüten tragen und auf Ochsenhörner blasen, *Hurra, Dütschmanns!* und *Schambock, Schambock!* rufen und mit der Kirri dreinschlagen, dann heißt das aufgepaßt, weil sie auf dem Kriegspfad sind, der in ihrer Sprache Orlog heißt.«

Mohr gähnte. »Darf ich jetzt schlafen?«

»Es sind nicht alle frei, die ihrer Ketten spotten«, sagte Elchlepp.

»Goethe oder Schiller, oder?«

»Weder noch«, sagte Elchlepp.

»Du weißt alles und alles am besten«, sagte Mohr.

Er schloß die Augen und dachte an Hulette, dachte mit einer solchen Heftigkeit an sie, daß es ihn von Kopf bis Fuß durchfuhr. Hier war sie gewesen, hier hatte sie gelebt, hatte gespielt, gearbeitet. Hier war sie geboren worden, und von hier war sie weggegangen. Morgen würde er zurückreiten. Draußen die Nacht so ruhig. Hätte man den Atem angehalten, hätte man hören können, wie Wolken am Mond entlangschleiften …

Mohr kroch aus dem Zelt, er lehnte sich an die Mauer der Zisterne. Der Geruch des Wassers und der feine Rauch, der in der Luft lag, fühlte sich gut an, lebendig. Im ersten Licht, das grau und rosa übers Plateau sickerte, glichen die Pontoks gestrandeten Walen auf einem versteinerten See. Die ersten Kochfeuer flackerten auf, und ein Schwarm Gimpel flog über die Werft und zog weit hinaus in die kommende Zeit. Irgendwo, fern, hörte er das vielstimmige Muhen von Rindern, die auf der Suche nach Futter das Grasland durchwanderten. Er hätte nicht sagen können, welche Sehnsucht er danach hatte, mehr zu verstehen. Er spürte eine Bewegung an seiner Seite, der alte Kiphkha hatte neben ihm Platz genommen. Er schaute auf seine Taschenuhr und wünschte Mohr auf deutsch Guten Morgen.

»Heidelberg«, sagte er dann.

»Pappenheim«, sagte Mohr.

»Papp –«, sagte der Alte, wußte nicht weiter.

Mohr brach einen Stumpen entzwei. »Guter Soldat!«

sagte der Alte. Legte sich eine Hand aufs Herz. Mohr gab ihm Feuer, und der Alte nahm ein paar Züge, dann sagte er: »Swakopmund?«

Mohr nickte.

»Gut«, sagte der Alte.

Seine Augen tränten, als er Mohr anschaute. Er sagte: »Josephat?«

»Josephat?«

Der Alte nickte heftig.

Mohr machte die Bewegung des Halsabschneidens, und der Alte rückte von ihm ab.

Er gab ihm die andere Hälfte des Stumpens und sagte: »Hulette?«

Und als der Alte Hulettes Namen hörte, bellte er wie ein Hund und machte eine obszöne Geste. Mohr nahm ihm den Stumpen aus dem Mund und warf ihn in die Zisterne.

Die Liebe sucht die Liebe, der Schmerz die Einsamkeit. Jene, die leiden und hoffen, halten den Blinden das Licht …

IX. WIE VON SPINNWEB UMMANTELT DIE HELDEN

Am Haus des Kapteins fiel eine Tür ins Schloß, und Leutnant Houilliez trat auf die Veranda. Er sah aus wie sein eigener Geist, wankte an der frischen Luft. Als er Mohr an der Zisterne entdeckte, blieb er stehen und streckte sich, als wäre er frisch und munter. Mohr erhob sich und wünschte ihm einen Guten Morgen. Der Leutnant würdigte ihn keiner Antwort, sondern beugte sich über die Mauer der Zisterne und spritzte sich Wasser ins Gesicht, er prustete und plätscherte.

»War irgendwas?«

»Nein, Herr Leutnant!«

Er setzte sich den Hut auf. Wasser rann ihm in den Kragen. Dann ging er zum Zelt, das sie am Vorabend für ihn aufgebaut hatten, trat dagegen; es fiel in sich zusammen, lag da wie Elefantenhaut. »Wir brechen auf«, sagte er.

Sie brachen die Zelte ab, gaben auf die Kinder und die Hunde acht, die zwischen ihnen herumliefen. Als sie bereit zum Abrücken waren, erschien Kaptein Ximenz, durch den Morgenschatten schlurfend, auf der Veranda seines Hauses. Leutnant Houilliez stand stramm, und auf sein Kommando entboten sie dem Kaptein eine militärische Ehrbezeigung.

»Ade, meine Freunde!« rief Kaptein Ximenz, trat rückwärts durch die Tür, ein dunkles Rechteck, das ihn verschluckte.

Der alte Kiphkha stand am Wegrand und warf seinen Hut hoch, als Mohr an ihm vorbeiritt. Heidelberg, Pappenheim.

Manche der Männer litten unter Blähungen, die von der Suppe herrührten, die sie am Vorabend gegessen hatten; allein der Leutnant spürte nichts, weil er genug Schnaps getrunken hatte.

Sie polterten den Abbruch hinunter, und es stauchte sie in den Sätteln. Am Fuße der Klippe stieß Waddie zu ihnen. Er hatte einen Stein in der Hand, den er zuerst anspuckte und dann mit einem grimmigen Schrei in Richtung Werft schleuderte.

Leutnant Houilliez drehte sich nicht einmal nach ihm um, als er sagte: »Muß das sein?«

»Ich«, sagte Waddie, »liebe Kanone!«

Nun lag flaches Land vor ihnen.

Elchlepp ritt neben Mohr und ging ganz darin auf, ihm die Welt zu erklären. Mohr ließ ihn reden, vergaß im nächsten Augenblick die Namen der Pflanzen, die Elchlepp nannte, und wenn sie ein Tier aufscheuchten, ergriff es so schnell die Flucht, daß selbst Elchlepp es nicht zu benennen vermochte. Als er genug hatte, sagte er es, damit Elchlepp endlich aufhörte, von Dingen zu reden, die ihm fremd waren, aber Elchlepp meinte, er solle ihm lieber dankbar sein, daß er ihn auf andere Gedanken bringe. Letztendlich sei eine Frau so gut wie die andere, egal, in welcher Farbe sie daherkäme. »Tut mir leid«, sagte er plötzlich.

Der Overseer kam ihnen entgegengelaufen und öffnete das Gatter: »Herein daheim!« begrüßte er sie.

Sie wurden bereits von den Sucks und den Artingkofers erwartet, nahmen Haltung an, als der Hauptmann, um der Damenschar auf der Veranda zu imponieren, Houilliez' Pferd in den Zügel fiel. Er wirkte frisch und rosig, als hätte er den ganzen Tag im Badeteich verbracht.

Der Leutnant händigte ihm einen Brief von Kaptein Ximenz aus. »Melde gehorsamst, er kommt«, sagte er.

»Wunderbar«, sagte der Hauptmann, »wirklich wunderbar!«

Der Leutnant stieg vom Pferd und der Hauptmann wandte ihm den Rücken zu, als er das Kuvert erbrach.

Kaptein Abramus Ximenz
Werft Hopadessa
An Hauptmann Konrad Suck
Farm Gunsbewys

Mein großer Freund und Hauptmann,

ich habe Deine Nachricht empfangen und an mein Herz gedrückt! Es wird mir eine Ehre sein, in meinen alten Tagen Deine Gastfreundschaft zu genießen! Auch würde es mir Freude bereiten, mein Mündel Hulette wieder einmal von Angesicht zu Angesicht zu sehen! Bis die Tinte getrocknet ist, habe ich mein Pferd gesattelt!

Ich grüße Dich und die Deinige und vergesse nicht auf Artingkofer und die Seinen,

Kaptein Abramus Ximenz

»Morgen, Männer«, sagte er, als er den Zettel zusammenfaltete, »wird unser alter Freund und Nachbar Kaptein Ximenz hier auf Gunsbewys eintreffen. Benehmt euch wie Männer! Wie deutsche Männer in Uniform, meine Herren!

Man sah Artingkofer an, daß ihm das, was der Hauptmann gesagt hatte, zu dürftig erschien, deshalb ergriff er das Wort: »Was der Herr Hauptmann sagte, kann ich, wie es so schön heißt, singen. Ihr habt nicht den weiten Weg nach Gunsbewys gemacht, um Kaptein Ximenz hochleben zu lassen, sondern um den Kiphkhas zu demonstrieren, daß wir dank eurer Stärke unschlagbar sind. Hauptmann Suck wird mir recht geben, daß eure Präsenz – und die der Kanone – uns beflügeln wird, Gutes zu tun und Gutes zu fordern. Ich gebe vielen Menschen der Hottentottennation Lohn und Obdach, aber meine Güte wird mir oft nicht vergolten, denn ständig gibt es Zank und Streitereien um Weideland und Wasserrechte. Trotz allem aber ist und bleibt Farm Gunsbewys ein Vorposten des deutschen Reiches – mein Lebenswerk, das auch den deutschen Kaiser im fernen Berlin mit Stolz erfüllen würde. Darum: Empfangt ihn gebührend!«

»Also, in Gottes Namen!« rief Feldkaplan von Wilhelmi. »Danke, Herr! Danke, Vater!«

»Danke, Herr! Danke, Vater!« riefen sie.

»Wir alle sind Gäste auf Erden. Also benehmt euch danach!«

Sie stampften mit ihren Stiefeln auf.

Das Leben lag vor ihnen, nichts als das Leben. Und es war genug für jeden da.

In Anerkennung ihrer erfolgreichen Mission hatten die zurückgekehrten Männer die Erlaubnis bekommen, sich im Badeteich erfrischen zu dürfen. Leutnant Houilliez, der vor ihnen an der Reihe gewesen war, beaufsichtigte sie; keiner, der es nicht genoß, sich seiner verdreckten Uniform zu entledigen. Die Dämmerung bot genügend Schutz, damit Zucht und Sitte Genüge getan war. Das Wasser war schwarz, und seine Kühle drang ihnen bis auf die Knochen. Sie nahmen sich nur noch als weiße Schemen wahr, die bis zum Hals im Wasser saßen, um von Artingkofers Töchtern nicht gesehen werden zu können. Trotzdem entging ihnen nicht, daß sich manchmal die Gardinen hinter den Fenstern des Farmhauses bewegten, und der eine oder andere sprang, verwegen geworden, auf und schlenkerte sein Gemächt. Einmal glaubte Mohr, eine entblößte Brust an einem der Fenster gesehen zu haben, dann wieder war es, als preßte sich ein nacktes, mädchenhaftes Hinterteil, rötlich geritzt, an die Scheiben. Ein Leben für einen Kuß und Himmel und Hölle für den Rest der Liebe.

Nach dem Bad im Teich spazierten sie sinnlos umher.

Elchlepp gesellte sich zu ihm.

Sie gingen nebeneinander zum inneren Gatter, kehrten um und wieder um, sobald sie bei den Stallungen anlangten. Mehr und mehr kam er sich vor wie von allen guten Geistern verlassen, wie verhöhnt, daß er ihr nicht begegnete. Daß er sie nicht traf, wenn sie übern Hof ging oder hinauf zur Siedlung. Aber vielleicht wäre das zu einfach gewesen. Geruch von Gras und Dung kam in Wogen von den Kamps. Die Erde war jetzt schwarz, der Himmel hell von verlorenen Sternen. Er kniete auf Artingkofer und hielt seine Zunge gepackt, zog mit aller Kraft. Wo ist sie?

»Man muß ans Glück glauben«, sagte Elchlepp.

»Mach ich«, sagte Mohr.

»Richtig fest«, sagte Elchlepp. Er legte einen Arm um ihn. »Sie kann überall sein«, sagte er.

»Sie ist überall«, sagte Mohr, machte sich frei.

»Tu nicht so, als wäre alles nur Zufall und Schicksal. Was glaubst du, warum du hier bist? Du bist nur jemand, mit dem Politik gemacht wird. Da hilft dir deine ganze Liebe nichts.«

»Politik, leck mich am Arsch!«

»Mensch«, sagte Elchlepp, »du denkst wohl, du nimmst dir eine Eingeborene zur Frau und bleibst hier, und keine Geschichte und kein Krieg und kein Friede wird dir was anhaben können?«

»Welche Geschichte?«

»Unsere«, sagte Elchlepp. Sagte, jeder sei Teil der Geschichte. Das Leben jedes einzelnen schreibe die Geschichte der Menschheit weiter. »Du weißt es vielleicht nicht, aber die Kolonialadministration will demnächst Mischehen in Deutsch-Südwest verbieten. Und das ist erst der Anfang! Morgen kommt Ximenz. Man wird ihn vor die Kanone binden, wenn er sich nicht mit Artingkofer einigt.«

»Du redest, als käme Krieg«, sagte Mohr.

»Hier gibt's keinen Krieg«, sagte Elchlepp, »hier gibt's nur Gemetzel. Artingkofer braucht Land. Alles, was er kriegen kann!«

Rossmund, dachte Mohr.

Aber er wollte es nicht sagen.

Nicht einmal zu sich selbst.

Wenn die Liebe nicht kommt
kommt der Tod
morgen wissen nicht mehr, wo
wir glücklich waren
und warum
die Liebe nicht
schneller kam als der Tod.

Auf der Veranda des Farmhauses waren Windlichter angezündet worden, die hinterm Glas züngelten und deren Flammen die Ränder der Schatten zerfraßen. Für Dr.

Patarga hatte man den bequemsten Sessel herausgestellt. Die Damen des Hauses kümmerten sich rührend um sein Wohlbefinden. Ein Grammophon wurde angeworfen, und plötzlich ertönten die kratzenden Klänge eines Walzers. Da die Töchter der Artingkofers der Schicklichkeit wegen miteinander tanzten, blieb den Offizieren nichts anderes übrig, als im Wechsel deren Mutter und Frau Suck ihre Aufwartung zu machen und um einen Tanz zu bitten, was der Hauptmann und der Farmer gerne gewährten. Sie hielten sich lieber an die Getränke.

Der Mond am Himmel hatte blaue Flecken und rollte wie eine Trommel von West nach Ost. Ein paar Wölkchen hingen in seiner Spur.

Sie fühlten sich ein wenig wie Tiere im Stall, als sie unter ihre Decken krochen.

Mohr lauschte der Musik, die durchs offene Tor drang, lag da, bis die Musik verstummte.

Dann stand er auf, nahm seine Decke mit nach draußen.

Er wachte auf, als ihm jemand eine Hand auf die Augen legte. Eine Hand, die nach Tau roch.

Der alte Kiphkha aus Hopadessa hockte neben ihm, er hatte einen Armeesäbel umgeschnallt, der zu lang war und am Boden schleifte..

»Komm, Soldat, schau!«

Zeigte ihm die Taschenuhr mit dem Heidelberger Schloß auf dem Zifferblatt.

Als Mohr die Decke abwarf, sah er einen Trupp von Lanzenreitern auf dem Hof, die auf das Haupthaus zuhielten, ihre Hüte rot wie fließendes Feuer im Schein der jungen Sonne. Federquasten hingen an ihren hochgereckten

Lanzen, Standarten einer archaischen Religion. Hinter ihnen ritt Kaptein Ximenz in unnachahmlicher Haltung auf einem weißen Zelter in Schlieren ockerfarbenen Staubs; er trug einen braunen Kordanzug, der an den Knien verschlissen war, und hatte sich eine Schärpe in den Farben der deutschen Flagge umgehängt, die von einem quer vor die Brust geschnallten Patronengurt gekreuzt wurde. An seinem Hemdkragen war noch ein Rest Weiß erkennbar, und sein verbeulter Hut hatte einen Knick in der Krempe. Statt Stiefeln trug er grob genähte Lederpantoffeln. Aus seinem Gewehrschuh ragte der Kolben eines Karabiners, gefleckt von Schweiß und Öl. Dem Kaptein folgte ein gutes Dutzend Männer, die seinen Begleitschutz bildeten, die meisten jung, mit abweisenden Gesichtern. Sie waren in knielange Hemden gekleidet, in die der Schweiß große graue Flecken geätzt hatte. Sie waren mit Gewehren und Pistolen bewaffnet, und jeder hatte eine Kriegskeule am Sattelknauf hängen, hart genug, um den Kopf eines Kaffernbüffels zu zerschmettern. Sie bewegten sich unendlich langsam, in ein Gemälde aus Staub und Licht verbannt.

Mohr trat an Ximenz' Pferd. Er fror unter seinem Blick, hielt das Pferd, während Ximenz abstieg.

»Guter Junge!« sagte Kaptein Ximenz. »Guten Tag, guter Junge!«

Der Kaptein roch nach frischem Schweiß und klopfte sich auf die Knie, als wollte er sich vergewissern, daß ihn die Füße tragen.

Er rief aus Leibeskräften: »Holla!«

Artingkofer öffnete, nackte Beine unterm Nachthemd, ein Gewehr in der Armbeuge, die Augen gerötet, blinzelnd. Als er den Besucher erkannte, lehnte er das Gewehr an den Türstock und starrte verwirrt den Kaptein an.

»So früh, mein Freund?«

»Wir sind die Nacht durchgeritten«, sagte Ximenz.

»Willkommen! Willkommen, mein Freund!«

»Wir danken!« sagte Ximenz.

»Ist der Kaiser da?« rief der alte Kiphkha. Im gleichen Augenblick zeigte sich Hauptmann Suck, seine Uniformjacke zuknöpfend, hinter Artingkofer im Türrahmen, und Ximenz' Männer brachen in Gelächter aus.

»Du bist die Nacht durchgeritten?« sagte er.

»Um keine kostbare Zeit zu verlieren«, sagte der Kaptein; er schwenkte seinen Hut, als würden überall um ihn herum Leute aus ihren Häusern treten. »Die Wege sind sicher. Überall deine Soldaten, mein Freund! Alle Feinde tot oder geflohen. Man muß kein Auge auftun, wenn das Pferd den Weg kennt.«

Vorm Haupthaus hatten sich inzwischen die Soldaten versammelt, standen dicht an dicht, die Gesichter noch leblos vom Schlaf. Leutnant Houilliez tauchte als letzter auf, fahrig von nachwirkenden Walzerklängen und vom Alkohol gezeichnet. Er ließ antreten, aber Kaptein Ximenz nahm kaum Notiz davon. Er umarmte erst Suck, dann Artingkofer, als wäre einer des andern Schatten, und beinahe hätte er auch Mohr umarmt.

Inzwischen waren die Farmarbeiter aus der Siedlung heruntergekommen und jubelten, als sie den Kaptein erkannten. Sie drängten sich um ihn und versuchten ihn zu berühren, und vor Freude, daß er es wirklich war, begannen sie zu tanzen, sprangen in die Luft und schlugen rhythmisch die Hände über ihren Köpfen zusammen, während die Damen des Hauses in aller Eile auf die Veranda beordert und dem Kaptein vorgestellt wurden, der sich entzückt zeigte über das Wachstum der Töchter. Sein Adjutant überreichte der Frau des Hauses ein Sträußchen Kokardenblumen, unterwegs gepflückt, den sie mit einem Knicks entgegennahm. Dann griff der Kaptein nach den Händen von Sucks Frau und bedeckte sie, alles andere als ungekonnt, mit angedeuteten Küssen.

»Wie schön zu sehn, daß mein Freund Suck nicht mehr einsam ist! Einsame Männer sind traurig und denken zuviel ans Sterben.«

»Keine Sorge, verehrter Freund«, antworte Suck. »Wir leben gerne, und es gibt überhaupt keinen Grund, mit dem Leben zu spielen.«

»Und Sie, Gnädigste? Keine Sehnsucht nach der Heimat?« fragte der Kaptein Sucks Frau.

Ihr Schweigen tönte lauter als jeder Tadel, und der Hauptmann fuhr höflich dazwischen, indem er sagte, Heimat sei überall, wo deutsch gesprochen werde und Gastfreundschaft herrsche. Dann waren sie mit dem Austausch von Galanterien fertig und gingen ins Haus, wo der Gast aus Hopadessa sich an einem Frühstück stärken konnte.

Die Kiphkhas saßen ab und führten ihre Pferde zur Tränke, während Mohrs Kameraden die Schattenplätze an den Gebäuden besetzt hielten, als ginge es darum, ihre Stellung zu verteidigen. Ohne ihre feindselige Haltung zu beachten, gingen die Kiphkhas hinauf zu den Hütten am Hang. Kinder liefen ihnen entgegen, sie fingen sie auf und warfen sie in die Luft. Bald stieg Rauch von den Feuerstellen auf, und ein Geruch von Aschenbraten zog übers Gelände. Sie feierten ihr eigenes Fest.

Und die Arbeit blieb für ein paar Stunden liegen. Wir leben gerne, hatte der Hauptmann gesagt.

Kaptein Ximenz hielt es nicht allzu lange im Haus; bald erschien er wieder auf der Veranda, rauchte eine Zigarre. Er hatte sich das Gesicht gewaschen und den Staub aus den Kleidern geklopft, und jetzt rauchte er mit Inbrunst, als würde er an einem Holzscheit saugen. Als zum ersten Mal die Asche abfiel, kamen Suck und Artingkofer zu ihm heraus, und Artingkofer fragte launig, ob er etwa die Soldaten zähle?

»Einen von euch, hab ich gehört, habt ihr begraben müssen«, sagte der Kaptein.

»Ich möchte dir etwas zeigen«, sagte der Hauptmann.

Der Kaptein schnippte die Glut von seiner Zigarre, steckte sie ein.

Sie bahnten sich einen Weg durch die Soldaten, die den *Heidenhäuptling*, wie sie ihn nannten, aus nächster Nähe in Augenschein nehmen wollten, und man sah es ihnen an, wie gerne sie ihn angefaßt hätten, so wie man einen alten Hund anfaßt, um zu prüfen, ob er noch beißt.

Suck, Artingkofer und Ximenz gingen zum Kuhstall, und dort zeigte man dem Kaptein das Kamel, das auf einem Haufen Stroh lag und sich nicht rührte.

»Darf man es anfassen?«

»Nur zu«, sagte Suck.

Er faßte es an, und das Kamel drehte ihm den Kopf zu. »Ich kenne solche Tiere. Könige sind auf ihm nach Bethlehem geritten! Wie schnell läuft es?«

»Schnell wie der Wind«, sagte Suck.

»Der Wind läuft nicht, er fliegt«, sagte der Kaptein. »Und das Kamel da ist krank!«

»Wir haben einen Doktor für Tiere«, sagte Suck.

»Es gibt nichts gegen Heimweh«, sagte der Kaptein.

Danach zeigten sie ihm die Feldhaubitze in der Remise,

ein Wunderwerk deutscher Waffenschmiedekunst, wie der Hauptmann dozierte. Ein Koloß im feldgrauen Tarnanstrich, mit einem Schutzschild und Richtsitzen versehen, ruhte das Geschütz auf zwei eisenbereiften Rädern, und allein durch seine Kompaktheit wurde die ihm innewohnende Kraft sichtbar. Der Hauptmann bediente eine Kurbel, und mit klackenden Geräuschen richtete sich das Rohr steil nach oben. So, erklärte er, ließen sich auch Ziele unter Beschuß nehmen, die sich weit außerhalb der Sichtweite befänden; jeder Hügel, jeder Berg könne damit bestrichen werden, keine Erhebung hoch genug, um Schutz zu bieten.

»Armer Feind«, sagte der Kaptein.

Er ging um das Geschütz herum, legte eine Hand auf das Rohr.

»Das Kamel gefällt mir besser«, sagte er.

Elchlepp sagte: »So liebe ich das Leben!«

Er saß mit nacktem Oberkörper im Schatten einer Mauer, hatte sich das Unterhemd um die Hüften geknotet und blätterte in einem Buch, die Seiten wellig, abgegriffen.

Mohr setzte sich neben ihn, die Knie im Sonnenschein.

»Wie geht's Glatzel und Katzenschlager?« fragte Elchlepp.

»Kein Problem«, sagte Mohr.

»Die beiden sind krank oder verrückt«, sagte Elchlepp. »Haben die ganze Zeit versucht, mich aus der Schreibstube rauszukriegen, haben mich bei Houilliez als Bebelianer angeschwärzt und was weiß ich, welche Lügen sie sonst noch verbreiten.«

»Warum?«

»Weil ich zu dir halte, darum!« Er lachte, zu zaghaft. »Da«, sagte Elchlepp und stieß einen Finger zwischen die

Seiten, »das hab ich mir aus der Garnisonsbibliothek mitgenommen.«

»Was du alles durch die Gegend schleppst«, sagte Mohr.

»Da drin steht, daß die Schwarzen nur einen Magen hätten, aber kein Herz, und nur Arme und Beine mit gesunden, starken Kräften, aber keinen Kopf. So steht das da drin!«

»Ich hab noch keinen ohne Kopf gesehn«, sagte Mohr.

»Die schreiben, daß die Schwarzen kein Recht auf Heimat haben. Eine Seele hätten die Schwarzen wohl, aber das wäre mehr eine Tierseele als eine Menschenseele, und ihre Tierseele könnte nicht so hoch fliegen wie die Seele, die wir haben. Die weiße Seele sei überlegen, und sie müsse sich ausbreiten, über die ganze Erde, und die schwarze müsse weichen. So müsse es kommen, und so müsse es sein.«

»Von mir aus kann jeder von uns eine Armee von Seelen haben«, sagte Mohr. »Ich will nur ein Stück Land. Und eine Frau. Wenn man ein Stück Land und eine Frau hat, hat man eine Heimat. Egal wo auf der Welt.«

»Weißt du, wo du bist?«

»In Afrika«, sagte Mohr.

»Was weißt du von Afrika?«

»Naja, wir haben Verträge gemacht.«

»Mit besoffnen Häuptlingen.«

»Interessiert mich nicht. Ich bin da, du bist da, wir alle sind da!«

»Ja«, sagte Elchlepp, »irgendwie.«

Keine Seele kam frei. Es müßte schon ein Dampfer die Altmühl hinunterfahren und in Pappenheim anlegen. Und der Kapitän müßte von Bord gehen und nach dem Haus von Frau Mohr fragen. Nicht einmal im Traum war das möglich.

Er sah Elchlepp an, der das Buch zugeklappt hatte; es lag jetzt in seiner Hand wie ein Ziegel für das wankende Gebäude des Geistes, und Mohr sah die blasse, feine Haut seiner Arme und hätte ihn am liebsten an sich gedrückt. Dafür, daß er zu ihm hielt und sich selbst treu blieb, ein wahrer Kamerad.

Sie verloren den Schatten, als die Sonne weiterwanderte. Elchlepp sprang auf die Beine, reichte Mohr die Hand, zog ihn hoch. Mohr blieb ab und zu stehen und blätterte in Elchlepps Buch, gab es ihm zurück, als sie die gekieste Allee hinuntergingen und weiter zum äußeren Gatter, wo die Welt schon wieder zu Ende war, jedenfalls für Leute wie sie, die an ihren Fahneneid gebunden waren und das Wort »Freiheit« nicht im Schilde führten. Das Licht der Morgensonne ließ die Entfernungen schrumpfen, am liebsten wäre er losgelaufen, auf der anderen Seite die Hügel hinab, wo Rossmund lag.

Gefällt es dir?

Wir können bleiben?

Ja, wir können bleiben!

Dann ist es gut hier.

Es gehört uns, dir und mir.

Alles?

Alles, was du siehst, und alles, was du nicht siehst.

Und was sehe ich?

Das, was uns gehört!

Und was sehe ich nicht?

Das, was kommt, wenn wir die Zukunft hatten!

Und was steht da auf dem Schild am Tor?

Rossmund.

Wo ist die nächste Kirche?

In Bryony.

Kann man die Glocken hören?

Wenn ich dich küsse.

Elchlepp stieß ihn an. »Erzähl mir was von Pappenheim«, sagte er.

»Von Pappenheim? Warum?«

»Ich kenn dich noch zu wenig«, sagte Elchlepp.

»Naja«, sagte Mohr, »ich war Stallbursche beim Grafen von Pappenheim. Der Herr hat mich gemocht, und die Pferde haben mich auch gemocht. Weggegangen bin ich wegen meinem Vater. Es war einfach nichts mit uns. Und du?«

»Neukölln«, sagte Elchlepp. »Souterrain. Mein Vater war Bierkutscher. Mehr weiß ich eigentlich nicht mehr von damals. Das ist wie auf der andern Seite der Welt gewesen.«

»Wenn man alles richtig macht, kann man hier leben wie Gott in Frankreich!«

»Der Sonnenkönig aus Pappenheim«, sagte Elchlepp.

»Man hat zu fressen, und der Durst ist auszuhalten«, sagte Mohr. »Sogar dein Nebeltrinkerkäfer findet sein Auskommen.«

»Der Nebeltrinkerkäfer«, sagte Elchlepp aus dem Gedächtnis, »lebt an der meerzugewandten Seite der Wüste, und wenn er Durst hat, reckt er sein Hinterteil aus seiner Sandhöhle und nimmt die Feuchtigkeit des Nebels auf.«

»Genau so wird es gemacht«, sagte Mohr.

Zeigte hierhin, dorthin, beschrieb mit den Händen Bögen, die ihm allerdings nur unvollständig gelangen angesichts der Fülle und Weite von Artingkofers Ländereien. Elchlepp nickte und hörte sich alles an, und wenn Mohr sich wiederholte, sagte er es jedenfalls nicht. Und Rossmund, seine Farm, wurde immer größer und schöner, je länger er sie beschrieb. Bilder der Zukunft: Elchlepp würde sie besuchen kommen, ein treuer Gast, und er würde Hulette Illustrierte mitbringen und von den ärmeren Vierteln in Berlin erzählen. Wie gut sie es getroffen hatte. Und wenn sie dann Kinder hatten, würde er vorbeikommen und ihnen etwas vorlesen, denn das konnte er, das konnte er so gut wie niemand sonst. Du bist immer willkommen! Und deine weiße Seele auch! »Von so was die Hälfte«, sagte er, »würde mir genügen! Ach was, die Hälfte von der Hälfte! Die Hälfte von dem, was ich mit einem Auge sehe!« Im Überschwang der Gefühle versuchte er es den Kiphkhas nachzumachen: hochzuspringen und die Hände überm Kopf zusammenzuschlagen. »Wir und unsre Seelen«, sagte er. »Wir sind überall.«

»Überall am falschen Platz«, sagte Elchlepp.

Er bückte sich nach ein paar Wildblumen, die in einer Felsspalte wuchsen. Die Blumen waren noch ganz jung und hatten einen roten Ring um den Blütenkelch; er pflückte sie und ordnete sie zu einem Sträußchen.

Er gab es Mohr. »Für Hulette«, sagte er.

Mohr, verlegen, verschränkte die Hände hinterm Rücken, und Elchlepp sagte, er solle sich nicht so anstellen. Mohr roch an den Blumen, dann nahm er Elchlepp in den Arm, weil es so verrückt war, drückte ihm in einer Aufwallung von Jungenhaftigkeit die Blumen ins Gesicht, bis Elchlepp Blütenblätter spuckte, sagte ihm, wie komisch er als Kavalier aussähe mit seinen Blumen im Gesicht. Plötzlich lehnte sich Elchlepp Halt suchend an Mohr, und im nächsten Augenblick, noch bevor er ihn hätte auffangen können, rutschte er an ihm hinunter, lag ihm zu Füßen. Erst jetzt hörte Mohr den Schuß. Er ließ sich fallen, fühlte, daß sein Körper viel zu langsam war. Elchlepp würgte an etwas, sagte »Au« und wischte sich die Lippen, an denen auf einmal rosa Schaum klebte, wischte ihn weg und gab ein Geräusch von sich, als hätte ihn ein bleiernes Insekt durchbohrt. Dann griff er nach ihm, in seinen Augen nichts als ungeheure Verwunderung, tastete nach dem Buch, das ihm aus der Hand gefallen war. Mohr zog seine Pistole aus dem Holster, und seine Hände zitterten, daß er sie kaum zu halten vermochte; er preßte sich auf den Boden und zielte in den Himmel. Feind, dachte er, Feind. Er gab blindlings einen Schuß ab. Als er, unendlich langsam, den Kopf hob, sah er draußen im Grasland eine Gestalt aufspringen, die in schnellem Lauf über die Erdwellen setzte und eine Schleppe von Schreien hinter sich herzog, bevor sie in einer Bodensenke verschwand.

»Elchlepp«, sagte Mohr.

Elchlepp sagte nichts. Lag da, als hätte er zu atmen vergessen.

»Elchlepp? Tut's weh?«

Elchlepp sagte nichts. Mohr bettete seinen Kopf so, daß er den Himmel sehen konnte, und Elchlepp seufzte naß.

»Haben mir gefallen, deine Blumen«, sagte er. »Tut mir leid, daß sie kaputt gegangen sind. Also, steh auf! Steh endlich auf!«

Er hörte den Wind durchs Gras wehn und sah fern die Berge gegen den Horizont anrollen. Dann waren Kameraden bei ihnen, der Feldscher, Feldwebel Weibel, kauerten nieder und suchten nach Deckung. Der Feldscher kümmerte sich um Elchlepp, und als er den Kopf hob, warteten sie auf ein Nicken, vergebens, sahen in seinen Augen, daß Elchlepp nicht mehr zu helfen war. Elchlepp hatte eine Hand auf dem Buch liegen, als wollte er es nicht hergeben, nicht loslassen.

Niemand versuchte Mohr zurückzuhalten, als er sich, Unverständliches brüllend, auf die Beine kämpfte. Geduckt lief er durchs Gras, folgte dem Schützen. Das laute, harte Geräusch seines Atems betäubte ihn, und er roch seine Seele wie den Schweiß auf der Haut. Die Pistole der Schlüssel zum Schloß der Gewalt. Einmal kreuzte ein Rind seinen Weg, scheute und verfiel in Bocksprünge. Fast hätte er den Mann nicht gesehen, der bäuchlings in einer mit hohem Gras bestandenen Bodenmulde lag, die Hände schützend überm Kopf gefaltet, war schon ein paar Schritte an ihm vorbeigerannt. Er kehrte um und schlug mit dem Kolben der Pistole auf ihn ein, kniete auf seinem Rücken und drückte ihm das Gesicht ins Gras, zwischen seinen Fingern krauses, weißes Haar, das sich rauh anfühlte. Dann wurde er von seinen Kameraden umringt, die ihm nachgekommen waren und um den Mann im Gras herumgingen, als suchten sie nach den letzten heilen Stellen an seinem Leib. Mohr lachte und gebärdete sich wie ein junger Hund. Ja, dachte er.

Als der Mann sich nicht mehr rührte, sagte Weibel: »Pause, meine Herren!«

Sie wälzten den Mann auf den Rücken, und Weibel spuckte ihm ins Gesicht. »So alt und ein Arschloch!«

Dann wandte er sich an Mohr: »Du nimmst die Drecksau in Gewahrsam! Ein Fluchtversuch, und du schießt ihm ins Bein! Wir brauchen ihn lebend. Verstanden?«

»Jawohl, Herr Feldwebel!«

»Dann los!«

Mohr sah ihnen hinterher, wie sie im Laufschritt Elchlepp auf der Tragbahre wegbrachten. Er glaubte nicht mehr daran, daß sie einen Lebenden trugen.

Mohr trat dem Mann ein paarmal in die Rippen, dann ging er in die Hocke und ohrfeigte ihn wie nebenbei. Es ging ganz leicht. Nichts einfacher als das. Auch sein Vater hätte da liegen können. Es dauerte, bis er unter der Schicht aus Schmutz und Blut das Gesicht des alten Kiphkha aus Hopadessa erkannte, der ihm die Taschenuhr gezeigt hatte. Der Alte versuchte Mohrs Hand zu fassen und sie zu küssen. Mohr half ihm beim Aufstehn. Der Alte ging brav an seiner Seite. Manchmal kam er aus dem Tritt, und Mohr mußte ihn vorwärtsstoßen. Nicht viel mehr als Haut und Knochen. Warum waren sie so klein? Wie Kinder mit Bärten.

»Papp –«, sagte der Alte. Nochmal: »Papp –«

»Ruhe!« sagte Mohr.

»Gut«, sagte der Alte. Er lächelte. »Nicht schlagen«, sagte er.

»Und warum?« Schlug ihm auf den Kopf.

»Was machst du?«

Spürte er nichts? Er schlug noch fester.

»Was machst du, Sohn?« sagte der Alte.

»Bin nicht dein Sohn«, sagte Mohr.

»Mein Sohn weg.«

»Geht mich nichts an!«

»Guter Sohn Josephat. Ich sage zu ihm, bitte, nein, verstehst du, aber Josephat jung, so jung, er schießt.«

»Gott und Herr«, sagte Mohr.

»Gott«, sagte der Alte. »Vater unser!« Er faltete die Hände. »Hab Angst um Josephat!«

»Hab lieber Angst um dich«, sagte Mohr.

»Er tanzt jede Nacht. Er sagt, der Mond, er muß rot werden, rot wie Blut. Er wird dich kriegen, Papp –«

Mohr verpaßte ihm einen Tritt, daß er vorwärtsflog.

»Nächstes Mal«, sagte der Alte, als er sich wieder gefangen hatte, »kriegt er dich. Ich bin tot. Du bist tot. So ist das, Soldat.« Lachte, es klang fast herzlich. »Erschieß mich!« sagte er.

»Das«, sagte Mohr, »machen andere.«

»Feigling«, sagte der Alte.

Die Farmgebäude rückten nur langsam näher, der Himmel gleichmütig hoch. Der Alte konnte sich kaum noch auf den Beinen halten; es sah irgendwie lächerlich aus, wie er immer wieder, wie aus dem Stand, einen Satz nach vorne machte.

Er lieferte den Gefangenen bei Feldwebel Weibel ab, der ihn schon mit einem Strick in der Hand erwartete.

Mohr sagte: »Hat gesagt, er war's nicht!«

»Hab noch keinen erlebt, der gesagt hätte, daß er's war«, sagte der Feldwebel.

Dann kümmerte er sich um seinen Gefangenen. Mohr ging zum Brunnen und sah zu, wie der Feldwebel den Alten mit dem Strick verdrosch. Es berührte ihn nicht besonders, und er trank einen Becher Wasser, das von solcher Weichheit war, daß man Worte darin hätte waschen können.

»Gott ist mein Herr!« sagte der Alte. Dann fiel er um und rührte sich nicht mehr.

Mohr sah, daß einige von Ximenz' Männern nähergekommen waren und anfingen, sich nach Steinen zu bücken. Weibel gab Befehl, einen Kordon um den Gefangenen zu bilden. Es war Dedem, der Overseer, der die Postenkette durchbrach und sich schützend zwischen Weibel und den Alten stellte, während sich vom Farmhaus her im Eilschritt Artingkofer, Hauptmann Suck und Kaptein

Ximenz näherten, hinter ihnen die Damenschaft, die nach den besten Plätzen suchte. Suck hielt noch eine Serviette in der Hand, weiß herabhängend wie eine Friedensfahne. Wie nebenbei legte ihm Artingkofer die Hand auf den Arm, und sie ließen Ximenz den Vortritt.

Er ging einmal um den Alten herum, schrie auf ihn ein, schnell, gellend. Dann machte er plötzlich Anstalten, ihm auf die Beine zu helfen, aber es gelang ihm nicht, und weder Artingkofer noch Suck ließen sich herab, ihm zu Hilfe zu kommen. Jetzt kniete er nieder, um den Alten in eine bequemere Position zu bringen.

Schließlich machte Suck einen Schritt auf den Kaptein zu und reichte ihm seine befleckte Serviette. »Zum Saubermachen!«

»Ein Leichentuch wäre in diesem Fall angebrachter«, sagte Artingkofer.

»Dieser Mann da«, sagte Suck, »wird in Arrest genommen!«

»Dieser Mann«, sagte Kaptein Ximenz, »ist einer meiner Männer, mein Hauptmann!«

»Ich kann mir nicht denken, daß ein Mann, der auf meine Leute schießt, zu deinem Volk gehört«, sagte Suck.

»Noch nie zuvor hat jemand so gröblich meine Gastfreundschaft mißbraucht«, sagte Artingkofer.

»Schaut ihn doch an! Dieser Mann hat keine zehn Zähne mehr, und die Flügel der Jugend fehlen ihm schon seit langer Zeit. Warum sollte er einen von euch erschießen? Um vor der Zeit zu sterben?«

»Feldwebel, sorgen Sie dafür, daß der Gefangene weggeschafft wird!« sagte Suck.

»Nehmt mich!« sagte Ximenz.

»Lieber Freund«, sagte der Hauptmann, mehr erschöpft als verärgert, »bei allem Respekt und bei aller Sympathie, die ich deiner Person entgegenbringe, seit Menschengedenken, möchte ich fast sagen, ich mache dich nicht verantwortlich für die Taten eines alten Mannes. Er wird vor Gericht gestellt, wenn wir zurück in Swakopmund sind. Dort soll entschieden werden, ob er gehängt wird. Er wird nicht ohne priesterlichen Beistand aus dem Leben scheiden, das verspreche ich dir hoch und heilig, weil ich weiß, daß du ein gottesfürchtiger Mann bist, mein Freund!«

»Das Essen wird kalt«, sagte Artingkofer.

»Gebt ihm meinen Teller«, sagte Ximenz.

Ging zu seinen Männern und sah zu, wie ein paar Soldaten den alten Kiphkha in den Kuhstall trugen.

Der Alte wurde in eine Kälberbox gesperrt, vor der zwei Mann Posten bezogen, hockte gefesselt in der Streu und nannte die beiden Soldaten, die ihn bewachten, Kinder.

Mohr und seine Kameraden standen vorm Schuppen und sahen einander an, wenn sie Elchlepp drinnen wimmern hörten. Er rief nicht nach seiner Mutter, nicht nach seinem Vater, rief sich selbst bei seinem Namen, vielleicht, um sich nicht ganz zu verlieren. Der Feldscher war bei ihm.

Als es mit Elchlepp zu Ende ging, blieb dem Feldscher nur noch übrig, Feldkaplan von Wilhelmi um Beistand zu bitten.

Elchlepp lag auf einem Stapel Decken, und Mohr dachte daran, daß er ihm einen Becher Wasser vom Brunnen hätte mitbringen können.

»Ich glaube, Sie können Abschied nehmen«, sagte der

Feldkaplan zu Mohr; ein Geruch nach Huhn und Käse schwebte um ihn, der selbst jetzt nicht verging.

Plötzlich sagte Elchlepp mit klarer Stimme: »Die sind hinter mir her …«

»Niemand ist hinter dir her«, sagte der Feldkaplan. »Das vergeht, das träumst du nur, daß jemand hinter dir her ist.«

Aber Elchlepp ließ sich nicht beirren. »Haben schwarze Zähne. Fell auf der Zunge.«

»Das bildest du dir ein«, sagte der Feldkaplan.

»Schwarze Zähne.«

»Wenn sie lachen, ist alles gut, mein Junge.«

»Die lachen nicht, die …«

»Der Herr tritt ihnen entgegen«, sagte der Feldkaplan.

»Gehn wir! Weg hier!« sagte Elchlepp.

Ja, dachte Mohr, jetzt!

Elchlepp strampelte die Decke weg, die auf ihm lastete, versuchte aufzustehen, wegzulaufen, alles auf einmal und immer heftiger. Er riß die Augen auf, und sein Blick flackerte wie aus einer finsteren Hölle heraus, bevor er schlagartig erlosch.

Von Wilhelmi hatte ein Gebet gesprochen. Danach hatte der Feldscher dem Toten die Augen zugedrückt und eine Decke über ihn gebreitet. Als das getan war, schauten Elchlepps Füße darunter hervor. Der Feldkaplan malte ein Kreuz in die Luft, ging hinaus in die Hitze des Tages und begab sich ins Haus, wo die Tafel gedeckt war, eine Tafel, die sich bog unter Speisen und Getränken, Gebeten und Lügen.

Ein Diener kniet neben ihm, wäscht ihm die Hände. Und Frauen warten in den Gästebetten, Frauen mit kühlen Brüsten und Schenkeln.

Alle andern bleiben am Leben.

Dedem, der Overseer, vertrat die Meinung, es sei Sache der deutschen Soldaten, für ihren gefallenen Kameraden das Grab auszuheben, und stur blieb er dabei, daß er nichts anderes tun würde, als Schaufel und Hacke zur Verfügung zu stellen und dem Mann, der die Arbeit machen würde, den Weg zum Friedhof und den Platz für das Grab zu zeigen – und keinen Finger krumm mehr, selbst wenn er die Peitsche fressen müßte! Nach diesen Worten, die er im Beisein des Kapteins geäußert hatte, blieb Suck und Artingkofer nichts anderes übrig, als jemanden aus ihren Reihen zu benennen. Mohr hielt es für seine Pflicht, sich freiwillig zu melden. Er bekam vom Overseer eine Schaufel ausgehändigt und folgte ihm den Hang hinauf und durch die Siedlung der Farmarbeiter. Im Friedhof zeigte Dedem Mohr die Stelle, wo er das Grab ausheben konnte.

Elchlepps letzte Ruhestätte lag ein Stück weit entfernt von einem rot blühenden Korallenbaum, unter dem Artingkofers Vorfahren bestattet waren.

Dedem war gegangen. Die Erde war trocken und hart, trotzdem kam er gut voran, tiefer. Wände für Elchlepp, dachte er, als er bis zum Bauch in der Erde stand. Das Wasser in der Feldflasche war warm geworden.

Waddie blies ihm Rauch ins Genick. Er hatte sich an ihn herangemacht, kauerte am Rand der Grube und besah sich Mohrs Arbeit. Mohr warf ihm eine Schaufel Erde vor die Füße.

Waddie schaute bewundernd. »Gute Arbeit, Mohr!«

»Wo versteckst du dich die ganze Zeit?« sagte Mohr. »Angst vorm Kaptein?«

Waddie warf ihm ein Steinchen an den Kopf, lachte, als es wegsprang.

»Ich mag's nicht, wenn mir einer beim Arbeiten zuschaut«, sagte Mohr.

»Ist so schön.«

»Such lieber nach Josephat.«

»Schlechter Schuß«, sagte Waddie.

»Was heißt schlecht? Versteh ich nicht!«

»Vielleicht war Elchlepp gar nicht gemeint?« sagte Waddie. »Kiphkhaidioten! Verstehst du?«

»Sag, was los ist!«

»Hab ich schon gemacht!«

»Du meinst, ich war gemeint?«

»Laßt sie erst ihren Frieden machen«, sagte Waddie, »und dann hängt ihn auf. Einer weniger!«

Mohr rammte das Schaufelblatt in die Erde, er brauchte irgend etwas, um sich daran festzuhalten, nur diese eine Sekunde, in der ihm die Wahrheit mittendurch ging, nur diese eine Sekunde, in der alles gesagt war und man nur weitersprach, weil der Atem nicht gleich zurückkam.

»Gib mir was von dem Zeug!«

»Von mir kriegt keiner mehr was!«

»Komm schon!«

»Alles hat seinen Preis«, sagte Waddie, »und die Wahrheit verlangt ihren Lohn.«

Mohr sprang aus der Grube, schlug mit der Schaufel nach ihm, warf sie ihm hinterher.

Unter den Lorbeerbäumchen an der Friedhofspforte blieb Mohr stehen und atmete den Schatten ein. Seine Haut war naß und glitschig, und seine Augen brannten. Der Erdhügel neben dem Grab sah grau aus, wie festgebakken. Er konnte sich vorstellen, daß es Elchlepp hier nicht gefallen würde, aber er konnte es nicht besser für ihn machen.

In der Siedlung der Farmarbeiter saßen Frauen und Mädchen vor den Hütten im Schatten, zu ihren Füßen Pyramiden aus Reisig, das sie sich für ihre Kochfeuer zurechtgelegt hatten. Männer stellten sich zu ihnen, als sie Mohr kommen sahen, Gesichter wie aus schwarzem Leder.

»Spricht jemand deutsch?« fragte Mohr.

»Arbeite, du Schwein!« sagte der Overseer hinter ihm.

Und die Männer hielten sich die Bäuche vor Lachen.

Der Overseer führte Mohr zu seiner Hütte, zeigte auf einen Hocker vorm Eingang und sagte: »Platz!«

»Wie geht's dem Baby?«

»Hat Mama, hat Papa, ist gut.«

»Hulette?" sagte Mohr.

»Nix da!« Legte einen Finger auf die Lippen und schaute Mohr in die Augen.

Er versuchte es noch mal. »Hulette?«

»Schau!« sagte der Overseer.

Stieß ihn vor die Brust, er spürte es bis ins Herz.

Erst jetzt sah er eine Handvoll von Ximenz' Leuten, die den Hang heraufkamen. Als sie auf gleicher Höhe waren, winkten sie Dedem zu. Dann gingen sie weiter hangaufwärts, und er schaute ihnen hinterher, bis auch der letzte von ihnen im stumpf werdenden Licht verschwunden war. Nicht mehr lange, und die Tiere würden aus dem Busch kommen und in die leere Grube starren …

»Ich bitte, bittschön, mein Herr!« sagte der Overseer. »Aber wo hast du meine Schaufel gelassen?

Der erste Schub Dämmerung zeigte sich am Horizont, schliff die Farben vom Himmel und schob strähnige Wölkchen vor die sinkende Sonne. Mohr lief schneller, als er sah, daß sich Ximenz' Männer an Elchlepps Grab zu schaffen machten, einer von ihnen schaufelte Erde in die Grube. Er drängte sich durch, stieß den Mann mit der Schaufel beiseite. In der Grube, bereits mit einer dikken Schicht Erde bedeckt, bewegte sich jemand, ähnlich einem Fisch im zähen Schlamm. Mohr ließ sich hinunterrutschen, scharrte mit bloßen Händen, bis er das Gesicht freigelegt hatte. Waddie hatte die Augen geschlossen, Lehmkörnchen klebten ihm an Lippen und Zähnen. Mohr faßte ihn im Nacken, bis er aufrecht dahockte. Eine Ladung Erde ging auf sie nieder, der Mann oben am Grubenrand schaufelte weiter. Als Mohr ihn anschrie, flog ihm ein neuer Wurf Dreck ins Gesicht, dann schlug der Mann mit der Schaufel zu, traf Mohr am Kopf. Dann wieder ein Schlag mit der Schaufel. Er dachte an nichts, es gab keine Hilfe. Sag was! Aber Waddie sagte nichts.

Er konnte kaum noch atmen. Dann Dedems Stimme. Wie durch Wolken dringend.

Der Overseer reichte ihm die Hand, zog ihn mit Schwung aus der Grube. Staub stieg ihm aus den Kleidern, als Mohr dem Mann die Schaufel aus der Hand riß und ausholte. Dedem fuhr zwischen sie, nahm Mohr die Schaufel ab und schwang sie über seinem Kopf, ein Zittern im Gesicht. Er hielt Ximenz' Leute zurück, als Mohr Waddie aus der Grube heraushalf. Waddie starrte mit nassen Augen durch die Maske aus Dreck in seinem Gesicht. Unten im Tal blies der Hornist zum Abendappell.

»Kommt!« sagte Dedem.

Dann ging er, allen voran, zur Pforte, ließ Ximenz' Männer passieren und wartete eine Weile, unverwandt in den Himmel schauend, bis er Mohr und Waddie mit einem Kopfnicken zu verstehen gab, ihm zu folgen.

Manchmal kam einer von ihnen aus dem Tritt, taumelte, als hätte er alles Gewicht verloren, griff nach dem neben ihm Gehenden, um sich für einen Moment festzuhalten.

»Du magst mich nicht«, sagte Waddie.

»Nicht besonders«, sagte Mohr.

»Soll ich dir die Hand küssen?«

»Nein«, sagte Mohr.

»Du hast mir das Leben gerettet, weißt du das«, sagte Waddie.

»Und wenn schon«, sagte Mohr.

»Bist über sie gekommen wie ein Racheengel«, sagte Waddie, suchte nach Worten. Dann sagte er: »Weißt du, mein Problem ist, ich kann einfach nicht dankbar sein.«

»Mußt du nicht!«

»Muß ich nicht?«

»Nein.«

»Die hätten nicht aufgehört, oder?«

»Nein.«

»Die hätten so weitergemacht«, sagte Waddie.

»Wahrscheinlich.«

Sie schwiegen, als der Overseer grußlos auf den Pfad einbog, der zu seiner Hütte führte. Frau und Kind warteten auf ihn.

»Danke«, sagte Mohr, zu spät.

Waddie lachte.

»Na, endlich«, seufzte der Feldwebel, als er sie kommen sah. »Steh mir hier die Beine in den Bauch!«

»Mit Verlaub, Herr Feldwebel, das Grab ist gegraben. Aber es gab ein Problem.«

»Welcher Art?«

»Feindberührung«, sagte Waddie. »Kiphkhas! Wollten mich begraben!«

»Was hast du dort verloren gehabt?«

»Bin die meiste Zeit da oben, seit Ximenz da ist«, sagte Waddie. »Wenn Kamerad Mohr nicht gekommen wäre ...«

»Hätte Elchlepp keinen Platz gehabt ...«, sagte Mohr.

»Wascht euch!« sagte Weibel.

Er hatte längst kehrtgemacht, bis sie endlich salutierten, von Kopf bis Fuß ergraut vom alles gleichmachenden Staub, der in den Gräbern dieses Landes herrschte, war davonmarschiert und hatte auf die Glutaugen der Zigarren zugehalten, die auf der abendmilden Veranda des Farmhauses Löcher in die beginnende Dunkelheit brannten.

Waddie folgte ihm, zog Mohr mit sich.

»Ihr sperrt ihn zu den Tieren«, sagte Ximenz. »Aber er ist ein Mensch!«

»Christus war auch ein Mensch«, sagte der Feldkaplan.

»Zwingt mich nicht, vor euch zu knien«, sagte Ximenz.

»Niemand verlangt das«, sagte Suck. »Selbst die Delinquenten vorm Exekutionskommando dürfen stehen – wenn sie denn können. Was du sagst, hört sich an, als würdest du für jemand um Gnade bitten, der einen meiner Soldaten aus dem Hinterhalt erschossen hat? Ich habe kein Mitleid mit diesem Mann, ob er Zähne hat oder keine, egal ob er einer deiner Männer ist oder nicht: Er kommt vor Gericht. Und für Mord wird er gehängt.«

Der Feldwebel hatte die Stufen zur Veranda genommen und erstattete Meldung: »Schlechte Nachrichten, Herr Hauptmann, tut mir leid, meine Damen!«

»Wir hören«, sagte Suck.

»Jawohl«, sagte Ximenz. Ohne seine Männer wirkte er

wie ein alter Diener, dem erlaubt worden war, bei der Herrschaft zu rasten.

Nachdem der Feldwebel geendet hatte, stellten die Herren die Gläser ab. Ximenz erhob sich aus seinem Sessel und ging mit leisen, sanften Schritten zur Balustrade, wo er sich an eine der Säulen lehnte, so als wollte er sich den Rücken freihalten.

Der Streit hatte Zuschauer angelockt, Soldaten und Kiphkhas, die eine Mauer aus Leibern vor der Veranda bildeten. Die Rempeleien nahmen zu, wurden zusehends grober, unbeherrschter – und dann, als hätten sie einen unhörbaren Befehl empfangen, brachen die Kiphkhas aus der Phalanx und postierten sich zuvorderst, verharrten stumm vor der Balustrade, an der ihr Kaptein lehnte, ihre Waffen griffbereit.

Nach einem kurzen Blick auf Suck sagte Artingkofer zu Ximenz: »Du wirst sie wegschicken!«

»War das ein Wunsch oder eine Bitte?« fragte Ximenz.

»Weder noch«, sagte Artingkofer.

Der Hauptmann mischte sich ein, sagte: »Das war ein Befehl!«

»Aber«, sagte Ximenz zu Artingkofer, »du hast mir nichts zu befehlen!«

Artingkofer sprang auf. »Ich gewähre dir Gastfreundschaft, und was tust du? Du küßt meinen Damen die Hand, du trinkst meinen Wein – und hetzt deine Männer auf uns! Bist du zu alt geworden, um zu erkennen, wo du bist und was du tust?« Gegen Ende war Artingkofers Stimme lauter geworden, das Schweigen, das folgte, ein mahlendes Geräusch.

»Ich gehe«, flüsterte Waddie hinter Mohr. »Zu viele Messer!« Stieß Mohr in den Rücken und sagte: »Frag den Kaptein!«

»Was?«

»Frag ihn nach Hulette!« Mit diesen Worten schob er Mohr durch die Linie der Kiphkhas.

»Dein Wein ist gut«, sagte Ximenz, »aber mein Wasser ist besser!«

Mit diesen Worten goß er sein Glas in Frau Sucks Schoß und schwenkte es mit betrübter Miene. »Pardon, Gnädigste«, sagte er.

Die Frau des Hauptmanns saß zurückgelehnt in ihrem Sessel und betrachtete den nassen Fleck, der sich zwischen ihren Schenkeln ausbreitete und ihr das Kleid rot färbte. Als Kaptein Ximenz Anstalten machte, ihr in einer Geste barbarisch anmutender Galanterie die Hand zu küssen, sprang sie vor Empörung auf und flüchtete sich ins Haus, wohin ihr Artingkofers Frau auf dem Fuße folgte, die Dienstboten scheltend, die in den Fenstern hingen. Der Hauptmann, der sich jetzt ebenfalls aus seinem Sessel erhoben hatte, hob beschwichtigend die Hände, als stünde er in diesem Moment wieder auf der Bühne von *Caab's* und wartete darauf, daß der alte Doktor Erbauliches vortrüge, um die Gemüter zu besänftigen.

Feldwebel Weibel stellte sich vor seine Männer und rief sie auf, Ruhe zu bewahren. »Keiner rührt sich!«

Artingkofer wartete ein, zwei Minuten, bis sich der Tumult gelegt hatte, dann sagte er zu Kaptein Ximenz, so scharf und schneidend, als wollte er ihn mit jedem Wort an die Verandasäule nageln: »Ich weiß nicht, warum du dich so undankbar benimmst? Geht es deinen Leuten nicht gut bei mir? Schau dir bloß meinen Overseer an: macht noch ein Kind – in seinem Alter! Ich lebe jetzt schon so lange hier, und immer, wenn dein Volk Hunger litt, habe ich mir meine Rinder von euch stehlen lassen. Aber du weißt hoffentlich, daß ich sie euch auch umsonst gegeben hätte. Warum? Weil ich weiß, was Stolz ist, und weil ich ahne, was ein hungriger Mann fühlt, der nicht betteln möchte.«

»Ich«, sagte Kaptein Ximenz, »muß nicht betteln! Gib mir noch ein Glas!«

»Ein andermal«, sagte Artingkofer.

»Dann vergesse ich mich und trinke aus der Flasche.«

»Morgen, zum Abschied«, sagte Suck, »trinken wir noch ein Glas!«

»Nein, jetzt! Morgen bin ich tot.«

»Die Damen sind müde«, sagte Dr. Patarga.

»Du rede mit den Pferden«, sagte der Kaptein.

»Ich bitte dich, mein Freund!« sagte der Feldkaplan. »Die Gastfreundschaft ist etwas Heiliges. Man ißt Fische und Brot, und der Wein muß für alle reichen.«

»Weiß Gott«, sagte Kaptein Ximenz, wandte sich wieder an Artingkofer: »Es kommen so viele Klagen, daß ich nicht mehr schweigen kann.«

»Da geht es dir wie unserm Kaiser«, sagte Artingkofer.

»Immer wieder höre ich, daß du es liebst, meine Leute mit der Peitsche zu streicheln.«

»Um Zucht und Ordnung darf man nicht bitten«, sagte Artingkofer.

»Man sagt, du prügelst auch Frauen, prügelst sie vor den Augen ihrer Kinder!«

Mit einer langsamen Bewegung griff der Kaptein nach Artingkofers Glas, nahm es ihm aus der Hand.

»Friede ist ein zerbrechlich Gut«, sagte Dr. Patarga. »Zum Wohle!« Die Worte kamen auf einem leichten Lallen daher.

Kaptein Ximenz dankte, indem er das Glas erhoben hielt, als würde er sich den letzten Tropfen in die Augen rinnen lassen wollen. Und dann schloß er seine Hand um das Glas und zerbrach es, schnitt sich mit einer Scherbe in die Hand, durchtrennte die harte welke Haut, als wäre nun die Zeit gekommen, keine Waffe mehr zu ergreifen, keinen Schmerz mehr zu erdulden. Er sah auf seine Hand und auf das Blut, das auf die Bohlen tropfte, dann sagte er zu Artingkofer: »Ich kann dir nicht mehr die Hand reichen!«

»Du verlierst Blut«, sagte Artingkofer.

»Ich verliere alles. Meinen Stolz, meinen Glauben. Es wird immer mehr, was ich verliere. Land, Blut.« Er klemmte sich die blutende Hand unter die Achsel. »Leben Sie alle bitte recht wohl! Leben Sie in Glück und Frieden!«

Ohne die Gesellschaft noch eines Blickes zu würdigen, ging er die Balustrade entlang zur Treppe, schritt sie hinab, verfehlte die unterste Stufe – und Mohr, er hielt ihn, damit er nicht fiel.

Der Kaptein sah ihn an.

Wartete höflich, bis er ihn losgelassen hatte.

Er sagte nichts zu ihm.

Er atmete nicht einmal.

Mohr lief herum und wußte nicht, wohin mit sich, alles war ihm zu eng, die Haut, der Himmel. Und nirgends Hulette, nirgendwo. Am Anfang hatte er gedacht, daß ihre Anwesenheit spürbar sein würde, daß schon ihr Schatten einen Abdruck auf der Erde hinterlassen und überall ein Hauch ihres Duftes in der Luft schweben würde wie ein durchsichtiger Vogel. Er wagte es einfach nicht, Artingkofer nach ihr zu fragen, und so blieb ihm nichts anderes übrig, als weiter auf das Wunder einer zufälligen Begegnung zu warten.

Glatzel und Katzenschlager standen vorm Tor des

Schuppens, sie rauchten. Als sie ihn sahen, sagten sie ihm, daß Weibel nach ihm suche.

Er fand den Feldwebel vorm Kuhstall, wo er mit dem Feldscher plauderte, der nach dem Gefangenen gesehen hatte.

»Reiter Mohr«, rief Feldwebel Weibel schon von weitem leutselig, »war Elchlepp nicht Ihr Freund? Sie dürfen ihm morgen früh den letzten Dienst erweisen und ihn begraben.«

»Hab Übung, Herr Feldwebel!« sagte Mohr.

»Wie schön«, sagte Weibel.

»Eine Bitte, Herr Feldwebel!«

»So gut wie gewährt!«

»Bitte um die letzte Wache, Herr Feldwebel!«

»Genehmigt, Mohr!«

In der Siedlung verglommen die Kochfeuer, winzige Augen, die nach und nach erloschen. Ein Komet mit grünlich irrlichternder Schleppe raste übers Firmament, unterwegs ins Eis ferner Jahrtausende, und während er ihm hinterhersah, ahnte er, daß alles, was gut war, immer erst morgen geschah.

Er wickelte sich in seine Decke. Hinter seinen Augen erschien ein Licht, und er sah Hulette in diesem Licht, vollkommen jung und vollkommen schön. Flügel strichen über ihre Narben. Ach, alles so schön! Der alte Häuptling malte mit blutiger Hand dem Mond ein Herz. Die Mutter hat einen Hund, und der Hund hat seinen Namen. Er verträgt die Reise nicht. Die Zukunft eine kartographische Skizze auf grauem Papier. Er malte mit seinen Fingern ein Dach auf die Ruine von Rossmund. Dieser Abgrund zwischen ihm und der nächsten Sekunde, diese Entfernung zwischen dem Schlag seines Herzens und der Lähmung des Schlafs. Der Platz für sein Leben mußte nicht größer sein als der zwischen zwei Sternen, ein Ort für Hulette. *Welcome, Boys! Cross the Border!*

X. EIN LIED AUS ERDE

Es war noch Nacht, als er zur Wachablöse geweckt wurde. Der Mond stand schief am Himmel. An der Viehtränke spritzte er sich Wasser ins Gesicht. Dann patrouillierte er am inneren Gatter auf und ab, bis es dämmerte. Als es hell genug geworden war, rannte er die Allee hinunter zum äußeren Gatter, wo er anfing, im Gras nach Elchlepps Buch zu suchen. Als er es gefunden hatte, blies er die Erde weg, die zwischen die Seiten geraten war, sah den einen oder anderen Spritzer Blut am Einband. Bevor er es einsteckte, las er den Titel: *Flora und Fauna zwischen dem 17ten und 29ten Breitengrad.*

Draußen in den Kamps waberte Morgendunst, zauberte fabelähnliche Gestalten aus Nebel und Rauch in die Landschaft. Ein Hornrabe pickte im ockerfarbenen Staub am Rand der Allee. Entlang der Wasserrinnen in den karstigen Hügeln standen vereinzelt niedrig gewachsene Flaschenbäume in weißer Blüte. Ein paar zerzauste Wölkchen erschienen im Gefolge der Sonne am entflammten Horizont und zerstoben alsbald in flüssigem Licht.

Frau Artingkofer und Frau Suck kamen Arm in Arm aus dem Farmhaus, sie trugen beide gestärkte Hauben, die weiß wie Schnee leuchteten. Plaudernd schritten sie zwischen den Beeten des Gemüsegartens umher, den Frau Artingkofer hatte anlegen lassen – sogar zum Luxus eines Blumenbeets mit heimischen Pflanzen hatte es gereicht. Sie bückte sich nach einem Veilchen und pflückte es, reichte es Frau Suck, die es bewundernd entgegennahm, der Duft ein Gruß der Heimat.

»Danke, meine Liebe!«

Sie verließen den Garten und kamen geradewegs auf ihn zu. Es erschloß sich ihm nicht, warum sie plötzlich mit gerafften Röcken ausschritten; er grüßte. Sie nickten und musterten ihn. Die Frau des Hauptmanns kniff die Augen zusammen.

»Sie«, sagte sie zu ihm. Dann, an Frau Artingkofer gewandt: »Ein junger Kavalier, der afrikanischen Schönen nachstellt!«

»Hm«, machte Frau Artingkofer.

»Er war nicht der einzige, aber der eifrigste! Nie war Ruhe im Haus, jeden Augenblick hat uns einer von denen Löcher in die Fenster gestarrt!«

»Sie hätten sie mehr arbeiten lassen müssen. Ich meine, Tag und Nacht!«

»Sie hat sogar mit sich selbst geschäkert, bis wir ihr den Spiegel aus der Kammer genommen haben«, sagte Frau Suck. Dann fragte sie Mohr: »Belauschen Sie uns?«

Er entfernte sich ein paar Schritte, spürte ihre Blicke im Rücken.

»Sie sind wie ein Kuckuck, liebe Frau Hauptmann, haben mir dieses Mädchen ins Nest gelegt«, sagte Frau Artingkofer. »Ach, mag ja sein, daß mein Mann sie manchmal zu hart angefaßt hat, aber Sie haben ja selbst erlebt, wie widerspenstig sie ist. Und als sie gehört hat, daß der Kaptein nach Gunsbewys kommt, war sie nicht mehr zu bändigen. Wir haben sie weggetan und zu ihrem eigenen Schutz wohlverwahrt. Schadet nichts, wenn ihr ihre Schönheit ein bißchen vergeht.«

Sie waren ihm nachgekommen, stellten sich neben ihn ans Gatter.

»Möchten Sie riechen?« fragte Frau Suck und hielt ihm das Veilchen entgegen.

»Danke«, sagte er, roch daran. »Wie daheim«, sagte er dann.

»Ein Veilchen«, sagte Frau Suck. »Möchten Sie's, Herr Soldat?«

»Danke, bin im Dienst«, sagte er, und damit es nicht zu ablehnend klang, fügte er hinzu: »Heute wird es schön!«

»Hier ist es jeden Tag schön«, sagte Frau Artingkofer. »Sie werden es mir nicht glauben, Herr Soldat, aber hier wird es mit jedem Tag immer schöner.«

»Gunsbewys«, sagte Frau Suck, »das ist eine Insel der Seligen.«

»Beten und arbeiten! Jeden schönen Tag!« sagte Frau Artingkofer.

»Glauben Sie mir, meine Liebe, da, wo ich herkomme, aus Unna, war es nicht viel anders. Hochburg der Sozialisten! Jeder Niemand ein Genosse.«

»Ich stamme aus Weißenburg«, sagte Frau Artingkofer.

»Dann kennen Sie Pappenheim«, sagte Mohr.

»Ein Franke«, sagte sie, »und aus Pappenheim? Wie geht's der Heimat?«

»Der Heimat geht's gut, gnädige Frau!«

»Ich werde sie wohl nie wiedersehn, die Heimat!« sagte Frau Artingkofer.

Für eine Weile wurde es still auf der Arche. Affen schaufelten Kot über Bord.

»Landsleute«, sagte Frau Suck, »müssen sich austauschen.« Sie winkte beschwingt und entfernte sich ein Stück, roch am Veilchen.

»Gehn Sie bitte nicht zu weit!« rief ihr Frau Artingkofer hinterher.

Als sie Frau Suck weit genug weg wähnte, knöpfte sie sich das Kleid auf und holte eine Brust heraus.

»Küß sie!« sagte sie.

Das, was er sah, kannte er von den kolorierten Bildchen seines Vaters, die er sich manchmal heimlich angesehen hatte und die abgegriffen waren vom häufigen Gebrauch. Leiber von Frauen und Männern, nackt aneinandergepreßt. Fleisch gnadenlos offengelegt in den Posen der Lust. Verbotene Landschaften des Leibes. Frau Artingkofer drückte an ihrer Brust, um die Warze zum Schwellen zu bringen.

»Schau mich an!«

Er sah zu Boden, schloß die Augen und senkte den Kopf, um nicht zu zeigen, wie hilflos er sich fühlte. So blieb er.

Sie ließ los, gekränkt, weil er wegschaute, ihre Hand, knochig wie die Schwinge eines Vogels, stieß ihn vor die Brust, so daß er einen Schritt rückwärts machte. Im nächsten Moment hatte sie ihren Rock hochgehoben und zerrte am Bund ihrer Unterhose, zeigte ihm ihren Schoß, eine Bewegung wie nebenbei, als sie den Schlitz hochzog. Dann ließ sie den Rock fallen und rief Frau Suck zu, sie sei jetzt weit genug gegangen.

»Sehn Sie da hinten?« sagte Frau Artingkofer. »Da liegt die Werft Hopadessa. Zu Weihnachten bringen wir den Kindern Geschenke. Die Kinder sind ja wie Menschen. Man muß sie mögen.«

Frau Suck sagte wieder: »Belauschen Sie uns, Herr Soldat?«

»Er ist anständig und höflich, vor allem aber unempfindlich«, sagte Frau Artingkofer.

Als er Frau Suck an sich vorbeilassen wollte, legte sie ihm eine Hand auf den Arm, so als sollte er ihr über eine Unebenheit hinweghelfen, ließ sie dort liegen. Er nahm ihre Hand von seinem Arm, ihr Schweiß hatte den Uniformärmel seiner Jacke feucht gemacht; ein Fleck wie ein unredlich erworbenes Mal. »Vielleicht«, sagte sie mehr zu Frau Artingkofer als zu ihm, »bekommt man in diesem Land mit der Zeit Angst vor weißer Haut?«

Sie würdigten ihn keines Blickes mehr, spazierten zurück zum Badeteich und gaben sich entzückt über soviel gezähmte Natur, tauchten kurz ihre Zehen ins Wasser, das im Schatten noch ein wenig schwarz war von der Nacht, und begaben sich erfrischt ins Haus, während er nicht wußte, wo er mit dem Vergessen beginnen sollte. Er blickte hinaus in die Ebene, wo die Rinder weideten, ihre Hörner wie scharfgezeichnete Haken überm rotgolden wogenden Gras. Das Land war unermeßlich und verheißungsvoll. Darüber der Schatten einer älteren Welt, aus der manchmal noch die Krieger der Vergangenheit herüberkamen und ihre Kriegskeulen schwangen.

»Hallo, Herr Soldat«, sagte jemand hinter ihm.

Es war Artingkofers Älteste.

Sie trug ein fliederfarbenes Kapotthütchen, das sie ein wenig frech plaziert auf dem Kopf trug. Sie hatte Sommersprossen, die ihr Stirn und Wangen sprenkelten, und trug ihr Haar zu einem Kranz geflochten um den Kopf.

»Was machen Sie hier?«

»Ich halte Wache.«

»Haben Sie Angst?«

»Wovor?«

»Vor Ureinwohnern zum Beispiel. Oder vor mir?«

»Wegen Ihnen stehe ich nicht hier.«

»Spielverderber«, sagte sie.

»Warum?«

»Hätte doch sein können, daß Sie hier auf jemand warten, an dem Ihnen etwas liegt?«

»Sagen Sie mir, wie Sie heißen?«

»Frollein Ganzallein«, sagte sie.

Sie lachte. Er lauerte auf das nächste Wort.

»Ich heiße Cilly«, sagte sie. »Sie?«

»Reiter Mohr«, sagte er.

»Mohr«, sagte sie. »So wie …?«

Er nickte.

»Ich bin noch nie in Deutschland gewesen. Können Sie sich das vorstellen? Kennen Sie Berlin?«

»Nein«, sagte er.

»Berlin muß aufregend sein.«

»Ich weiß es nicht, weiß es wirklich nicht.«

»Bestimmt viel aufregender als Swakopmund. Da fahren Automobile und Straßenbahnen, und es gibt Geschäfte mit Mode und Restaurants, wo die Leute Austern essen. Haben Sie schon einmal Austern gegessen?«

»Bestimmt nicht«, sagte er.

»Oder Froschschenkel?«

»Für Froschschenkel müssen Sie nicht nach Berlin«, sagte er. »Ich wette, der ganze Teich ist voll davon! Soll ich einen Frosch für Sie fangen?«

»Lieber nicht«, sagte sie. Gab sich einen Ruck: »Sie sind traurig.«

»Tut mir leid, daß Sie es gemerkt haben.«

»Was ist los?«

»Ich suche jemand«, sagte er.

»Ja?«

»Ja.«

»Eine Frau fürs Leben?« Sie lachte. »Wie wär's mit mir?« Sie lachte wieder. »Nein?«

»Bin vergeben«, sagte er.

»So treu?« sagte sie. »Wem?«

»Sie kennen sie.«

»Hier kennt jeder jeden.«

»Sie heißt Hulette«, sagte er.

Er war auf der Hut, als sie sich neben ihn stellte, einen kleinen Schritt zu nah. Sie leckte sich die Lippen, drückte ihren Busen gegen die Holme des Gatters und seufzte.

Und dann sagte sie fast beiläufig:

»Ich hab's gesehn.«

»Was gesehn?«

»Sie«, sagte sie atemlos, »wie Sie auf ihr Dingsda geschaut haben!«

»Hab gar nicht hingesehn«, sagte er.

»Warum?«

»Ihre Frau Mutter könnte meine Mutter sein«, sagte er.

»Ach, Bruder«, sagte sie gespielt schelmisch. »Was soll's! Küssen Sie mich!«

Sie schloß erst ein Auge, dann auch das andere.

»Sie Feigling«, sagte sie, als der Kuß ausblieb. »Sie sind bloß hinter dieser schwarzen Hure her! Seit Sie hier sind, sind Sie hinter ihr her. Wissen Sie, Neger Mohr, ich sehe jeden Tag die gleichen Gesichter. Seit ich lebe, jeden Tag die gleichen Gesichter. Und dann kommen Sie! Kommt ihr alle! So viele Männer! Glauben Sie, das ist einfach oder normal?« Sie biß sich in die Faust und schlug nach ihm. Dann lachte sie.

»In Berlin«, sagte sie, »würde ich jemand wie Sie gar nicht kennen. In Berlin wäre jemand wie Sie unter meiner Würde.« Ihre Augen weiteten sich und das Blau darin ergoß sich nach innen. »Ich gehe jetzt! Sie sind langweilig!«

Von ferne hörte er, wie Cilly ins Wasser sprang. Jauchzend, wie um ihn zu demütigen.

Einen Augenblick später ein Schrei, hoch und schrill, als wollte er sich in den Himmel schrauben. Er sah, wie sie ans Ufer gekrochen kam und sich starren Schritts vom Teich wegbewegte.

Er ging langsam, so langsam er konnte, um nicht der erste zu sein, der bei ihr war, blieb stehen, als er Artingkofer und Suck vom Farmhaus herlaufen sah. Der Hauptmann steckte bereits in seiner Paradeuniform für Elchlepps Beerdigung, trug eine schwarze Schärpe vor der Brust. Artingkofer war in einen schwarzen Anzug aus gutem Tuch gekleidet, und ein Querbinder hing ihm vor der vergilbten Hemdbrust.

»Dedem!« brüllte Artingkofer aus Leibeskräften, als er am Teichrand niederkniete und ins Wasser starrte, wo eine zottige Wölbung zu erkennen war, die sachte hin und her schaukelte, als ginge dort, unter Wasser, ein Wind. Dann war Dedem zur Stelle, und Artingkofer schickte ihn nach einer Stange und einem Haken. Mittlerweile hatten sich Farmarbeiter und Soldaten um den Teich geschart. Nicht lange, und Dedem kam mit einer Stange zurück, an die er einen Haken gebunden hatte; er watete hinein, bis er bis zum Bauch im Wasser stand, und hackte so lange auf das Ding ein, bis der Haken irgendwo feststeckte. Als erstes tauchte ein borstiges Maul mit welligen Lippen und gelb gebleckten Zähnen auf, dann hob sich der ganze Schädel, und das Kamel zeigte ein zerstörtes Auge, in dessen Höhlung Algengrün nistete. Artingkofer schickte Dedem nach Seilen und Maultieren, und wartete reglos, bis alles gebracht war. Dann blickte er Hilfe suchend um sich, und als er Mohr unter den Umstehenden erkannte, rief er ihn. »Du, hilf!«

Mohr stieg mit Dedem in den Teich und half ihm beim Anlegen der Seile um Hals und Beine des Kamels. Die Maultiere wurden herangeführt, die Seile am Geschirr befestigt. Sie zogen den Kadaver an Land, hysterisch schnaubend, als ihnen Aasgeruch in die Nüstern stieg. Mohr reichte Dedem die Hand, um ihm ans Ufer zu helfen. Das Kamel lag da, die Beine dünn, bläulich und gestreckt, als könnte es über Wolken gehen, der helle Bauch verschoben vom Gewicht des Wassers. Schlamm floß ihm aus dem Fell und tot sah es noch fremder aus als sonst: wie etwas aus schlimmen Träumen, wie man sie manchmal träumt, wenn man im Schlaf die Erde verläßt.

Cilly hatte sich längst ins Haus geflüchtet und schaute mit ihren Schwestern durch die Gardinen zu, wie die Maultiere das Kamel die Allee hinunter schleiften, hinaus ins Gelände, wo man es den Aasfressern überließ.

XI. DEUTSCHE SCHANDE

Nach der Wache ging er zurück, den Blick auf den Boden gerichtet, Wasser in den Stiefeln. Seine Kameraden hatten sich vorm Stall versammelt und blickten durchs Tor, wo im Halbdunkel Feldwebel Weibel an der leeren Kälberbox herumbrüllte. Davor lag der Wachtposten, besinnungslos, ohne Gewehr und Stiefel; seine Mütze war in die Streu gerollt, die Haare klebten ihm glatt und rot am Schädel.

Mohr ging sich umziehen.

Elchlepp war in ein weißes Laken gehüllt, das aus Artingkofers Wäschetruhe stammte, als er aus dem Stall getragen und auf die Lafette gelegt wurde. Das Ehrengeleit hatte bereits Aufstellung genommen, der Hornist blies zum Defilee. Sie schritten in Reih und Glied den Hang hinauf, hatten volle Montur angelegt und hielten ihre Gewehre mit aufgepflanztem Bajonett geschultert, eine stachlige Raupe, die sich scharrend vorwärts bewegte. Suck und Artingkofer gingen an der Spitze des Trauerzugs, ihnen folgten ihre Gattinnen, die ein Körbchen mit Blumen zwischen sich trugen. Als die Formation die Siedlung der Farmarbeiter passierte, standen Frauen am Wegrand, die ihre Kinder festhielten, damit sie nicht unter die Räder der Lafette gerieten.

Das Friedhofstor war aus den Angeln gehoben worden, um Platz für die Lafette zu schaffen. Der Schatten der Lorbeerbäumchen schwärzte die Gesichter der Trauergäste.

Hauptmann Suck, wegen der Steigung etwas außer Atem, hielt eine kurze Ansprache, sagte etwas von Dank und unvergessen und meuchlings ermordet und unverdient gefallen.

Feldkaplan von Wilhelmi schwenkte einen Weihrauchkessel und las eine Passage aus den Psalmen: »*Du hast vorzeiten die Erde gegründet, und die Himmel sind Deiner Hände Werk. Sie werden vergehen, aber Du bleibst; sie werden alle veralten wie ein Gewand; wie ein Kleid wirst Du sie wechseln, und sie werden verwandelt werden.*« Keine Wolke, die aufgestiegen wäre von seinen Lippen.

Vier Mann ließen Elchlepp auf einem Brett an Seilen hinunter. Als er unten aufkam, verrutschte das Laken. Mit rudernden Armen gab der Hauptmann dem Hornisten das Zeichen, den Zapfenstreich zu blasen. Als die ersten Töne der Trompete erklangen, mollastig und blechern, senkten die Soldaten ihre Häupter und starrten auf den Streifen Erde zu ihren Füßen, der sie vom Grab trennte.

Kaum war die Melodie verhallt, erscholl vom Krankenkral her Hufgeklapper, eine Horde von Reitern erschien, die an der Umfriedung entlanghielten, durchs Friedhofstor drängten, zwischen den Gräbern heranritten, die Gewehre im Anschlag.

Die Soldaten rückten enger zusammen, als sie von Kiphkhas umringt wurden; sie richteten die Augen auf die Offiziere und warteten auf Befehle, denn daß dies eine Provokation war, die durch nichts mehr rückgängig gemacht werden konnte, war ihnen allen bewußt.

Kaptein Ximenz stieg ab. Er kam auf einem Grab zu stehen und rief: »Freunde!«

»Ein großes Wort«, sagte Hauptmann Suck.

»Es liegt nicht am Wort, sondern am Maul«, sagte Artingkofer.

»Wieder einer weniger!« sagte der Kaptein.

Er wartete und machte ein Gesicht, als ob ihn jemand einladen müßte, näher zu treten, dann kam er, spielerisch eine Peitsche schwingend, auf die Trauernden zu. Es war eine geflochtene Viehpeitsche, gelbschwarz, zum Ende hin keilförmig vernäht, dem Anschein nach ein Exemplar aus Artingkofers Arsenal; wie eine erzürnte Schlange pflügte sie durch den Staub. Alle hörten das Geräusch, wie sie ihr eigenes Echo zerschnitt.

Der Kaptein bückte sich an Elchlepps Grab, hob eine Handvoll Erde vom Aushub auf und ließ sie sich übern Schädel rieseln, leckte sich die Lippen, als wäre es Wasser. Dann blickte er in die Grube. »Das«, sagte er zu dem Toten, »ist nicht deine Erde.«

»Salut!« rief Suck. Rief: »Wollt ihr wohl? Salut!«

In aller Hast richteten sie ihre Gewehre himmelwärts, und die Salve tüpfelte den Himmel mit Wölkchen von Pulverrauch.

»Kehrt Marsch!« sagte Suck.

Aber da war kein Durchkommen mehr. Ximenz' Männer versperrten ihnen den Rückweg, die Leiber ihrer Pferde wie eine lebendige Barriere.

Ximenz sagte: »Ich bin hierher gekommen, um euch wissen zu lassen, daß ich meinen Mann mit uns nehmen werde.«

»Wenn du das tust«, sagte Suck, »dann muß ich nach Hopadessa kommen, mein verehrtester Kaptein, und dort werde ich ihn – diesen Mann, diesen Mörder – ohne Gerichtsverhandlung liquidieren.«

»Willkommen!« sagte Ximenz.

»Bedenke, du bist immer noch mein Gast«, sagte Artingkofer. »Auch wenn du ab und zu ein Glas kaputtmachst, bist du immer noch wohlgelitten.«

Ximenz sagte: »Das alles hier ist unser Land, unser Boden. Überall leben unsere Geister und Ahnen, und sie beten nicht zu Gott. Sie beten um Krieg! Ich kann es nicht mit ansehn, wie auch nur einem Menschen meines Volkes Unrecht geschieht.«

»Strafe ist kein Unrecht«, sagte Artingkofer.

Der Kaptein zeigte mit der Peitsche zum Krankenkral, sagte, er sei dort gewesen und habe alles gesehn und er werde nichts, nichts davon vergessen können. »Du hast deinen Platz in meinem Herzen verloren«, sagte er zu Artingkofer.

»Dein Herz war mir nie groß genug«, sagte Artingkofer. »Und jetzt gib mir meine Peitsche!«

Machte einen Schritt auf ihn zu und streckte die Hand danach aus, vielleicht zu fordernd, zu siegesgewiß, denn Ximenz holte aus und versetzte Artingkofer einen Hieb auf die Hand. Von den Farmarbeitern, die hinter der Mauer standen und zusahen, ertönten zustimmende Rufe. Artingkofer war wie versteinert, schaute ungläubig auf Ximenz, so, als könnte er es noch immer nicht glauben, daß der Schlag ihm gegolten hatte. Dann klatschte ihm die Peitsche über die Schenkel, und er knickte ein, wäre gefallen, wäre ihm Suck nicht im letzten Moment beigesprungen.

»Wenn du noch einmal einem Mann, einer Frau oder einem Kind meines Volkes zu nahe trittst, komme ich zurück!« sagte Kaptein Ximenz zu Artingkofer. »Und dann werde ich deine Gedärme so lange hinter mir herschleifen, bis nichts mehr von ihnen übrig ist. Du«, fuhr er fort, »nimmst dir die Mädchen und Frauen, als wären sie ungetaufte Tiere, haust in ihren Leibern, als hätten sie keine Seele.«

Artingkofer schwieg. Er schwieg lange und hatte große Mühe zu atmen. Er betrachtete seine Hand, betastete seine Schenkel, in seinem Gesicht eine Verwunderung, die er selbst nicht verstand. Suck stellte sich zwischen ihn und Ximenz, duckte sich leicht, für jeden erkennbar.

»Warum sagst du nichts?« sagte Ximenz zu ihm. »Erschieß mich!«

»Das«, sagte Suck, »wäre unter meiner Würde. Das sollen meine Leute tun.«

»Hoffentlich sind deine Leute tapfer genug«, sagte Ximenz. Er ließ die Peitsche ins Grab fallen, verneigte sich vor den Damen: »Frau Hauptmann, Frau Artingkofer, haben Sie Dank für Ihre Gastfreundschaft!«

Seine Worte zerschellten an ihrem Schweigen; ihre Blicke sagten ihm, daß er für sie nur noch ein häßlicher Schatten auf der Schwelle ihrer Wahrnehmung war.

Er zog sich in den Sattel und sagte zu Suck: »Ich hoffe, Sie finden heil zurück, mein Freund!«

Suck sagte: »Der Weg wird besser, seit Gott der Herr uns führt.«

»Wenn wir uns wiedersehn, ist es für einen von uns das letzte Mal«, sagte Ximenz.

Und während er sein Pferd mit Hackenschlägen in die Flanken antrieb, sagte er: »Wenn ihr Krieg wollt, macht eure Gräber größer!«

Dann ritt er davon, der letzte im Zug der Reiter; sein Hut wippte so stark, daß er ihn festhalten mußte. Sie ritten über die Gräber, und die trockene Erde dämpfte den Hufschlag. Der Wind sang für sie.

»Meine Peitsche«, sagte Artingkofer zu Weibel.

»Die Peitsche«, sagte Weibel und schickte Mohr ins Grab.

Mohr ließ sich hinabrutschen; er klaubte die Peitsche auf, warf sie hoch, Artingkofer vor die Füße.

Weibel bückte sich, hob sie auf. Dann reichte er Mohr die Hand, zog ihn heraus, hinauf.

»Zuschaufeln!« sagte er.

Dann ging er.

Mohr fing an. Die Arbeit ging ihm leicht von der Hand. Mit jeder Schaufel Erde, die er in die Grube warf, versank Elchlepp in den tieferen Schichten des Gewesenseins. »Ich mach das einfach, verstehst du«, sagte er zu ihm, spürte die kalte Hand Gottes, die ihn streichelte. Es war eine einsame Arbeit, und er genoß sie fast, weil sie ihn für diesen einen Moment allem enthob. Er fühlte sich weiter denn je von Hulette entfernt, keinen Schritt war er ihr näher gekommen, sie hielt den Atem an hinter den Vorhängen der Erinnerung. Er irrte durch leere Säle und Kammern und rief ihren Namen, bis er die Stimme verlor. Und die Säle wurden größer und die Kammern ebenso, und Dunkelheit wuchs in den Ecken. Später wußte er nicht mehr, ob er noch am Grab für Elchlepp gebetet hatte.

Als er ging, schleifte er die Schaufel hinter sich her, als würde sie dadurch sauber werden. In der Siedlung stellte er sie neben Dedems Tür an die Hüttenwand, horchte nach dem Kind. Er hatte Sehnsucht nach etwas Lebendigem, Reinem, nach der Ahnungslosigkeit des Anfangs. Wie leicht konnte man das Leben verlieren: den Traum. Den Traum Tag und Nacht.

Er meldete sich beim Feldwebel zurück; dann wusch er sich; niemand badete im Teich.

Am nächsten Tag kam Waddie zurück. Barfuß und halbnackt kam er die Allee heraufgewankt. Er schleppte sich von Schatten zu Schatten.

Er war Kaptein Ximenz hinterhergeschickt worden, um

auszukundschaften, ob er andere Clanchiefs aufgesucht hatte, um sie als Verbündete zu gewinnen.

»Wir werden warten«, sagte der Feldwebel zu Waddie.

Sie warteten.

»Auf was?« fragte Waddie schließlich.

»Auf was wohl?« sagte der Feldwebel.

»Muß was trinken«, sagte Waddie.

»Auf dein Pferd«, sagte der Feldwebel.

Waddie sagte nichts.

»Auf dein Pferd, das deine Waffen und deine Uniform bringt«, sagte der Feldwebel.

»Kommt nicht«, sagte Waddie.

»Kommt nicht?«

»Nein«, sagte Waddie.

»Wie oft willst du noch dein Pferd verlieren?«

»Wir können gehn«, sagte Waddie.

»Du zurück zum Beispiel«, sagte der Feldwebel.

»Sie befehlen«, sagte Waddie. »Und Gott weiß, was falsch ist.«

»Hoffentlich«, sagte der Feldwebel. »Also, was war los?«

»Mache Meldung«, sagte Waddie. »Die Kiphkhas sind wieder in Hopadessa. Die Kooiteies und Holanders wollen keinen Krieg.«

»Schöne Nachrichten«, sagte der Feldwebel.

»Muß was trinken«, wiederholte Waddie.

Er setzte sich auf den Boden, zog die Beine an und legte den Kopf auf die Knie, wartete auf Schatten. Der Feldwebel ließ ihn unter Bewachung dort sitzen.

Als der Glutball der Sonne fast den halben Himmel einnahm, war Waddie längst umgefallen, lag auf der Seite und schnappte wie ein Fisch nach Luft. Der Feldwebel kam zurück und gab Befehl, den Kundschafter gebunden vorzuführen. Stramm gefesselt schleifte man ihn zur Farm, wo ihn der Hauptmann erwartete. Er baute sich vor Waddie auf und fächelte ihm mit seinem Hut Kühlung zu. Die Damen weilten auf der Veranda und genossen das Schauspiel.

»Bitte um Wasser«, sagte Waddie.

Der Hauptmann nickte.

»Jetzt«, sagte Waddie.

»Jetzt geht nicht«, sagte der Hauptmann.

»Ich bitte«, sagte Waddie.

Der Feldwebel trat hinzu und zog Waddie an den Stricken hoch, bis er aufrecht dasaß, stülpte ihm den Sack übern Kopf.

Jetzt wedelte der Hauptmann mit einem Fetzen Papier und legte Würde und Strenge in seine Stimme, als er das Urteil, das an den Kundschafter der Deutschen Schutztruppe DSWA, Waldemar Lodewicks, genannt Waddie, erging: DER GENANNTE WIRD WEGEN FEIGHEIT VOR DEM FEIND UND VERUNTREUUNG MILITÄRISCHEN EIGENTUMS STANDESRECHTLICH ERSCHOSSEN. Die Strafe sei hier und jetzt zu vollstrecken! Als Ranghöchster nehme er sich die Freiheit zu sagen, wie sehr er es bedaure, so unrühmlich Abschied von jemand nehmen zu müssen, der als Held geboren worden sei und nun als Feigling sterbe. »Hast du uns noch etwas zu sagen?«

»Hilfe, Herr Kaiser!« rief Waddie, als er vom Feldwebel und Dedem auf die Beine gestellt und an die Stallwand gelehnt wurde.

Als das Peloton vorgetreten war und die Karabiner durchgeladen waren, neigte er ergeben den Kopf, um ihn im nächsten Augenblick mit voller Wucht rückwärts gegen die Stallwand zu schlagen.

Suck gab das Kommando: »Legt an!

Die Gewehre wurden gen Himmel gerichtet, und die Damen drüben auf der Veranda hielten sich die Ohren zu.

Habt acht, ihr Vögel, ihr Engel!

»Legt an!« wiederholte er. »Feuer!«

Das Echo der Salve brach sich an den Hängen, rollte wie Donnergrollen hinaus auf die Kamps. Ein Vogelschwarm erhob sich aus dem Buschwerk am Badeteich und stürzte hinauf in den Himmel.

»Gewehr ab, Saubande!« fluchte Suck, außer sich vor Heiterkeit, und sie stellten ihre Gewehre ab.

Cilly war losgeschickt worden, um dem Exekutionskommando auf einem Tablett Schnaps zu kredenzen. Dedem, der Overseer, stand neben Waddie an der Stallwand, hielt ihn fest an sich gedrückt.

»Vielmals danke«, sagte Waddie.

Suck ging zu ihm, tätschelte ihm durch den Sack den Kopf. »Schafft ihn in den Krankenkral!«

»Er gehört dir«, sagte Weibel zu Dedem.

Waddies Scheinhinrichtung war das Unterhaltsamste seit langem, sie konnten nicht genug davon kriegen, wieder und wieder davon zu erzählen. Glatzel und Katzenschlager, die dem Exekutionskommando angehört hatten, prahlten damit, auserwählt gewesen zu sein, auf den Bastard anzulegen. Mit Schmeicheleien hatten sie Cilly dazu überreden können, ihnen noch mehr Schnaps zu spendieren, eine ganze Flasche voll, an der sie ihren Heldenmut labten. Sie sangen Lieder und hofften, daß Cilly sie durchs offene Tor hören mochte, und je betrunkener sie wurden, desto schwerer wurde es für Mohr, ihre Gesellschaft zu ertragen. Er lag auf seiner Decke und ordnete seine Habseligkeiten zu einem nichtsnutzigen Häufchen; die Briefe seiner Mutter lagen im Quartier in Swakopmund, die Schneekugel war kaputt, der Schnee verweht, die Träume zerschmolzen, und die Ersparnisse, die er besaß, waren nicht des Zählens wert. Die Kanone schießt dein Geld auf den Mond. Nichts bleibt. Er sah ihnen beim Trinken zu und vergaß von einer Sekunde auf die andere ihre Gesichter. Fremde, seit jeher Fremde, Fremde für immer. Seine Haut schien dünner geworden, an manchen Stellen durchscheinend, wie bei kleinen Vögeln, die, noch nicht flügge, aus dem Nest fallen, so daß man das rote Herz in der flaumigen Brust pochen sieht.

»Nettes Mädchen«, sagte Katzenschlager. »Wer holt die nächste Flasche?«

»Ich«, sagte Glatzel. »Cilly gefällt mir.«

Er stand auf und ging hinaus. Katzenschlager fragte Mohr: »Immer noch keinen Durst?«

»Nein«, sagte Mohr.

»Ein stolzer Hund«, sagte Katzenschlager.

Glatzel kam mit einer neuen Flasche zurück. »Sie hat mich geküßt«, sagte er.

»Auf den Mund?« fragte Katzenschlager.

»Schau nicht so«, sagte Glatzel zu Mohr.

»Wie schau ich?«

»So anders«, sagte Glatzel.

»Er ist anders«, sagte Katzenschlager. »Was Bessres.«

»Schade, daß alles nur zum Schein war«, sagte Glatzel. »Wißt ihr, am liebsten hätt ich dem Bastard wirklich eine verpaßt.«

»Können wir immer noch machen«, sagte Katzenschlager.

Sie schwiegen, tranken gieriger.

»Aber dann machen wir es richtig«, sagte Katzenschlager.

Mohr kämmte sich, alles so, als läge irgendwo da draußen *Jauch's Bierhaus* und er würde nur eben hinuntergehn in die Stadt, die schöne, weite, ferne Stadt, um irgendwelche Matrosen singen zu hören, und Hulette würde aus der Küche kommen, den Bauch naß vom Spülwasser. Nein, nichts würde von vorn beginnen, nichts ließ sich wiederholen.

»Ich bring euch noch eine Flasche«, sagte er.

»Der Totengräber von Pappenheim«, sagte Glatzel hinter seinem Rücken.

Ihr seid die nächsten, dachte Mohr.

Merkt euch den Geruch!

»Zum Wohl, Herr Kamerad«, sagte Cilly, die im Schatten auf einer Bank vorm Küchentrakt saß. Er nickte andeutungsweise und nahm den Weg hinauf zu den Hütten. Jenseits der Pforte bog er in einen von Hufspuren geriffelten Pfad ein, der an der Friedhofsmauer entlangführte. Ein Stück weiter hinten, in einer Senke verborgen, waren die Umrisse der Krankenkralbaracke zu erkennen. Sparren und Balken ragten grau gegen den Himmel. An den Außenwänden waren Rollen Draht gelagert, im Sonnenschein gleißend wie kriegerischer Schmuck. Der Platz davor glich einer Brache, die Tür, samt Schloß aus den Angeln gerissen, lag wie ein Floß im braunen, zertretenen Gras. Er rief nach Waddie und Dedem, bekam keine Antwort, ging hinein.

Fleckige Strohsäcke lagen auf dem Boden. Eisenringe, von denen rostrote Ketten herabhingen wie grobe Girlanden, waren an den Wänden befestigt. Daneben eine Stellage mit Ochsenziemern und Drahtpeitschen, in der hintersten Ecke ein Ungetüm von einem Prügelbock, ein

Blechkübel, aus dem es nach Fäkalien roch. Überall auf dem Boden verstreut Flaschenscherben, Fetzen von Kleidern. Er scharrte hilflos mit den Stiefeln darin herum, schlug mit der Hand nach dem dichten Spinnweb, das von den Balken hing, stemmte sich gegen den Prügelbock, bis er umfiel und in einer Staubwolke unterging. Dann riß er an den Ketten. Tief in sich versuchte er, das alles nicht verstehen zu müssen. Es war, als sähe er Hulette vor sich, sie war nackt, an die Wand gekettet. Die Ketten rissen sie zurück, wenn sie ihre Blößen schützen wollte. Es war jetzt egal, ob er die Augen geöffnet oder geschlossen hielt: Die Bilder waren längst in ihm. Die Ewigkeit war ein Stück weiter gewandert.

Der Raum verfinsterte sich, als jemand durch den Türstock trat. »Dedem«, sagte Mohr, als wäre ein Name etwas zum Festhalten.

»Komm«, sagte Dedem.

Unten in der Siedlung hatten die Frauen zu singen begonnen, lauter und lauter ihre Stimmen, überall Tumult, Geschrei, das aufstieg und unterm Himmel verwehte; es erfüllte die tiefer werdende Dämmerung, als verwandelte jeder Laut die Farben der Wolken. Mit einem letzten Blick zurück sah Mohr eine Horde Soldaten den Hang heraufkommen, ihre Gewehre wie Keulen schwingend. Sie bogen auf den Pfad ein, der zum Krankenkral führte, eine leere Flasche zerschellte an der Wand. Dedem zog ihn mit sich, sein Atem flog, seine Hand war naß und kalt. Sie rannten hinter die Baracke, und Dedem bahnte ihnen einen Weg durch Gestrüpp und Dickicht. Mohr hatte Angst, ihn zu verlieren, als sie die schroff abfallende Rückseite des Hügels hinunterhetzten. Geröll lostretend, das ihnen gleich einer kleinen Lawinen voraus war. Unten gelangten sie an die Rückseite einer Remise, wo sich das Buschwerk brach. Dort kauerten sie nieder, und als ihr Atem leiser ging, kehrten, hoch über ihnen, die Stimmen der Soldaten zurück, die johlend Waddies Namen riefen.

Zwischen morschen Wagenrädern, Eisenrosten und Fensterkreuzen saß Waddie auf einer umgekippten Schubkarre und rieb sich den nackten Rücken an der Holzwand.

»Hau ab!« rief er Mohr entgegen.

»Psch!« machte Dedem.

»Er soll abhauen«, sagte Waddie, viel zu laut. Dedem hielt ihm den Mund zu.

»Er war nicht dabei«, zischte er. »Hab's gesehn!«

»Was will er?«

»Weiß nicht!«

»Ich will mit«, sagte Mohr.

»Mit?«

»Besser, du gehst jetzt zurück«, sagte Dedem.

»Bin keiner mehr von denen«, sagte Mohr.

»Und was bist du jetzt? Ein Kaffer?«

»Nichts«, sagte Mohr. Er kämpfte mit seinem Atem, lehnte sich an die Bretterwand der Remise.

Dedem sah sich um, aber niemand kam hinter ihnen den Hang herunter. Er ließ die Zähne sehn, es sollte wohl so etwas wie ein Lächeln sein.

»Ohne den Sack«, sagte Waddie, »hätt ich mich totgelacht.« Er schüttelte ganz schnell den Kopf, und ein paar Tropfen Schweiß flogen in die hereinbrechende Nacht, wo sie verlöschten wie winzige Punkte.

»Ich brauch ein Pferd«, sagte Waddie.

»Ja, ja«, sagte Dedem.

»Schnell«, sagte Waddie.

»Warum ich?« sagte Dedem.

»Du bist ein guter Mann«, sagte Waddie.

»Hab Frau und Kind«, sagte Dedem.

»Weißt du was?« sagte Waddie.

»Was?« fragte Dedem.

»Ich brauch auch noch Hemd und Hose.«

»Ja, ja«, sagte Dedem. »Liebet eure Feinde!«

»Viel zu tun«, sagte Waddie. »Fang an!«

Dedem bückte sich nach einem Brett, sagte: »Kein Befehl, du!«

Mohr stellte sich zwischen die beiden. »Hört auf!« sagte er.

Dedem warf ihm das Brett vor die Füße. Staub wallte auf, eine finstere Wolke. Und Dedem packte mit beiden Händen Mohrs Gesicht und sagte: »Bist du schwarz? Einer von uns? Bist du nicht! Also, Maul!«

»Hol mir das Pferd, Kiphkha!« sagte Waddie. Es klang sanft, freundlich.

»Gut«, sagte Dedem.

»Zwei Pferde«, sagte Mohr.

»Was noch? Eine Kutsche? Faß Suppi? Die Kanone? Gnade Gott, ich hab Frau und Kind.«

»Eine Familie«, sagte Mohr.

»Er ist verrückt«, sagte Waddie.

»Zwei Pferde«, sagte Dedem.

»Bring ihm eine Kuh«, sagte Waddie.

Dedem wandte sich zum Gehen.

»Bitte«, sagte Mohr.

Dedem sagte, sie würden sich später draußen am Windrad treffen.

Sie warteten und starrten in die Nacht. Weißliches Licht auf den Weiden, Stimmen vom Seilkorral, als die Wachtposten dort einander ablösten. Schatten liefen über die

Kamps, verwehten, sprangen auf und nieder, verwehten. Überall fernes Leben, das nur zu erahnen war. Seine Zunge fühlte sich taub und trocken an, als er zu sprechen versuchte.

»Hast du Hulette gesehn?«

»Ja«, sagte Waddie, »hab ich.«

Er schaute ihn nicht an.

»War sie …«

»Was?«

»Gesund oder …«

»Sie war gefickt, wenn du verstehst«, sagte Waddie. »Deutsch gefickt! Verstehst du?«

Mohr lachte.

»Was lachst du?«

»Ich weiß nicht«, sagte Mohr.

»Du lachst und weißt nicht, warum?«

»Ich halte es nicht mehr aus.«

»Was?«

»Dich. Mich. Wie heiße ich?«

»Hab andere Probleme«, sagte Waddie. »Bin vor Angst gestorben.«

»War nicht so gemeint«, sagte Mohr.

»Die Weiber haben zugeschaut, wie man Waddie die Hose ausgezogen hat.«

»Du hast es überlebt«, sagte Mohr.

»Ich bin ein Gefangener im eigenen Land. Warum willst du ein Gefangener werden? Warum willst du in die Unfreiheit fliehen?«

»Warum sagst du das?«

»Damit du den Krieg verstehst«, sagte Waddie.

»Welchen Krieg?«

»Diesen«, sagte Waddie, »jetzt!«

Er erhob sich und lauschte.

»Komm«, sagte er.

Lief geduckt wie ein magerer keuchender Schatten durchs Gras. Der Geruch von Erde und Wasser wurde stärker, als sie sich dem Windrad näherten, das hoch über ihnen leise sirrend vor den Sternen rotierte. Aus der Kaverne des Schöpfwerks roch es nach Algen. Etwas abseits davon wartete Dedem auf sie, hielt zwei Pferde am Zügel, gezäumt und gesattelt; er hatte an alles gedacht, hatte Hemd und Hose und zwei alte Karabiner mit Bajonetten mitgebracht; die Feldflaschen, die am Sattelhorn hingen, waren tropfnaß und fühlten sich kühl und verheißungsvoll an. Oben auf dem Hügel, von dem sie heruntergekommen waren, loderte jetzt ein Feuer hoch in die Nacht. Dann saßen sie auf, und die Pferde scheuten bei den ersten Schritten, bevor sie sich beruhigten und geduldig in die Nacht zogen.

»Paß auf das Kind auf«, sagte Mohr.

Als er sich umsah, war Dedem wie eine kleine graue Statue, die reglos in der Erde versank. Zu seinen Häupten wölbten sich die Schicksale wie die Kuppeln großer Säle, an die Engel und Heilige gemalt waren – die erlittenen, die vergessenen, eine Last, als kämen die Jahrhunderte zurück und feierten Auferstehung. Jetzt ging es nur noch darum, die Farbe der Haut zu vergessen, die Farbe der Haut und die Farbe der Sonne, Tag und Nacht. Die Vergangenheit lebte auf der andern Seite der Welt. Der Platz für sein Leben mußte nicht größer sein als der zwischen zwei Sternen. Er ritt unter ihnen dahin, eine Ewigkeit entfernt.

Der Mond gab gutes Licht.

Waddie ritt vorneweg.

»Hopadessa«, sagte Mohr, wollte es nach einem Kommando klingen lassen. Es mißlang.

»Achtung!« rief Waddie stattdessen. »Feuer! Bummbumm!«

Wiederholte es und horchte seinen Worten hinterher. Er drehte sich kein einziges Mal nach Mohr um, und Mohr mußte aufpassen, damit er ihn nicht aus den Augen verlor. Sein Herz schlug lauter als der Hufschlag der Pferde. Es war, als würde er durch die Irre schweifen. Die Nacht veränderte sich ständig, Sterne verschwanden und Berge verwandelten sich zu Ebenen, die Gerüche der Natur wechselten von Süß bis Bitter. Er verlor sich unter den Himmeln und auf den Gefällen der Finsternis. Er dachte an Perilo, und beinahe hätte er wieder über sich gelacht, weil er an ein Pferd dachte, das er wohl niemals wiedersehen würde. Im Leben ging es um Abschiede, und die meisten bemerkte man nicht einmal. Jemand blieb immer zurück.

Nach einer Weile das Gefühl, als ritten sie im Kreis. Als das Gelände unwegsamer wurde, stiegen sie ab und führten die Pferde am Zügel.

»Red mit mir«, sagte Mohr.

Waddie gab ihm keine Antwort.

Er blieb stehen und zeigte auf den Feuerschein, der zwischen blauschwarzen Bodenwellen aufstieg und wie ein glühendes Auge die Nacht rötete.

»Josephat?« fragte Mohr.

Er bekam keine Antwort.

Sie schlugen einen weiten Bogen um das Feuer, gingen langsam und führten die Pferde am durchhängenden Zügel; immer wieder hielten sie sich am Sattelknauf fest und ließen sich mitziehen. Waddie war ihm ein Stück voraus, er ging leicht und weich, fast schwebend über den rissigen Boden, verschmolz mit seinem Pferd, als er aufsaß und es hart vom Pfad trieb. Bevor es Mohr gelang, sich in den Sattel zu ziehen, kam Waddie durch die Wand der Nacht auf ihn zugaloppiert und rammte ihn. Mohrs Pferd scheute vor Schreck, schleifte ihn mit, bis er strauchelte und losließ. Waddie ritt dicht an ihn heran.

»Wir dürfen uns nichts tun«, sagte Mohr.

»Was heißt wir? Du weißt nichts«, sagte Waddie. »Du weißt nicht einmal, daß du schon tot bist!«

»Laß mir Wasser da«, sagte Mohr. Der Klang seiner Stimme erinnerte ihn an den Gesang der Eulen, die im Schloßpark zu Pappenheim genistet hatten; er sah hinauf zum Mond, die Hauptstadt des Mondes hieß Pappenheim.

»Ab hier«, sagte Waddie, »bist du mit dir allein!«

Dann verbeugte er sich, schlug Mohr, von oben herab, seinen Hut ins Gesicht.

Später zeigte sich die Sonne, der Morgen kam.

Fern am Horizont, im trüben Dunst des beginnenden Tages, die Konturen des Plateaus, auf dem die Werft lag, wie in einem Nest aus Geröll. Eine tintige Wolkenbank schwebte über allem. Wenn er sich anstrengte, konnte er sich einbilden, die Pontoks zu erkennen. Hulette holte Wasser an der Zisterne und wusch sich die Male der Ketten von der Haut, häßliche Schatten.

Er lief los.

Nicht lange und ihm war, als schlüge Feuer über ihm zusammen. Die Sonne war schneller als er, erreichte jeden Schatten vor ihm.

Hie und da einzelne Gräser, die zwischen den Steinen sprossen. Ein lichter Hain aus Akazien, vereinzelt blühende Buschmannskerzen. Eine Vogelwolke über einem Wasserloch.

Tieraugen, die ihn beobachteten, als er trank, bis sein Atem nach Wasser roch.

Allmählich lernte er die Landschaft zu lesen. Das Wort »Fremde«, ohne daß er es verstand, Einsamkeit in einer Sprache, die ihm die Zunge brach.

Er legte sich zwischen zwei Felsblöcke in ein schmales Stück Schatten, versuchte zu ruhen.

Er rief sie nicht. Nicht einmal im Traum rief er sie.

Aber dann kamen sie trotzdem, saßen links und rechts.

Schau, sagte Elchlepp.

Hielt Mohr die Hand vors Gesicht. Ein schwarzglänzender Käfer krabbelte auf Elchlepps Handteller, seine Fühler stichelten durch die Luft. Einer von denen, die Nebel trinken.

Tu das Ding da weg, sagte Rubyniak zu Elchlepp, er hat Angst.

Elchlepp schnippte den Käfer fort, in hohem Bogen flog er zwischen die herumliegenden Steine.

Hat Angst, siehst du nicht?

Du kriegst Besuch, sagte Elchlepp.

Hohen Besuch! sagte Rubyniak. Ach was, allerhöchsten!

Sie erhoben sich, um Hulette zu begrüßen. Sie benahmen sich höflich und freundlich, so als würde man sich schon seit ewigen Zeiten kennen. Hulette machte vor jedem von ihnen einen Knicks, wie man es ihr auf der Missionsschule beigebracht hatte, wenn sie nicht gerade auf kleinen Kreuzen aus Holzscheiten gekniet war. Mohr gab ihr die Hand. Es war ein wunderschönes Gefühl, ihre Hand in seiner zu spüren, das schönste Gefühl seit langem. Er wollte sie fragen, wohin sie ginge und wo sie auf ihn warten würde, doch bevor es dazu kam, zerbrachen die Steine wie Scheckengehäuse. Stimmen hallten unterm Himmel, schleifende Stimmen, Gesang und Gelächter von Kranken und Toten, und Gott sandte Licht um Licht, das auf seinen Lidern brannte. Mohr brauchte eine Weile, bevor er aufstehen konnte. Aber noch immer hatte er das Gefühl, Rubyniak und Elchlepp wären in der Nähe, und er sah die Hand an, mit der er Hulette berührt hatte, roch an ihr. Er ging zum Wasserloch, tauchte den Kopf ins Wasser, und es war, als sähe er den Schatten der *SS Friederick Walbaum*, die, kieloben, auf ihn zuhielt, Matrosen und Soldaten an der Reling in einem Gemenge aus Nebel und Schlamm. Etwas ritzte seinen Nacken. Tiere, dachte er. Als er aufsah, durch einen Schleier aus Wasser und Licht, sah er Josephat, der breitbeinig und riesengroß vorm hitzeverschleierten Himmel stand und auf ihn hinunterblickte. Die nackten Füße staubverkrustet, die Zehennägel zerschrammt. Lächelnd zeigte er seine Zähne, zwischen denen etliche Lücken waren. Dann gähnte er, als hätte er schon lange Zeit neben ihm gewacht. Er roch nach Branntwein, ein beißender, fauliger Dunst, der Mohr traf wie ein Hauch von Aas. Mohr sah ein paar Fäden wäßrigen Blutes an seinem Kragen herabrinnen, hob die Hände, als wären sie ihm ein Schutz vor dem Buschmesser, das Josephat in der Schwebe hielt. Er nickte in schnellem Tempo, und als er damit ausholte, ließ sich Mohr ins Wasser fallen. Josephat sprang ihm nach, und während Mohr immer weiter zurückwich, hackte Josephat mit dem Buschmesser ins Wasser, daß es aufspritzte. Mohr rutschte über einen Stein und verlor den Grund unter den Füßen, schluckte schlammig schmeckendes Wasser. Er tauchte hinunter und riß den Stein aus dem Schlamm, er war groß wie der Kopf eines

Kindes. Josephat, bis zum Bauch im Wasser stehend, bekreuzigte sich, eine wütende Gebärde, als Mohr ihm den Stein ins Gesicht schlug und sein ganzes Gewicht dahinterlegte. Josephat drehte sich um und watete ans Ufer, torkelnd, gebeugt, machte einen Schritt, die Böschung hinauf. Das Buschmesser glitt ihm aus der Hand, als er umfiel und wie entrückt erbebte. Mohr hob es auf, fühlte das Gewicht. Seine Stiefelkappe färbte sich rot, als er Josephat gegen den Kopf trat. Der Mensch geht aufrecht. Das hatte sein Vater immer gesagt, wenn er betrunken von der Arbeit heimmarschiert war. Der Mensch geht aufrecht. Der Mensch ist kein Affe. Schön, so schön. Vergiß das Herz!

»Ein bißchen«, sagte Josephat.

»Was?«

»Daliegen.«

Er betrachtete Mohr wie aus großer Entfernung.

»Mein Vater«, sagte Josephat zu Mohr, »sagt, du hast seine Uhr kaputtgemacht!«

»War schon kaputt«, sagte Mohr.

Josephat betastete sein Gesicht, dann kroch er auf allen Vieren zwischen die Felsen, als suchte er Schatten, Schutz vor Geistern.

»Ich weiß nicht, warum ich dich nicht umbringe«, sagte Mohr.

»Egal«, sagte Josephat.

»Ich wüßte es zu gern«, sagte Mohr.

»Egal!«

Josephat hatte sich auf den Rücken gelegt.

»Geh zu ihr«, sagte er.

Und als Mohr sich nicht bewegte, sagte er: »Warum brauchst du so lange? Die andern sind schon dort! Lauf!« Er lachte. Seine Zähne rot von Blut.

Mohr machte sich auf die Suche nach Josephats Reittier, aber es war nirgends zu sehen. Er schlug einen Bogen um das Wasserloch, pfiff immer wieder leise.

Er kehrte um.

Josephat hatte sich die ganze Zeit nicht bewegt. Er grinste und sagte: »Ich hab an alles gedacht.«

»An alles«, sagte Mohr.

Bevor er wegging, stieg er nochmal ins Wasserloch, um sich eine letzte Abkühlung zu verschaffen. Josephat hatte den Kopf gehoben, schnaubte wie ein Kamel, und Mohr stellte sich vor, wie es wäre, ihn zu ertränken.

Nach den ersten Schritten wartete er darauf, daß ihm Josephat nachrufen würde, aber es blieb still hinter ihm.

Worte waren etwas für die Lebenden, für alle, die daran glaubten, noch nicht tot zu sein.

Warum sagt ihr nichts? Redet mit mir!

Er ging.

Ging und ging.

Die Schritte hundert, tausend.

Mehr und mehr.

Und immer mehr.

Vorwärts: das einzige Wort in seinem Kopf.

Den Fuß von hinten nach vorn.

Dann den andern.

Kein Kunststück.

Geh, dachte er.

Die ganze Zeit nur das.

Geh!

Der Zukunft davon?

Der Vergangenheit entgegen?

So marschierte er auf die Bergkette des Dybmannmassivs zu, dessen Umrisse sich in den Spiegelungen der Hitze in einem ständigen Auf und Ab befanden, als gäbe es so etwas wie Gezeiten der Steine und des Staubs. Manchmal schaute er zurück auf die dünne Spur seiner Schritte, dachte mit Inbrunst an Pappenheim, als könnte er dadurch einen Fluß in der Ebene erschaffen, die vor ihm lag. Gottgleiche Wasser an üppigen Ufern, süße Ströme der Seligkeit. Das Wort Wasser, es brannte im Mund. Die Ungewißheit in ihm wurde mit jedem Schritt erdrückender, ein unglaubliches Gewicht, als trüge er eine Art zweiten Leib in sich, der schwerer wog als der äußere. Er hielt auf die Schattenfalten zu, die sich zwischen den Hügelkämmen abzeichneten. Er hätte viel darum gegeben, wenn Rubyniak jetzt neben ihm geritten wäre. *Komm schon, einer von uns muß es schaffen!*

Als die Sonne zu sinken begann, glich es einem Sturz: Ihr Glutball walzte den Horizont nieder und hinterließ eine Schneise für die Nacht und ihre Sterne, die sich verschwenderisch über den Himmel ergossen. Er legte sich in eine windgeschützte Bodenmulde und schlief vor Erschöpfung auf der Stelle ein, erwachte, als draußen in der Ebene die ersten Tierstimmen laut wurden, keckernd die Nacht begrüßten. Er schaute hinauf in die Pracht des Himmels, und als es rings um ihn im hüfthohen Gestrüpp raschelte und scharrte, hätte er gerne ein Feuer gehabt, den Tanz der Flammen in den Augen, das Buschmesser fest an sich gepreßt. Er konnte kaum schlucken vor Durst, dachte an den Löwenkopf in *Jauch's Bierhaus*, winkte dem Kellner und bestellte, bis ihm die Stimme versagte. Eine schöne Vorstellung, auf der Veranda zu sitzen und Hulette zu küssen, wenn niemand zuschaute, ihre Lippen so naß, wie aus Wasser gemacht. Warum bediente man ihn nicht endlich? Warum ihm gerade jetzt das fleckige Wachstuch einfiel, das seine Mutter morgens manchmal ins Freie gehängt hatte, wenn sein Vater spätnachts heimgekommen war, er wußte es nicht, wußte nur, daß er sich den Körper seiner Mutter immer rosa und himmelblau vorgestellt hatte, wenn sein Vater auf ihr lag und sich nicht schnell genug von ihr herunterrollte. Der Ozean kochte auf und vergoß siedende Wasser, jahrtausendtiefe Schluchten brachen durch den Meeresgrund. Das Meer blieb für immer geteilt, auf daß jeder seinen Weg finden würde. Auch er.

Durch und durch!

Er wartete lange auf das Ende der Nacht. Dachte, nichts hält dich auf. Dachte an den Kaptein. Guter Junge! hatte Kaptein Ximenz zu ihm gesagt, als er vom Pferd gestiegen war, damals auf Gunsbewys. Guten Tag, guter Junge! Das, dachte Mohr, würde er auch jetzt wieder zu ihm sagen und Hulette aus dem Haus bitten, ihn zu begrüßen. Komm! würde sie sagen, wie damals, würde seine Hand nehmen und sie auf ihre Brust legen. Gut? Seht, würde der Kaptein sagen, er liebt eines unsrer Mädchen. Wegen ihr hat er sein Volk verlassen und ist desertiert. Heißt ihn willkommen! Hulette führt ihn zu einem Pontok, zieht ihn ins Innere. Er bückt sich. Über sich knochenbleiche Äste, mit Häuten bedeckt, aus denen Lehm rieselt. Es riecht ganz leicht nach Dung. Sie deutet auf ein Bündel Felle. Er setzt sich. Sie lächelt ihn an. Das könnte ewig dauern, das ganze Leben. Bleib hier, sagt sie. Wenn Frieden herrscht, gehen wir nach Rossmund.

Das erste Grau des Morgens war wie feiner Nebel vor seinen Augen, nichts bewegte sich im Gelände, so weit er auch sah, alles friedlich und still. Er dankte Gott, daß keine Tiere gekommen waren und auch keine anderen Feinde, und nach den ersten Schritten erinnerte er sich, daß man dem Herrn seine Wege befahl. Und das tat er jetzt.

Im Schatten einer verloren dahinziehenden Wolke erhoben sich einem zerklüfteten Bollwerk gleich die Basaltpalisaden des Plateaus, auf dem Hopadessa lag. Er mied die Erdstraße, die zur Werft führte, sondern ging zwischen den Kehren hangaufwärts, trat Geröll los, schnitt sich an scharfem Gras. Und die Vögel flogen höher und höher. Die Sonne traf ihn jetzt mit voller Wucht, und ihm war, als würde er durch heiße Asche waten, glaubte irgendwo den Hufschlag einer Reiterkolonne und das Poltern eisenbeschlagener Räder zu hören.

Er erinnerte sich, wie er – war es gestern oder vor hundert Jahren gewesen – mit seinen Kameraden nach Hopadessa geritten war, zusammengehalten von einem ehernen Herdentrieb, erinnerte sich, wie geborgen und beschützt er sich gefühlt hatte, die Landschaft ein Spiegel, in dem er sich und seine Anwesenheit auf Erden mit neuen Augen gesehen hatte, und während er noch darüber nachdachte, wie stolz er gewesen war, zu den Auserwählten gehört zu haben, fielen Schüsse, ein Geräusch, als zerrissen zu straff gespannte Drahtseile, fielen in immer kürzeren Abständen. Es klang, als würde eine Jagdgesellschaft eine Treibjagd auf wilde Tiere veranstalten, es fehlte nur noch das Gebell der Hunde. Als er zum Plateau hinauf blickte, vermochte er sogar Mündungsfeuer auszumachen, die den Himmel über der Werft tüpfelten. Das Korditgewölk verflog, als die Haubitze zum Einsatz kam und Granate um Granate abfeuerte, deren Einschläge den Fels bis in die tiefsten Schichten erbeben ließen. Dann endete der Artilleriebeschuß so abrupt, wie er begonnen hatte, in der dröhnenden Stille klangen nur noch einzelne verwehende Schüsse nach.

Auf halber Höhe geriet er auf einen Pfad, den vor ihm Tiere gegangen waren, folgte ihm bis zum Abbruch der Klippe. Der Boden wurde ebener, und vor ihm erstreckten sich dünenähnliche Verwerfungen, bewachsen mit gelbem Gras. Die Sonne flutete das Plateau mit flimmerndem Licht. Als er sich noch einmal umdrehte, sah er seinen talwärts fliehenden Schatten.

XII. ZIEHET AN DEN HARNISCH GOTTES!

Der Rauch schwelender Brände wehte ihn an, süßlich und beißend. Breschen waren in die Einfriedung aus Felsbrocken und Dornbüschen gesprengt, die meisten Pontoks bei der Erstürmung der Werft niedergerissen worden. Auf den Pfaden Töpfe und Mörser, Hauben und Hüte, zertrampelt, dazwischen verkohlte Felle. Auf einer Koppel die Leiber toter Pferde und Rinder. Alles in weitem Umkreis dem Erdboden gleichgemacht. Ganze Arbeit, hätte Feldwebel Weibel gesagt, gut gemacht! Die Liebe in die Asche, das Glück in den Staub.

Irgendwo zwischen den Ruinen der Pontoks die Stimme einer alten Frau. Er ging der Stimme nach, die aufstieg wie der Schatten eines Vogels aus Glas, abbrach. Er fand sie hinter einem niedergebrannten Pontok, und als sie ihn erblickte, hob sie abwehrend die Arme und floh. Er folgte ihr, wußte nicht das Wort für Halt oder für Bitte in ihrer Sprache, kannte kein Wort in ihrer Sprache, kein Lächeln. Dann hatte er sie eingeholt und trat auf den Saum ihres Rockes. Sie fiel vornüber. Als er sich zu ihr hinunterbeugte, umklammerte sie seine Beine und vergrub ihren Kopf zwischen seinen Knien. Er hatte Scheu, sie anzufassen. Plötzlich küßte sie ihm die Hand. Es verstörte ihn, und er entzog sie ihr. Aber sie griff immer wieder danach, bis er es endlich zuließ.

Er half ihr beim Aufstehn.

»Jesus«, sagte sie.

So, als wäre er ein Kind, nahm sie ihn an der Hand. Alle paar Schritte knickste sie untertänig, und er ließ sich von ihr führen. Wie ein Schleier hob und senkte sich Asche bei jedem ihrer Schritte. Der Rauch brannte in seinen Augen, legte sich wie ein Film auf seine Haut. Er war fett und stank, dieser Rauch, stieg aus den Pontoks auf, wehte hierhin, dorthin und hüllte alles in einen Schleier, durch den verdrehte Arme und Beine ragten, zersprengte, zerhackte Köpfe, die zarten Leichen der Kinder wie geschmolzen im Feuer. Das Geschütz hatte ganze Arbeit geleistet und die Werft an manchen Stellen dem Erdboden gleichgemacht. Und der Erdboden war hart von Blut und Pulver und so schwarz, als würde Finsternis aus ihm dringen. Etwas später sah er die Felder und Weiden vor sich, abgefackelte Kornkörbe, niedergemetzelte Rinder. Die Alte zog jetzt immer heftiger an seinem Arm, und er ging mit ihr.

Unweit des Häuptlingshauses hing Josephats Vater kopfunter an einem Baum. Seine Hände schleiften im Staub, als wollten sie dort ein Bild der Hölle malen. Er ging zu ihm und sah die Ameisen in seinem Gesicht. Als er sich nach der alten Frau umdrehte, bekreuzigte sie sich. Mit Josephats Buschmesser schnitt er den Strick durch, an dem der Mann hing, und für einen Augenblick stand der Alte auf dem Kopf, bis die Schwerkraft ihn an sich zog. Die Frau kniete neben ihm und wiegte seinen Kopf in den Armen. Sie redete wieder drauflos und er glaubte zu verstehen, daß sie ihm den Namen des alten Mannes nannte und als sie dann langsamer sprach, meinte er, aus dem, was sie sagte, Hulettes Namen herausgehört zu haben. Sie hörte auf zu reden, als er sich mit dem Buschmesser an seiner Uniform zu schaffen machte und Knöpfe und Achselstücke abtrennte. Weg damit! Werde ein Mensch! Lerne die Liebe! Lerne die Liebe und werde ein Mensch! Zum Schluß nahm er seine Erkennungsmarke ab und warf sie weg.

Die Alte stand auf und lief zum Häuptlingshaus hinüber. Der Vorplatz war mit Patronenhülsen bedeckt, die unter seinen Sohlen knackten, als er ihr folgte. Das Haus war in einem zarten Rosa gestrichen, das an verblaßten Flieder erinnerte. Er mußte sich fast bücken, so niedrig war es drinnen.

Im Innern des Hauses, auf dem Fußboden durcheinandergeworfen, lagen armselig scheinende Einrichtungsgegenstände und Kleidungsstücke, eine Kugelzange, eine Holzpfeife und ein paar Schildkrötenpanzer für Schminke und Salben. An einer Wand hing ein Stickbild mit den Engeln der Sixtinischen Madonna und der deutschen Aufschrift: *Ich und mein Haus wollen dem Herrn dienen*. Links und rechts daneben, retuschiert, eine gerahmte Ansichtspostkarte mit dem Bildnis der deutschen Kaiserfamilie und ein gewelltes Aquarell, das den jungen Kaptein Ximenz zeigte. Neben der Tür zum hinteren Zimmer stand ein Sekretär, auf dessen Schreibplatte eine holländische Bibel und ein portugiesisches Gesangbuch aus der Ovambogegend lagen. Neben einem Tintenfaß ein Brief, beschwert mit dem Schädel eines jungen Springbocks.

Werft Hopadessa, August 1904
Mein hochverehrter Kaptein Ximenz,

daß wir keine Freunde mehr sind, habe ich Dir schon ein andermal gesagt. Daß wir jetzt auch noch Feinde werden müssen, ist allein Deine Schuld! Wenn Du je nach hierher zurückkehrst, so wisse, daß fortan für Dich hier keine Bleibe mehr ist. Des weiteren sollst Du wissen: Deine Enkelin Hulette halten wir in unserem Gewahrsam, bis Du Dich stellst! Sei ein Mann und folge uns, damit wir sie in die Freiheit entlassen können. Dir, sage ich hier und heute, ist ein anderes Schicksal bestimmt! Du hättest Dich meinen Bitten, Wünschen und Befehlen nicht widersetzen sollen. Nimm das zur Kenntnis und glaube mir meine Worte!

gez. Suck, Hauptmann

Und noch während er die letzten Zeilen las und zu verstehen versuchte, was sich dazwischen verbarg, hörte er aus dem hinteren Zimmer verhaltenes Stimmengewirr, ersticktes Atmen, das erstarb, als fiele ein dicker, nasser Vorhang vor die Welt, durch den kein anderes Geräusch mehr drang. Dr. Patarga kam ihm auf der Schwelle entgegen. Er blieb stehen, als er Mohr sah, wischte sich theatralisch die Augen.

»Der verlorene Sohn«, sagte er.

Mohr wollte an ihm vorbei, aber der Doktor breitete die Arme aus, wollte ihn nicht durchlassen.

»Scheint so, als hätten Sie sich in die falsche Richtung davongemacht, mein Lieber!«

»Ich bin nicht Ihr Lieber«, sagte Mohr.

»Glauben Sie mir, ich meine es gut mit Ihnen«, sagte der Doktor.

»Wo ist der Kaptein?«

»Das weiß niemand im Moment. Und das ist sein ganzes Glück. Der alte Narr flieht noch ein bißchen. Aber wir kriegen ihn. Ach ja, Waddie läßt Sie grüßen! Wir haben ihn …«

»Was?«

»Exekutiert«, sagte Dr. Patarga. »Genickschuß! Ihnen wird es besser ergehn. Haben Sie Durst? Haben Sie Hunger? Bereuen Sie? Nein? Alte Liebe! Schöne alte Liebe! Hält, hm?«

Er seufzte, als stünde er wieder auf der Bühne von *Caab's Konzert- und Ballsaal*, wissend, daß Liebe nicht das einzige Gift war, das in den Adern der Menschen wütete. Er war bleich und schwitzte große Tropfen. Dann strich er Mohr übers Haar. Mohr wischte die Hand weg, der Doktor wäre fast gefallen, so grob tat er es. Dr. Patarga nahm auf dem Stuhl vorm Sekretär Platz. Fast liebevoll rückte er den Brief wieder gerade, strich ihn glatt.

»Tun Sie mir einen Gefallen«, sagte er, »gehn Sie nicht da rein.«

»Hab mal große Stücke auf Sie gehalten«, sagte Mohr.

»Tatsächlich?«

»Sie waren wie ein Freund manchmal. Sie konnten einem Dinge sagen, die man vorher nicht gewußt hat.«

»Ich hab nicht alles gesagt«, sagte Dr. Patarga.

»Ich weiß«, sagte Mohr.

»Was weißt du? Gar nichts!«

Zeigte nach draußen.

»Lauf, Kerl, lauf!«

Mohr trat ihm den Stuhl unterm Hintern weg. In einer Wolke von Staub ging der Doktor zu Boden.

»Ich«, sagte Mohr, »ich lauf nicht mehr weg.«

Er ging in das Zimmer, aus dem der Doktor gekommen war, und wie aus dem Nichts war die alte Frau wieder an seiner Seite. Als nächstes sah er Feldkaplan von Wilhelmi, der mit heruntergelassenen Hosen vor einer Matratze kniete. Auf den ersten Blick sah es so aus, als würde er beten. Erst dann bemerkte Mohr die Beine, die links und rechts über die Schultern des Mannes ragten, seltsam starr.

Was es auch war, es war das Wiedersehn. Das Wiedersehn und die Erfüllung. Tränen aus Honig, Zähne aus Zucker, der Ring aus Stacheldraht. Ums Herz.

Nichts deutete darauf hin, wie lange er sich schon über sie hermachte. Er flüsterte säuische Kosenamen.

»Mein Gott, Doktor, können Sie nicht draußen warten?«

Mohr trat hinter ihn.

»Runter!« sagte er.

Schnell, schnell.

Konnte den Anblick nicht ertragen.

Von Wilhelmi hatte innegehalten. Mohr konnte den Schweiß sehen, der zwischen seinen Hinterbacken perlte.

Dann drehte sich von Wilhelmi zu ihm um, und sein rosiges, fleckiges Gesicht verfiel zusehends, als er Mohr erkannte.

»Möchten Sie beichten?« fragte Mohr. Trat ihn weg wie einen Hund.

»Wie du weißt, hatte Jesus nichts gegen Huren«, sagte von Wilhelmi. »Das Fleisch ist schwach, und die Sünde macht vor niemandem halt!«

Die alte Frau legte sich neben Hulette auf die Matratze, nahm sie in den Arm und begann leise zu singen.

Eine Wulst aus Bluse und Rock lag um Hulettes Mitte, und immer noch hatte sie die Beine gespreizt.

»Crips«, sagte sie.

Dann kroch sie auf allen Vieren zum Rand der Matratze und richtete sich auf, als sei die Matratze ein Floß, das langsam versinkt. Dann sprang sie. Fiel über den Feldkaplan her, kratzte und biß ihn, wo sie ihn erwischte, damit er endlich wegging, verschwand, egal, egal, wohin. Ihre Stimme ging in ihr unter. Eine Art Winseln blieb noch eine Weile, und dann erstarb auch das.

»Du bist ein Mann Gottes«, sagte Mohr, »du fliegst schreiend in den Himmel!«

»Wir haben die Macht, und Gott hat die Herrlichkeit, so ist das eben. Glaubst du, ihr spaziert hier einfach hinaus und ward nie mehr gesehn? Du kommst vor ein Kriegsgericht! Weil du des Kaisers Rock beschmutzt hast!«

Er zog im Sitzen seine Hosen hoch und stopfte sein Hemd hinein. Abwartend und irgendwie einfältig saß er da, hielt den Kopf gesenkt – Ihr ergebenster Büßer! Dann, mit einem Blick auf Hulette, sagte er fast anklagend: »Sie ist hiergeblieben, wollte nicht mitgehn, hat nicht geglaubt, daß wir kommen. Jetzt ist es zu spät. Für alles zu spät!«

»Wir brauchen Pferde«, sagte Mohr.

»Natürlich! Und Eheringe! Und Wasser und Waffen! Manna in Hülle und Fülle! Und alles in Gottes Namen! Bis daß der Tod euch scheidet! In Ordnung? Sagt Ja!«

»Und wir brauchen freies Geleit!«

Der Feldkaplan lachte.

Freies Geleit durch Afrika!

Draußen hörte man Hufschlag näherkommen, den Hufschlag einer Kolonne, der allmählich zunahm und ein leises Beben durch den Lehmboden schickte.

»Ich könnte mit dem Hauptmann reden«, sagte von Wilhelmi.

»Sagen Sie ihm, wir sind Mann und Frau«, sagte Mohr. Er wartete. »Vor Gott Mann und Frau!«

»Was bilden Sie sich ein«, sagte der Feldkaplan. »Ich werde mich nicht wegen Ihnen lächerlich machen!«

Mohr stieß ihn vor sich her ins andere Zimmer.

»Kommt!« sagte er.

Die alte Frau nahm Hulette an der Hand, und weil

sie so klein war, sah sie neben Hulette aus wie ein altes Kind.

Draußen waren die Reiter abgesessen, und die Stimme des Hauptmanns hallte über den Vorplatz. Der Feldkaplan nahm in aller Ruhe auf dem Stuhl vor dem Sekretär Platz. Er tauchte lächelnd einen Finger ins Tintenfaß und malte sich ein Kreuz auf die Stirn, und als er das getan hatte, legte er eine Hand auf die holländische Bibel; die Geste hatte etwas Besitzergreifendes. Mohr hieb mit dem Buschmesser zu, und der Feldkaplan zog im letzten Moment seine Hand zurück.

Und das Kirchtor ging auf, ging auf wie von Geisterhand bewegt. Musik fuhr durch ihre Worte. Sie nahmen einander an der Hand und traten vors Tor, schritten die Stufen hinab, und für einen Augenblick war an ihrer Liebe kein Makel. Seine Mutter umarmte Hulette und gab acht, daß sie nicht auf die Blumen trat.

Meine Tochter, sagte sie ein ums andere Mal, meine schöne, neue Tochter. Bist du glücklich?

Ich bin hier, an meinem Platz! An der Seite meines Mannes, zu dem ich gehöre!

Dann sangen seine Kameraden, jeder ein anderes Lied, riefen Hurra dem Paar!

Der Hauptmann stand draußen auf dem Vorplatz, hinter sich der Trupp seiner Reiter. Die Augen der Männer glänzten unnatürlich weiß, und ihre Blicke waren nach innen gekehrt. Sie hatten die Blutrinnen der Bajonette blankgewischt, aber der Widerschein des Todes klebte noch am Stahl. Sie wirkten auf Mohr, als wären sie nicht mehr in das ihm bekannte Leben zurückgekehrt. Sie sahen ihn an, voll boshaften Erkennens. Ihre Blicke gingen über Hulette wie über erlegtes Fleisch, und er wunderte sich im Nachhinein, daß er einmal einer von ihnen gewesen war.

Zwischen den zerstörten Pontoks tauchte Artingkofer auf. Er sang lauthals vor sich hin, stieg ab und stellte sich neben den Hauptmann. Er gefiel sich in der Haltung eines siegreichen Feldherrn, spielte mit seiner Peitsche wie mit etwas Lebendigem. Der Hauptmann sah ihn mahnend an.

»Manche haben sich tot gestellt«, sagte Artingkofer zum Hauptmann. »Andere waren durch nichts mehr zu erwecken.«

Der Hauptmann wandte sich Mohr zu: »Ihre Erkennungsmarke!«

»Weggeworfen«, sagte Mohr,

Der Hauptmann nickte, beachtete ihn nicht weiter. Er hatte seine weißen Reithandschuhe ausgezogen und reichte sie dem Feldwebel. Der Feldwebel trat an Mohr heran und schlug ihm damit kreuz und quer ins Gesicht, verbeugte sich wie nach einer gelungenen Darbietung. Der Hauptmann nickte auffordernd, und der Feldwebel schlug der alten Frau mit den Handschuhen ins Gesicht.

»Pardon, Frau Mohr«, sagte er, alle lachten.

»Meine Handschuhe«, sagte der Hauptmann. »Sie ruinieren sie ja!«

Die alte Frau flog dem Feldwebel um den Hals; er schüttelte sich, als sie sich in ihn verkrallte.

»Walten Sie Ihres Amtes!« sagte der Hauptmann.

»Wie Sie wünschen«, sagte der Feldwebel.

»Wünsche sind nicht mein Begehr«, sagte der Hauptmann.

Der Feldwebel zog seine Pistole, sein Blick ging nochmal zum Hauptmann.

Dann hielt er die Alte ein Stück von sich und schoß ihr ins Gesicht, trat, zu spät, zurück.

»Hat mich gekratzt«, sagte er entschuldigend.

»So«, sagte der Hauptmann zu Mohr, »und nun zu Ihnen! Ich würde vorschlagen, Sie werfen jetzt Ihr Messerchen weg! Oder soll ich denken, Sie möchten damit Unfug treiben?«

Als Mohr zögerte, hob der Hauptmann den Arm.

Glatzel und Katzenschlager näherten sich Mohr mit gefälltem Bajonett, als würden sie auf den Befehl zum Niedermachen warten.

»Platz da!« sagte Artingkofer, als er mit der Peitsche ausholte und sich im Schwung fast um die eigene Achse drehte.

Der Schmerz, er war scharf, fraß sich durchs Fleisch. Mohr ließ das Buschmesser fallen.

»Zacharias«, sagte der Hauptmann, fuhr sich mit dem Zeigefinger in den Nacken, um den schweißnassen Uniformkragen zu lockern. »Der Mann da untersteht der Militärgerichtsbarkeit, und keiner Zivilperson ist es gestattet, gegen einen Angehörigen der Schutztruppe tätlich zu werden.«

Er wandte sich wieder an Mohr: »Und das alles wegen ihr? Unglaublich!«

»Wir sind Mann und Frau«, sagte Mohr.

»Mann und Frau«, sagte der Hauptmann.

Sagte es nochmal, lauter, damit es auch die Männer hörten.

Und alle lachten, und Artingkofer rief: »Küßt euch!«

Aber sie küßten sich nicht. Die Liebe kennt keine Befehle. *Im Anfang schuf Gott Himmel und Erde*, und der Tod war eine Erinnerung an das, was hinter der Ewigkeit lag.

»Also ich«, sagte Artingkofer, »ich hätte sie auch nicht geküßt. Und wißt ihr, warum? Ein Deutscher küßt keine Tiere!«

»Vor Gott«, sagte der Feldkaplan, »sind alle Menschen gleich, ob sie sich küssen oder nicht.«

»Jeder hat einen andern Geschmack, was das betrifft«, sagte Dr. Patarga. »Auch das ist menschlich.«

Weit hinter der Werft schien es, als wäre ein mit Nägeln gefülltes Eisenfaß vom Himmel herabgefallen, als wieder die Haubitze losdonnerte.

Der Hauptmann schaute kurz in die Richtung, dann sagte er: »Weibel, Sie kümmern sich um die Gefangenen!«

»Zu Befehl! Wie wünschen Herr Hauptmann, daß die Gefangenen auf den Weg gebracht werden?«

»Das Stückchen halten sie zu Fuß durch«, sagte der Hauptmann.

Mohr und Hulette gingen hinter dem Pferd des Hauptmanns. Es waren keine Blumen gestreut: Aber das machte nichts. Der Boden unter ihren Füßen wurde hart und heiß. Die Reiter, immer schneller werdend, bewegten sich die Erdstraße hinunter, und Mohr und Hulette gelang es immer weniger, mit ihnen Schritt zu halten.

Die Route führte sie hinaus ins offene Veld. Unter den kupferfarbenen Gloriolen der wandernden Sonne sah Mohr einen Zug Landsknechte in der Ebene, an Seilen zogen sie Kanonen und mit Weibern beladene Marketenderwagen hinter sich her. Die Weiber kreischten und winkten ihm zu, die Schenkel unter ihren gerafften Röcken dick wie die Rohre der Kanonen. Der Lehrer liebte den Kaiser. Auch sein Vater liebte den Kaiser. Dem Kaiser, sagte er manchmal zu vorgerückter Stunde, würde er sogar seinen schönsten Maßkrug schenken. Ja, mach! sagte dann seine Mutter jedesmal.

»Herr Hauptmann«, rief Mohr. »Herr Hauptmann, ich bitte Sie!«

Suck zügelte sein Pferd und wartete.

»Herr Hauptmann«, sagte Mohr, »ich darf um Schonung für das Mädchen bitten.«

»Ziemt sich nicht!« sagte Suck.

»Bitte, Herr Hauptmann!« sagte Mohr. »Ihre Frau kennt Pappenheim!«

»Und Sie kennen die äußeren Geschlechtsmerkmale der Gattin meines Freundes. Nicht daß ich Sie drum beneide! Geiseln und Deserteure werden übrigens nur mit dem Nötigsten verwöhnt. Sie könnten so herrlich dahinreiten und in tausend weiche Arme sinken – aber Sie haben es anders gewollt. Und jetzt will ich, daß mir keine Klagen mehr kommen!«

Eingekeilt von den Leibern der Pferde, schleppten sich Mohr und Hulette dahin, und manchmal drängten Glatzel und Katzenschlager ihre Gäule so hart gegen sie, daß sie ins Straucheln gerieten.

Sie zogen am Sockel des Plateaus entlang, vorbei an Leichen, die zwischen den Steinbuckeln lagen. Es wurden mehr und mehr, Frauen und Kinder. Die Kinder hatten ernste Gesichter. Bei jeder männlichen Leiche, die mit dem Gesicht nach unten lag, machten sie Halt. Dann stieg der Feldscher ab, drehte die Leiche um und sah nach, ob es sich um den Kaptein handelte.

Der Weg verlor sich unter Mohrs Füßen, sobald er sich vorstellte, alles hinter sich zu lassen, mit Hulette aus dem Zug zu steigen. Der Bahnhof mit seinem hellgestrichenen

Stationsgebäude gefiel ihr, und daß es einen grünen Fluß hinter den Gleisen gab. Sie gingen durch die Lindenallee, die vom Bahnhof in die Stadt führte. Sie kam kaum nach, die Bäume zu zählen, so viele. Der Schatten roch nach ihren Blättern.

So viele Bäume, sagte sie.

Linden, sagte er, alles Linden.

Dann kamen sie an ein paar Gefallenen der Schutztruppe vorbei, die in ihren Uniformen wie kalziniert wirkten, und begruben sie in aller Eile unter großen schweren Steinen.

»Rast!« rief der Hauptmann.

Zeigte auf den Akazienhain, der unweit vor ihnen lag. Das gefiedert wirkende Blattwerk bildete einen Baldachin, in dessen Schatten sie am Ende eines langen Tages lagerten. Vögel flogen auf, als sich die Pferde unter den Bäumen zusammendrängten und die Buschmannskerzen beschnupperten, dann hoben sie die Köpfe und starrten unbeweglich ins Land, als würden sie Wasser wittern.

Bevor sich Suck, am ganzen Leib dampfend, tiefer in den Schatten zurückzog, ordnete er an, daß sich Glatzel und Katzenschlager von nun an als persönliche Bewacher der Gefangenen zu betrachten hätten. Den Gefangenen sei es nicht erlaubt, sich im Schatten aufzuhalten, und lediglich Hulette sei es gestattet, sich niederzulassen.

Und so sahen Hulette und Mohr zu, wie die Männer den Schatten genossen, jeder von ihnen froh darüber, unversehrt geblieben zu sein. Die Blicke, die sie Hulette und Mohr zuwarfen, waren Blicke, mit denen man Opfer betrachtet. Ab und zu fiel in der Ferne ein Schuß, dünn und wattig der Klang. Dann blickten sie zum Horizont, wo

Leutnant Houilliez und seine Leute die Fliehenden aufspürten und niedermachten. Bei Anbruch der Dämmerung war das Schießen kaum noch etwas anderes als der zerfallende Rhythmus einer leisen, fernen Musik, traurig und verloren.

»Hulette«, sagte er.

Sie hob nicht einmal den Kopf.

Er strich ihr übers Haar.

»Finger weg!« sagte Glatzel.

»Schlaf ein bißchen«, sagte er.

»Und du?«

»Schau mir den Mond an«, sagte er.

»Ich liebe mein Volk«, sagte sie plötzlich. »Liebst du dein Volk?«

»Ich weiß nicht«, sagte er.

»Du weißt es nicht?«

»Ich habe mir die Frage nie gestellt«, sagte er. »Darum bist du in Hopadessa geblieben?«

»Ich bin davongelaufen. Wie alle andern. Und dann habe ich mich gesehn, wie ich davongelaufen bin, und habe mich dafür geschämt, daß ich in meinem eigenen Land davonlaufe. Jedes Land hat ein Ende, und wo läufst du dann hin? Im Kreis? Dein Leben lang? Hab gedacht, sie würden aufhören, wenn sie mich haben. Aber sie haben nicht aufgehört. Sie hören einfach nicht auf.«

»Solange sie Ximenz nicht haben«, sagte er.

»Ich muß jetzt mit Gott reden«, sagte sie.

Dann schwieg sie, als hätte es sie für Jahre erschöpft, auch nur ein Wort gesagt zu haben. Gesang ist für die Toten.

Glatzel und Katzenschlager wechselten einander die Nacht hindurch mit der Wache ab. Immer wenn er vor

Müdigkeit umfiel, war einer von ihnen zur Stelle und stellte ihn wieder auf die Beine. Wenn er dann dastand, schwankte er wie das Rohr im Wind. Hulette schlief, vielleicht träumte sie sogar. Ihr Gesicht lag auf der Erde, ein Anblick, der ihn berührte, und je länger er sie ansah, umso leichter fiel es ihm, zu vergessen, wo er sich befand.

Als endlich die Sonne aufging und ihr Licht den Horizont hinauf schickte, kam der Hauptmann.

»Stehn Sie bequem!« befahl er Mohr.

Machte »Hm«, als er Hulette musterte.

Sagte unvermittelt: »Dein Kaptein ist ein armer, dummer Mann. Du bist es ihm offenbar nicht wert, daß er sich hierher bequemt.«

»Er ist da«, sagte Hulette.

»Wo?« lachte der Hauptmann, spähte in die Runde. »Wo versteckt sich der Hund? Wir machen hier ganze Arbeit«, brüllte er plötzlich und trat Hulette vor die Brust.

Mohr packte ihn am Ärmel.

»Hoppla«, sagte der Hauptmann.

»Herr Hauptmann«, sagte Mohr.

»Haben Sie mir etwas zu sagen?« fragte Suck.

»Ja«, sagte Mohr, »ich hab Ihren Hund umgebracht.«

»Das tut mir aber leid«, sagte Suck. »War ein loyales Tier, mein Lottchen.« Er nickte, als müsse er sich von schweren Gedanken befreien. »Schade, daß man nur einmal sterben kann. Sie kommen schon noch dahinter, was damit gemeint ist.«

Bei der morgendlichen Lagebesprechung regelte Suck das weitere Vorgehen der Truppe dahingehend, indem er Anweisung erteilte, daß der Großteil der Männer unverzüglich abzurücken und zum Kommando von Leutnant

Houilliez aufzuschließen habe, um gemeinsam die Verfolgung der flüchtigen Kiphkhas in Angriff zu nehmen und, vor allen Dingen, Kaptein Ximenz in ihre Gewalt zu bringen. Die Reiter Glatzel und Katzenschlager hätten die Gefangenen nach Gunsbewys zu eskortieren, der kleine Gewaltmarsch würde dem Deserteur und seiner Hure sicher nicht schaden. Artingkofer verwahrte sich dagegen, sagte, der Hauptmann solle sich nicht so zimperlich anstellen, seiner Meinung nach gehörten sich die beiden am nächsten Ast gehängt. Zur Demonstration holte er einen zusammengerollten Kälberstrick aus seiner Satteltasche, flocht geschickt eine Schlinge, probierte, ob sein Kopf durchpaßte, ruckte am Knoten wie an einem Schlips.

»Damen zuerst!« rief er.

Um das Gesicht zu wahren, grinste der Hauptmann, packte den Strick und zog Artingkofer unter einen Baum mit niedrigen Ästen, wo er ihn auf der Stelle zum Gaudium aller begnadigte.

Während Artingkofer zu seinem Pferd ging, streifte er den Strick ab und warf ihn auf den Boden, wo er wie eine verdorrte Schlange liegenblieb. Er brauchte geraume Zeit, bis er sich im Steigbügel hochgezogen hatte und halbwegs gerade im Sattel saß. Mit roten Augen stierte er auf Hulette hinunter und nahm, wie um sich gegen jeden Anfall von Erinnerung zu rüsten, einen Schluck aus einer Flasche Schnaps. Nachdem er die Flasche wieder verkorkt hatte, warf er sie Katzenschlager zu. »Nur Mut!« sagte er. »Menschenliebe ist Drecksarbeit!«

Hinter ihm bückte sich der Hauptmann nach einem Stück Rinde und warf es Artingkofers Pferd an die Kruppe, damit es endlich lostrabte, hinein in den Staub, der hochwallte, eine rauhe Schleppe.

Dann sammelte er seine Männer um sich, und sein Adjutant brachte ihm sein gesatteltes Pferd, das im Morgenlicht für einen Augenblick Perilo ähnlich sah. Der Hornist blies das Signal zum Abrücken.

XIII. ACH, IHR HOCHVEREHRTEN, SEID TAUSENDMAL UMARMT!

Glatzel und Katzenschlager teilten sich die Flasche; wenn sie tranken, dann jeder ganz wenig, damit sie länger davon hatten, und irgendwann ließen sie Mohr einfach liegen, waren es leid geworden, dauernd aufzustehen und ihn auf die Beine zu stellen. Hulette hatte die Augen geschlossen, und er sah sie nur an. Ihre Lippen waren weiß vor Durst. Sie atmete, hörte auf, atmete wieder. Die Pausen dazwischen Ewigkeiten, viel zu lang, eine rohe Stille jedesmal, in der er nicht wußte, ob er Gott bitten oder danken sollte.

Dann kamen sie.

Glatzel zog einen Feldspaten hinter sich her.

»Weißt du was?« sagte Katzenschlager zu Mohr. »Wir machen uns einen schönen Tag. Einen wirklich schönen Tag. Wir haben uns auch etwas einfallen lassen. Es geht damit los, daß ich mich in Stimmung bringe, wenn du nichts dagegen hast.«

Er nahm einen Schluck, gab Glatzel einen Wink. Glatzel warf Mohr den Spaten hin, dann nahm er sich die Flasche vor. »Such dir einen schönen Platz!«

»Du bringst alles durcheinander«, sagte Katzenschlager, und zu Mohr sagte er: »Du weißt es noch nicht, aber du wirst heute bei einem Fluchtversuch erschossen.«

»Von vorn?«

»Von vorn wird man erschossen, von hinten gefickt«, sagte Glatzel.

»Bring bloß nichts durcheinander«, sagte Katzenschlager.

»Also?« sagte Glatzel zu Mohr und zeigte auf den Spaten.

Mohr nahm den Spaten, richtete sich an ihm auf wie an einem Krückstock. Er machte ein paar Schritte, hierhin, dorthin, behielt den scharfen Schatten des Bajonetts im Auge, der neben ihm hersprang wie ein dünner, langer Dorn. Blieb stehen. »Hier?«

»Wo es dir gefällt«, sagte Glatzel.

Er machte den ersten Spatenstich.

Hörte sie kaum, von so fern kam ihre Stimme.

»Crips«, ahmte sie Katzenschlager nach.

Hielt ihr den Mund zu.

»Was machst du?« sagte Glatzel.

»Was ich mache? Ich amüsiere mich!«

»Davon hat niemand etwas gesagt, daß du mit dem Mädchen rummachst.«

Katzenschlager hatte Hulette den Rock hochgeschoben und ihr die Bluse aufgerissen.

»Du Schwein!« schrie Glatzel. »Gottverdammtes Schwein, du!«

»Nichts mit *Estutsoweh* und so«, sagte Katzenschlager.

Öffnete die Koppelschnalle.

Seine Hosen, feucht vom Schweiß, klebten an ihm, er brachte sie kaum bis zu den Kniekehlen hinunter; es sah aus wie eine Schälung, die Haut wie Kalk oder Kreide, von blauen Linien geädert, Kanälen ähnlich, die in die Finsternis der Seele münden. Dann hatte er es geschafft, kniete hinter Hulette und griff ihr zwischen die Beine. Er hatte zu kämpfen, so sehr wehrte sie sich. Ihr entkam ein erstickter Wehlaut, als er sich schwer nach vorne beugte und sich auf und nieder bewegte.

Glatzel hatte sich abgewandt, krümmte sich, als hätte er Krämpfe. Mit gesenktem Kopf stürmte er auf Katzenschlager zu, rannte gegen ihn an, Mohr, hinter ihm, schwang den Spaten und hieb Glatzel das Blatt mit aller Kraft ins Genick. Unter der Wucht des Schlags machte Glatzel eine unbeholfene Drehung, und Mohr erwischte ihn von der Seite, ein Schwall Blut spritzte ihm aus Nase und Mund, und für einen Moment sah es so aus, als versuche er es zu trinken.

Ein schmatzendes Geräusch, als das Blatt über Katzenschlagers Bauch schrammte und einen Streifen Haut abzog. Katzenschlager stieß ein wehes Gebrüll aus, darin ein Anklang von Unglauben und Empörung. Er hatte sich in seinen Hosenbeinen verheddert, kroch vor Mohr davon, sein weißer Arsch eine Zielscheibe. Es gab kein Zurück mehr. Das Blut strömte laut zwischen Kopf und Herz. Dahinter, wie ferne Gesänge, die Stimmen von Tieren und Geistern.

Mohr schlug so lange auf Katzenschlager ein, bis er sich nicht mehr rührte, und es war ihm egal, wo er ihn traf. Er konnte nicht mehr aufhören. Die Schatten im Hain waren schwerer und dunkler geworden, als er von ihm abließ. Er brach in die Knie, lachte und schluchzte gleichzeitig. Als er sich am Boden fand, dankte er Gott für die Wohltat. Er sah Hulette zu, die den beiden die Taschen leerte; ihr Gang war schleppend, in ihren Augen geplatzte Äderchen. Sie betrachtete das weiße Fleisch Katzenschlagers, als wäre es das eines toten Schweins. Er ging mit den Wasserflaschen zu Hulette und gab ihr eine. Sie trank sie fast leer. Er gab ihr die andere und wandte ihr den Rücken zu, als sie sich wusch. Dann trank er den Rest, holte Glatzels und Katzenschlagers Pferde. Es war vollkommen ruhig im Hain, die Bäume waren wie vor den Himmel gemalt. Gott gefiel sich, blind durchs Paradies zu wandern.

Als er hinter sie trat und ihr aufs Pferd half, versteifte sie sich. Ihre Bluse war zerrissen, ihr Rock schmutzig. Während des Ritts hielt er ein Gewehr schußbereit, aber sie begegneten niemandem mehr, weder Kiphkhas noch Soldaten. Sie hätten gerne etwas zu trinken gehabt, ein Faß voll Wasser, kübelweise Regen. Das sind Seerosen. Paß auf, hier wird es tiefer. Und kälter! Sie erschraken, als hinter ihnen Schüsse fielen. Sie kamen von dort, wo der Hain lag. Nach einer Weile hörte das Schießen auf.

Sie schafften es noch vor Anbruch der Nacht bis zum Wasserloch, ein graues, schillerndes Auge in der Dämmerung; das Ufer war von Hufen und Stiefeln aufgewühlt. Leutnant Houilliez' Männer hatten Petroleum ins Wasser geschüttet, um es für die Kiphkhas ungenießbar zu machen. Mohr mußte auf die Pferde einschreien, die verrückt nach Wasser waren. Er leinte sie an, sattelte ab und schleppte die Sättel und die Woilachs tief ins Gebüsch. Dann kümmerte er sich um Hulette.

Er deckte sie zu.

»Nicht«, sagte sie.

»Versuch zu vergessen«, sagte er.

Sie lag auf dem Rücken, schaute den Mond an. Sein Licht gab ihr eine weiße Haut.

»Denk nicht mehr dran«, sagte er.

Sie kroch tiefer unter die Decke.

»Sie werden nach uns suchen«, sagte er, »also müssen wir uns zwei, drei Tage versteckt halten. Bis Artingkofer wieder in Gunsbewys ist und Suck zurück in Swakopmund. Mit den Pferden schaffen wir es runter zum Oranje.«

»Ich will nicht da runter«, sagte sie. »Ich geh nicht weg von da. Das ist mein Land, Crips! Verstehst du das nicht? Ich muß hierbleiben. Ich bin eine Kiphkha! Ich muß bei

Ximenz bleiben, egal, was passiert ist, egal, was noch passiert. Die Sterne wissen es, und Gott weiß es. Ich hab gesehn, wie die Kanone über Kinder gefahren ist. Weißt du, mit diesen meinen Augen hab ich gesehn, wie dein Hauptmann ein Kind mit dem Säbel geköpft hat. Du bist vielleicht nicht wie sie, aber deswegen weiß ich noch lange nicht, wer du bist. Du machst die Augen zu und denkst an deine Träume. Laß mich trinken!«

Sie trank nur ganz wenig, um Wasser zu sparen. Dann sagte sie mit etwas weicherer Stimme: »Ich kann in Hopadessa leben und überall, sogar in Swakopmund. Ich spüre, du hast ein gutes Herz, und ich hab keine Angst vor dir. Eigentlich hab ich Angst um dich, und das ist etwas, was ich noch nicht kenne. Ich muß soviel vergessen und ich weiß einfach nicht, wieviel Zeit ich dafür habe.«

Er stand auf und ging zum Wasserloch, in dessen Mitte der Mond schwamm. Es waren keine Tiere da. Er ging einmal um das Wasserloch herum. Dann ging er zurück zu ihr und war voller Dank, daß sie noch da war. Sie schlief.

So verging die erste Nacht ihres neuen Lebens.

Siehst du, das habe ich mir vorgestellt! Du gehst in den Garten und siehst nach den Blumen. Das Farmhaus ist blau gestrichen, und der Himmel glänzt in den spiegelblanken Fenstern. Morgen nehmen wir die Bahn nach Swakopmund. Die Nacht vor der Abreise werden wir uns in *Bahr's Hotel Zum Fürsten Bismarck* einquartieren und in *Jauch's Bierhaus* zu Abend essen. Du wirst nichts dagegen haben, wenn ich Herrn Jauch den Löwenkopf abkaufe und ihn, in einer Kiste verpackt, mit an Bord nehme. In den Nächten auf dem Meer werden wir die Engel im Himmel arbeiten hören. Ich werde dir Pappenheim zeigen, den Schnee im Winter, sein weißes Gesicht, und im Sommer werden wir an die Altmühl gehen und in eine Wolke tauchen, die sich in ihrem Wasser spiegelt. Wir werden den Zügen lauschen, ihrem Echo, das sich zwischen den Felsen am Talende bricht. Keine Angst, wenn ein Landsknechthaufen trommelnd und pfeifend vorbeizieht, ich werde ihnen den Löwenkopf zum Geschenk machen, und sie werden ihre Barette vor dir schwenken. Willkommen! rufen sie. Der Graf wird dich mögen.

Es war noch finster, als sie die Decken zusammenrollten. Sie nahmen jeder ein paar Schlucke schal schmeckenden Wassers aus der Feldflasche. Die Pferde verhielten sich störrisch, wollten sich nicht vom Wasserloch wegbewegen, ohne getränkt worden zu sein.

»Los!«

War ihr voraus.

»Jawollja!« rief sie.

Es hörte sich fast wie ein Wort aus ihrer Sprache an.

Mit dem ersten Licht kam der Klang von Schüssen aus dem Veld vor ihnen, und sie duckten sich im Sattel und schlugen einen weiten Bogen. Noch bevor die Sonne ganz aufgegangen war, war das Gewehrfeuer verhallt, hatte sich im Gelände verloren. Die Pferde wateten durch trockenes Gras. Er dachte an die biblischen Plagen, an das geteilte Meer, das hier, wo er war, aus Sand und Stein bestand.

Wohin? dachte er.

»Der Kaptein«, sagte Hulette, »er wird kommen.«

»Eher kommt Suck zurück«, sagte er. Mit einem neuen Hund an der Leine. Mit blitzblankem Säbel. Mitten im Satz beschloß er zu schweigen, dachte: Eher kommt Jesus zurück. Auf der gleichen Wolke, mit der er gen Himmel gefahren ist. Einsteigen, die Herrschaften! Nur schnell hinauf! Kein Gebet, das uns aufhält!

Er wartete, bis sie zu ihm aufschloß.

»Er ist ein alter Mann«, sagte er.

»Es ist nicht sein erster Krieg«, sagte sie.

Er sagte: »Wie soll er wissen, wo wir sind?«

»Er weiß alles und er kennt alles.«

»Wir brauchen einen Platz, wo wir zu uns kommen können«, sagte er.

Sie zeigte voraus, strich ihm mit dem Finger übers Gesicht, als könnte seinen Augen eine Quelle entspringen, deren Wasser alles reinigt, alles verschlingt.

Auf Dünen aus Asche blühten wilde Lilien. Nichts als Stille und Leere. Sie ritten in Sichtweite eines Karrenwegs, folgten ihm immer weiter hinunter ins Tiefland. Weit vor Bryony, nachdem sie ein Netz ausgetrockneter Flußläufe durchquert hatten, erreichten sie eine Weggabelung und stießen auf einen Schotterweg, den Mohr als jenen wiedererkannte, der durch ein sanft daliegendes Tal zur Farm Rossmund führte.

»Komm«, sagte er zu Hulette und lenkte sein Pferd auf den Weg. Zu beiden Seiten des Wegs waren die Hänge mit blühenden Flechten bedeckt, die ins Blau des Himmels übergingen. Sie konnten jetzt nebeneinander reiten, aber Hulette blickte nur geradeaus.

Nach einer Biegung weitete sich das Tal vor ihnen, und sie hatten die Farmgebäude vor sich. Um das Wohnhaus und die Stallungen wucherte hohes Unkraut, und das Schilf am Wasserreservoir glänzte wächsern.

Er stieg am Schild mit dem Namen der Farm ab, prüfte, ob der Pfosten noch immer fest genug in der Erde steckte.

Während er die Pferde absattelte und zum Wasserreservoir brachte, setzte sich Hulette auf die morsche Bank, die auf der Veranda stand. Er kam mit den vollen Feldflaschen zurück, und während sie trank, zeigte er auf die Weiden ringsum, zeigte ihr den Hügel, auf dem sich vor langer Zeit der einstige Eigentümer verschanzt hatte, wenn er Ruhe vor Frau und Kind haben wollte oder sich nach seiner Heimat sehnte.

Als letztes zeigte er zum Himmel, als würde auch der Himmel zur Farm gehören. Sie spritzte ihn ein bißchen naß, weil er sich so ereifert hatte.

»Viel Arbeit«, sagte sie.

Sie gingen ins Haus, und er zeigte ihr die leeren, verlassenen Zimmer. Als sie die Treppe ins Obergeschoß hinaufgehen wollte, umarmte er sie, wie um sie zurückzuhalten. Sie machte sich von ihm los. Er lächelte tapfer weiter, spürte, wie eine schwarze, kalte Faust sein Herz umschloß. Keiner von beiden machte die Augen zu. Damit der Schlaf nicht begann.

»Die Leute, die hier wohnten, hatten viele Kinder«, sagte er. »Weiße, schwarze …«

»Ich weiß, was du meinst«, sagte sie.

»Ich kann warten«, sagte er.

Sie sah ihn an.

»Auf was?«

Sie griff nach seinen Händen, ging rückwärts zur Tür, hinaus. Draußen liefen sie von Gebäude zu Gebäude, und manchmal war ihm, als brächte der Wind ein Muhen von den Kamps herüber, das an die Nebelhörner ferner Schiffe erinnerte.

»Einmal möchte ich es sagen dürfen«, sagte er.

»Gott hört, was du sagst«, sagte sie.

»Nur einmal.«

Nur einmal.

»Crips«, sagte sie.

Zeigte auf die Reiter, die durchs Tal kamen, kleine Gestalten in grauen Uniformen, die fast gemächlich auf sie zukanterten; es sah aus, als würde sich die Erde unter den Hufen ihrer Pferde heben und senken.

Er nahm sie an der Hand, und sie rannten zurück zum Haupthaus. Dort gab er ihr die Feldflaschen und die Gewehre zu tragen und schickte sie den Hügel hinauf, versuchte mit den Pferden zu folgen. Auf halber Höhe mußte er sie loslassen, weil es zu steil und steinig wurde. Auf den Flanken des Hügels lagen Basaltblöcke verstreut, zwischen denen dürres Gestrüpp wuchs.

Er ging in die Hocke und lud die Gewehre nach.

»So geht das«, sagte er zu ihr, als er die Patronen in die Kammern schob.

»Ja«, sagte sie.

»Kannst du das?«

»Wird schon gehn«, sagte sie.

An der Hügelkante legten sie sich bäuchlings auf den Boden. Sie konnten die Dächer der Gebäude unter sich sehen, etwas weiter entfernt das Windrad an der Wasserpumpe, wo das Gros der Reiter Halt gemacht hatte.

Er gab ihr eins der Gewehre. Sie legte an, zielte.

»Gut«, sagte er.

Sie schoß.

Der Knall war lauter, als er gedacht hatte.

»Verrückt, verrückt, verrückt«, sagte er.

Die Reiter waren abgesprungen und hinter ihren Pferden in Deckung gegangen; manchmal funkelte ein Gewehrlauf wie stählernes Geschmeide im Sonnenschein.

»Nicht schießen, nicht schießen«, sagte er, als sich nach einer Weile des Wartens ein Reiter aus der Linie löste. Er hatte einen weißen Fetzen ans Gewehr gebunden, das er mechanisch schwenkte. Als er aus dem Schatten ritt, den die Scheune warf, sah Mohr, daß es Glatzel war, und es kränkte ihn richtiggehend, ihn am Leben zu sehen; er trug einen Kopfverband und, darübergestülpt, seine Feldmütze.

»Der Herr Hauptmann«, rief er, »möchte mir dir reden. Das soll ich dir von ihm bestellen.«

Als Mohr nicht antwortete, riß er die Mütze herunter und schlug nach Fliegen. Der Kopfverband sah aus wie schmutzige Haut.

»Katzenschlager ist tot«, rief er. »Hast du gehört?«

Zupfte nervös an dem weißen Fetzen, dann machte er kehrt und ritt zurück.

Der Atem der Männer und Pferde war ein Geräusch, das in der Stille anschwoll und bis zu ihm und Hulette hinauf trug. Jede Sekunde ein Bleigewicht. Wieder ein Tag ohne Regen und die Gnade der Gezeiten. Dann drang Sucks Stimme zu ihnen herauf.

»Mohr, hören Sie mich?«

Mohr sagte nichts.

»Wünschen Sie, daß ich Sie mit Herr anrede?«

Mohr legte eine Hand auf Hulettes Kopf und drückte ihr Gesicht in den Staub. »Was wollen Sie?«

»Ich bin bescheiden und sage: alles! Aber vor allen Dingen will ich endlich nach Hause. Ergeben Sie sich! Ergeben Sie sich, bitte! Oder wollen Sie, daß ich vor Ihnen auf die Knie falle?«

»Ja«, brüllte Artingkofer plötzlich dazwischen, »knie nieder! Ich werde hier alles niederbrennen! Stürz dich in Gottes Arme und geh runter von meinem Land, Neger

Mohr! Es gibt keine verdammte Hurenhochzeit! Nicht in meinem Reich!«

Die Zeit konnte vergehn, wie sie verging, und auch wenn der Kalender nur noch aus einem einzigen Blatt bestand, so waren sie heute zusammen. Es war ihr Tag, ihr großer Tag. Der Tag, an dem sie zum ersten Mal zusammengehörten. Im nächsten Traum würde sie seine Hand nehmen und auf ihren Bauch legen und sagen, ich werde nackt sein, wenn du aufwachst. Er sah sie an, sagte: »Wir müssen mit ihnen reden.«

»Wir müssen singen«, sagte sie, »singen, damit Gott uns hört!«

In diesem Augenblick bogen Suck und Artingkofer um die Ecke der Scheune, Kaptein Ximenz zwischen sich.

Der Hauptmann wedelte mit dem weißen Lappen, den Glatzel zuvor an sein Gewehr gebunden hatte, aber er wollte sich nicht so richtig entfalten und wehn. »Wir kommen ohne Waffen«, rief er.

Der Kaptein war barfuß. Bis auf eine Art Stoffbinde, die seine Blöße bedeckte, war er nackt. Er trug keine Kopfbedeckung, und jemand hatte ihm Petroleum ins Gesicht geschmiert. Er ging stolz und aufrecht, als brächte er seinem Volk alle Arten von Waffen, Kanonen und gepanzerte Schiffe, die auch im Sand schwimmen konnten, Kreuze aus Gold, Herden satter Rinder, Altäre voll süßen Wassers und Milch für die Babys, die auf der Flucht geboren worden waren. Alles sollt ihr haben, im Namen Jesu!

Beinahe brüderlich hatte Artingkofer einen Arm um den Kaptein gelegt, blickte gereizt den Hügel hinauf. Sein Hemdkragen war abgerissen, es war deutlich zu erkennen, wie der Atem durch seinen Körper ging. Sucks Säbel klapperte metallisch, als sie näher und näher kamen.

Am Fuße des Hügels blieb der Kaptein stehen und rief Hulettes Namen.

»Sag nichts«, sagte Mohr.

»Er ist gekommen«, sagte sie.

Er ist allein, dachte er, ganz allein.

»Komisch«, sagte sie dann.

»Was ist komisch?«

»Daß du einer von denen bist.«

Mohr mußte sie niederhalten, mußte seine ganze Kraft aufwenden, damit sie nicht aufsprang und sich ihm zeigte. Sie kratzte und biß ihn, lachte plötzlich, küßte ihn, es tat fast weh, so wild.

Der Kaptein ging ein paar Schritte hangaufwärts, dann kroch er auf allen vieren. Suck forderte ihn auf, stehen zu bleiben, aber der Kaptein kletterte weiter.

»Ich geh zu ihm«, sagte sie.

»So weit kommst du nicht«, sagte Mohr.

Spürte, wie sie krampfte, als er ihr eine Hand auf den Rücken legte.

»Befindest du dich wohlauf?« rief der Kaptein.

Er kroch jetzt ganz langsam, manchmal lag er nur da und rührte sich nicht, bevor er sich wieder daran machte, ein Stückchen höher zu kriechen. Er war zäh und kam immer näher, und bald konnten sie sein Gesicht erkennen, das naß glänzte.

»Hier«, rief ihm Hulette entgegen, »hier!«

Der Kaptein stand auf. Dann hob er die Arme und blickte in die Sonne.

»Hier!« rief sie.

Er sah in ihre Richtung.

Hulette befreite sich aus Mohrs Griff, und bevor er irgendetwas dagegen tun konnte, hatte sie ihre Deckung verlassen, so schnell, als gälte es, Wiedersehen und Abschied in den Bruchteil einer Sekunde zu pressen, und als das Licht des Erkennens über Ximenz' Züge glitt, lächelte sie und schoß.

Eine Blume, rot wie Feuer, erschien in seinem Gesicht, und er fiel nach hinten, blieb zwischen zwei Felsblöcken hängen.

Mohr packte Hulette an den Knöcheln, brachte sie zu Fall, spürte im gleichen Moment den Einschlag der Kugel, die ihr durch Fleisch und Knochen ging. Sie stieß schwach mit den Füßen, aber er ließ nicht los, zog sie tiefer ins Buschwerk aus Hartriegel und Steinbrech. Wie hinter einer durchlässigen Wand aus Zweigen und Blättern kauerten sie dort. Kurz streifte ein Windhauch über die Kuppe des Hügels, und es sah so aus, als würden Schwärme kleiner schwarzer Fische im Gras schwimmen. Er bettete ihren Kopf in seinen Schoß und wiegte ihn sachte. Die Kugel hatte sie unterhalb des Herzens getroffen, und ihr Blut sprudelte wie eine winzige Quelle.

»Mach mich tot.«

»Als ob ich das könnte.«

»Du kannst das besser als die.«

Sie hörten, wie sie näher kamen. Hörten den harten Tritt ihrer Stiefel, die beim Aufstieg kleine Lawinen aus Geröll und Erde den Hang hinabschickten, und bald darauf konnten sie ihren gepreßten Atem hören, wie sie von Deckung zu Deckung krochen. Mohr schoß ein paarmal in die Luft, danach erstarben die Geräusche für eine Weile und die Ruhe einer alten Zeit kam über sie.

»Es ist besser so. Besser, wenn er tot ist.«

Das Sprechen fiel ihr schwer, es war kaum zu verstehen, was sie sagte.

»Versuch wegzukommen«, sagte sie.

Sah zu ihm auf wie eine Erwachende.

»Wir sehn uns am Oranje«, sagte er.

Das Blut floß jetzt stärker aus ihr, sie hatte es im Mund und zwischen den Lippen.

»Komm«, sagte sie, »laß das nicht zu, daß sie mich kriegen.«

Er streichelte ihr Gesicht.

»Versprichs mir!«

Er stand auf, nahm das Gewehr; ihre Augen öffneten sich unendlich weit, als versuchten zwei Monde sich zu berühren. Es dauerte, bis er sich erinnerte, auf welcher Seite des Körpers das Herz lag. Dann drückte er ab und stemmte sich gegen den Rückstoß, der ihn durchfuhr. Ein heftiger Ruck ging durch ihren Leib, ihre Arme flatterten, vielleicht ein paar Sekunden, bevor sie zur Ruhe kamen und sie ganz still dalag, und bis er Staub auf ihre Brust gehäuft hatte, tanzte sie schon mit den Engeln, immer höher hinauf und immer weiter weg. Er bekreuzigte sich, schloß ihre Lider.

Er steckte sich den Gewehrlauf in den Mund. Er war heiß und brannte auf den Lippen.

»Tu's nicht«, sagte Glatzel hinter ihm, fixierte ihn mit dem Bajonett. »Brav!« Verstärkte den Druck, bis Mohr das Gewehr weglegte. »Kriegst hohen Besuch«, sagte er.

Wenig später hatte Suck den Hügel erklommen, schaute sich um, als würde er die Aussicht genießen, während er auf sein Gefolge wartete.

Feldwebel Weibel und der Feldscher hatten den Leichnam des Kapteins mitgeschleppt, und auf Geheiß Sucks legten sie ihn neben Hulette ab. Einer seiner Arme kam auf ihr zu liegen. So hatte sie es gut. Als letztes erschien Artingkofer; schwer schleppte er an einem verbeulten Kanister Petroleum, den er ächzend zwischen Hulette und Ximenz abstellte.

»Sagen Sie mir eines«, sagte der Hauptmann zu Mohr, »warum um alles in der Welt möchten Sie einen Neger aus sich machen? Wofür halten Sie sich? Für den größten Liebhaber Afrikas? Ich bin, wie soll ich sagen, bin es leid, Katz und Maus mit Räuber und Gendarm zu spielen, wenn Sie verstehen, was ich damit meine.« Er sah Mohr längst nicht mehr an, besah sich Hulette. »Mich deucht, das Schäferstündchen war nicht sehr erquicklich. Ob es ihr wohl in Pappenheim gefallen hätte? Armes Dingelchen!«

»Herrgott«, sagte Artingkofer, »so geben Sie endlich den Befehl!«

»Nur auf dem Schlachtfeld läßt sich ermessen, welchen Sieg man wirklich errungen hat«, sagte der Hauptmann.

Auf sein Säbelgehenk wie auf einen Spazierstock gestützt, studierte er die Szenerie, verneigte sich vorm Leichnam des Kapteins.

»Werde deine Briefe vermissen«, sagte er. »Haben Sie was zu trinken, Meister Artingkofer?«

Artingkofer reichte ihm seine Feldflasche.

»Hoffentlich kein Wasser«, sagte der Hauptmann.

Trank mit zurückgelegtem Kopf.

»Kocht!« sagte er, als er absetzte.

Schweiß brach ihm aus.

»Sie?« sagte er zu Glatzel.

Glatzel nickte.

Trank.

»Rauchen Sie?«

»Jawohl, Herr Hauptmann«, sagte Glatzel.

Suck steckte ihm eine Zigarre in die Brusttasche.

»Machen Sie's gut, mein Lieber!«

Dann faßte er Artingkofer am Arm und ging.

Im Weggehn hörte man ihn noch sagen: »Hab ihn noch kennengelernt, diesen Bule Probst. Hat die netteste Ecke im Garten Eden erwischt, aber was tut er? Haut einfach ab!«

Wir schließen die Augen in der Nacht, damit uns der Tag wie ein Traum vorkommt.

Glatzel holte Sucks Zigarre heraus und roch an ihr. »Mm«, machte er.

»Du wirst bestimmt befördert«, sagte Mohr.

»Warum nicht?« sagte Glatzel. »Keine Konkurrenz!«

»Seh schon den Orden an deiner Brust«, sagte Mohr.

Sah hinab auf den Streifen steiniger Erde zwischen seinen Füßen. Unten, am Fuße des Hügels, lärmten die Reiter, glückliches Gebrüll von Männern, deren Haut heil geblieben war, gefangen im Glauben, daß die Zeit der Siege ewig dauern würde.

Als sie weggeritten waren, ruckelte Glatzel mit dem Kanister, es gluckerte. »Weißt du, was die Leute sagen? Die Leute sagen, wenn man einen Kaffer anzündet, dann wird er einen Augenblick lang ganz weiß. Ganz weiß!«

Mohr war schon ein Stück weggekrochen, wollte den Hang hinab, schwimmen, fliegen, egal, aber im nächsten Augenblick war Glatzel hinter, über ihm, und er spürte, wie etwas, einem Dorn gleich, von hinten in sein Knie eindrang und es durchbohrte, an den Boden nagelte.

»Sag bitte«, sagte Glatzel.

»Bitte«, sagte Mohr.

Spürte im gleichen Augenblick, wie das Bajonett herausgezogen wurde. Dann wurde er im Genick gepackt und zurückgeschleift. Bis er wieder dort war, im Staub, bei den Toten.

Nachdem Glatzel den Verschluß vom Petroleumkanister abgeschraubt hatte, stellte er sich breitbeinig über Hulette, tätschelte ihr Gesicht, bis ihr die Lippen aufgingen, schüttete ihr einen Schwall Petroleum in den offenstehenden Mund, tränkte ihre Haare damit, ihr Gesicht. Goß, was übrig war, zwischen Ximenz' Beine, und die letzten Spritzer bekam Mohr ab. Er trommelte auf dem leeren Kanister, bevor er ihn wegwarf, wischte seine Hand am Hosenboden ab und roch an ihr, ehe er in die Brusttasche griff und Sucks Zigarre herausholte. »Gegen den Gestank«, sagte er.

»Glatzel«, sagte Mohr.

»Ihr seid zusammen«, brüllte Glatzel. »Was denn noch? Ist das nicht schön, ist das nicht schön?«

Er roch an der Zigarre und biß ein Stückchen von der Spitze, das ihm auf den Lippen kleben blieb. »Katzenschlager hat auch gern geraucht. Aber so was wie das da hat er nie bekommen.« Dann sog er probehalber an der Zigarre, riß ein Zündholz an. Als es brannte, hielt er es Hulette unters Kinn. Die Flamme züngelte blau und fuhr ihr in den Mund, leckte an ihren Lidern und versengte die Brauen, fraß sich hinauf in ihr Haar, das sich in einen glühenden Flor verwandelte. Ihre Gesichtshaut waberte und warf Blasen, bis sie sich nicht mehr glich, niemandem mehr ähnlich sah. Im nächsten Augenblick stand Ximenz' Schoß in hoch aufschießenden Flammen, und für einen Augenblick schien er, seltsam verformt, überm Boden zu schweben. Mohr wälzte sich vom Feuer weg, erwartete einen neuerlichen Stoß mit dem Bajonett. Wie hatten sie gelacht, als das Stroh durch die Lumpen der Puppen gequollen war.

Und wie hatte er je glauben können, es wäre das Schwerste auf Gottes Erdboden gewesen, mit einem geschulterten Sattel im Laufschritt um den Exerzierplatz zu traben. Hieß es nicht, daß man beim letzten Atemzug nach seiner Mutter rufen würde? Dann kommt sie, und man hat ihr nichts zu sagen.

XIV. DIE GROSSE LEERE

Das war's, hatte Glatzel gesagt.

Und Mohr hatte genickt.

Ich geh jetzt, hatte Glatzel gesagt und mit der Zigarre vorm Gesicht gewedelt, gewartet, ob Mohr etwas sagen würde. Nimm mich mit, zum Beispiel. Oder etwas in der Art.

Denk bloß nicht, ich komm zurück, hatte Glatzel gesagt.

Und Mohr hatte ihn angesehen und genickt, als hätte er alles verstanden. Als wäre alles gut.

Mensch, hatte Glatzel gesagt.

Mohr hatte nicht gewußt, warum.

Das Mädchen da, hatte Glatzel gesagt, es wäre nicht mehr geworden.

Hatte Mohr gefragt, ob er vielleicht ein bißchen Geld für ihn einstecken habe, hatte ihn nicht aufgehalten, als er von Hulette und dem Kaptein weggerutscht war, die inzwischen mit Glutkrusten bedeckt waren.

Laß mir Wasser da, hatte Mohr gesagt.

Sturzfluten. Wolkenbrüche. Archen bis zum Horizont. Der Ozean ein großes Gesicht, das er kannte. Er schwamm von Auge zu Auge. Dann hörte es auf.

Und als er sich nach Glatzel umsah, bemerkte er, daß er gegangen war, gegangen wie jemand, dem es egal war, welche Dunkelheit er hinterließ.

War dagelegen und hatte das Sinken der Sonne verfolgt, das allmählich begann.

Jede Wolke erzählte die Geschichte einer Reise.

Ihre Schatten eine ferne Niederschrift vergangener Wunder.

Sie waren nicht weiß geworden, wie Glatzel behauptet hatte, sondern rotgrau, das Fleisch, bröckelig, die Haut voller winziger Schlote, aus denen träge Rauch aufstieg, der sich über ihren Gesichtern kräuselte; wenn es den Rauch zu ihm wehte, rückte er ein Stück weiter und zog das Bein hinter sich her. Er ertappte sich, daß er plapperte wie ein kleines Kind und manchmal nur noch so tat, als würde er Worte sagen, und er plapperte immer schneller, Bitten an Gott.

Es schien Ewigkeiten zu dauern, bis er die Hügelkante erreichte. Die Farm unter ihm lag verlassen da, im Tal keine Menschenseele. Von dort kam niemand mehr.

Rubyniak bleibt neben ihm stehen und sagt dreimal *schön, schön, schön*; es klingt wie im Märchen. Käfer hängen in seinem Bart.

Wo ist Elchlepp? fragt Mohr.

Hier, sagt Elchlepp auf der anderen Seite. Blättert in seinem Buch mit dem Nebeltrinkerkäfer.

Es ist fast wie früher.

Ich zeig's dir! sagt Rubyniak.

Was?

Wie's geht. Komm schon, ist ganz einfach.

Laß mich los!

Stell dich nicht so an! Ist wirklich ganz einfach.

Wir nehmen dich links und rechts, sagt Elchlepp, und dann machen wir den ersten Schritt.

Wohin?

Weg, sagt Rubyniak.

Hinaus, sagt Elchlepp. Wenn dir das lieber ist.

Bist du bereit?
Er hat Ja gesagt.
Ist von ihnen hochgehoben worden.
Einfach, oder?
Und jetzt?
Sie springen von Hügel zu Hügel.
Frei, verloren.
So wird es sein?
Der Wind trocknet sein Gesicht.
Es ist, wie sie gesagt haben, wirklich ganz einfach.
Selbst als sie ihn loslassen, bleibt es so.

Im letzten Tageslicht kommen sie an den Karrenweg, der nach Swakopmund führt, und er legt sich zwischen die Radfurchen, spürt die Wölbungen ferner Gebirge unter sich. Omemee kommt ihm entgegengelaufen, sie ist außer Atem, weil sie ein Grammophon schleppt. Sie stellt es neben ihm ab.

Hör dir das an, sagt sie und kurbelt.

Und er hört Dr. Patargas Stimme: *Wie schwebenden Schritts sich im Wellenschwunge die Paare drehen! Kaum berührt der geflügelte Fuß den Boden.*

Dann ist Hulette da. Ein Schatten ihres Schattens. Sie versetzt dem Trichter einen Tritt, und Dr. Patargas Stimme zerspringt.

Ich war die ganze Zeit da, sagt er. Bis zuletzt.

Reiter Mohr aus Pappenheim, sagt sie.

Sagt es in seiner Sprache.

Hulette, sagt er.

Aber auch das ist in seiner Sprache.

Aus dem Landesinnern kommt ein Haufen alter Landsknechte in schreiend bunten Wämsern anmarschiert, ihre

Federhüte wie von betrunkenen Putzmachern ersonnen. In den Ritzen ihrer Zähne nistet Pulver. Und jetzt erinnert er sich wieder an das Lied, das sie gesungen haben, wenn sie durch Pappenheim gezogen sind:

Lag auf einer Trommel nackt,
kaum zwei Spannen lang,
und der rauhe Trommeltakt
war mein Wiegensang.

Er wird von ihnen hochgehoben und nach Swakopmund getragen. Auf der Promenade betten sie ihn auf eine Bank. Er braucht nur den Kopf ein wenig zu heben, um die *SS Friederick Walbaum* sehen zu können, die draußen auf Reede liegt, ihren eisernen Leib, wie er in der hochgehenden Dünung krängt, das fernste Bild der Heimat. Eine Ladung Militärpferde werden an Deck aus ihren Transportboxen geprügelt, sie schäumen vor Ermattung und Angst, während in Scharen Möwen über ihnen dahinjagen, auftauchend aus Nebel und Sand. Die Passanten auf der Mole schauen angeregt zu, wie sich die Matrosen an Bord abmühen, den Gäulen Tragegurte anzulegen, um sie zu den auf den Pontonflößen wartenden Kruboys hinunterzulassen. Eines der Tiere beginnt in der Luft loszugaloppieren, als es am Kran über die Reling schwingt, das Meer unter sich, und für einem Moment siehst es so aus, als ob es fliegen könnte oder auf dem Wasser gehn.

DANK

Mein erster und größter Dank gilt meiner Frau Rosi: dieses Buch und mein Glück gäbe es nicht ohne sie.

Dank ergeht auch an meinen Verleger J. J. für Ansporn und Geduld, ebenso an meinen Lektor G. E. für seine Ausdauer beim Lesen der Manuskriptversionen.

Dem österreichischen Bundesministeriums für Unterricht, Kunst und Kultur danke ich für die finanzielle Unterstützung der Arbeit an diesem Roman.

Hilfreiche Informationen zu diesem Projekt kamen von Engela von Biljon vom Museum Swakopmund, Anett Rauer von der Fachinformationsstelle des Militärhistorischen Museums der Bundeswehr, Oberstleutnant Joachim Horstmann, Referatsleiter des Referats Medien in der Abteilung Presse- und Informationszentrum des Heeres im Kommando Heer der Bundeswehr, Oberstleutnant Kai Uwe Bormann, Leiter PB Auskünfte / Fachstudien des Zentrums für Militärgeschichte und Sozialwissenschaften der Bundeswehr, und Angelika Nawroth vom Zentrum für Militärgeschichte und Sozialwissenschaften der Bundeswehr.

Begleitet haben mich im Hintergrund Krishna Das, William Elliott Whitmore, Jake Smith, Matthew Houck, Impala Ray (»Old Mill Valley«), Cormac McCarthy, Mayne Reid, E. L. Doctorow, Werner J. Egli, Ina Coolbrith und Laura de la Uz (»Hello, Hemingway«).

Schlußendlich: In diesem Roman ist alles erfunden, sogar das Erfundene. Die beschriebenen Personen haben nie gelebt; historische, ethno- und geographische Benennungen hat die Geschichte allein der weltenordnenden Phantasie des Autors zu verdanken. Und trotzdem handelt der Roman im weitesten Sinn von der Wahrheit und ihren Folgen.

INHALT

LUDWIG FELS

Reise zum Mittelpunkt des Herzens

Roman

»Ludwig Fels' *Reise zum Mittelpunkt des Herzens* ist ein aufwühlender und bewegender Roman. So wird selten über die Existenz geschrieben. So jubelnd und klar, mit so leiser Wehmut, mit solch rasendem Schmerz und zugleich mit einer solchen Lakonie.«

Meike Feßmann, Deutschlandradio

Die Parks von Palilula

»Fels schreibt eine poetische, rhythmisierte Prosa, entfernt von der Alltagssprache und doch klar und widerstandslos zu lesen. Diese Sprache ist von großer Schönheit, ohne freilich den Zweck, das Erzählen, zu verraten.«

Thomas Rothschild, Die Presse

Egal wo das Ende der Welt liegt

Gedichte

»Ludwig Fels rechnet sich nicht zu jenen, die in der Poesie eine neue Welt erschaffen oder der alten entfliehen. Wie in seinen Anfängen als ›Arbeiterschriftsteller‹ hat er nicht aufgehört, darunter zu leiden, dass Menschen einander die Welt zur Hölle machen, und seine Gedichte wollen etwas dagegen tun. (…) Aber was ihn eigentlich treibt, ist das Leben, die Liebe und die Schönheit der Welt, eben das, worum ›die Ärmsten der Armen‹ betrogen werden.«

Hans-Herbert Räkel, Süddeutsche Zeitung